中國學術思想研究輯刊

十四編

林　慶　彰 主編

第25冊

阮元學術之研究

劉德美 著

花木蘭文化出版社

國家圖書館出版品預行編目資料

阮元學術之研究／劉德美 著 — 初版 — 新北市：花木蘭文化出版社，2012〔民 101〕

序 2+ 目 2+182 面；19×26 公分

（中國學術思想研究輯刊 十四編；第 25 冊）

ISBN：978-986-322-035-0（精裝）

1.（清）阮元 2. 學術思想 3. 考據學

030.8 101015391

中國學術思想研究輯刊

十四編 第二五冊 ISBN：978-986-322-035-0

阮元學術之研究

作　　者 劉德美

主　　編 林慶彰

總 編 輯 杜潔祥

出　　版 花木蘭文化出版社

發 行 所 花木蘭文化出版社

發 行 人 高小娟

聯絡地址 新北市永和區中正路五九五號七樓

電話：02-2923-1455／傳眞：02-2923-1452

網　　址 http://www.huamulan.tw 信箱 sut81518@gmail.com

印　　刷 普羅文化出版廣告事業

封面設計 劉開工作室

初　　版 2012 年 9 月

定　　價 十四編 34 冊（精裝）新台幣 56,000 元

阮元學術之研究

劉德美　著

作者簡介

劉德美，1948 年生，台灣師範大學歷史系學士、碩士、博士。碩士論文為《清代地方學官制度》，博士論文為《阮元學術之研究》。曾任台北市弘道國中、台灣省立彰化高中、台灣師大附中歷史科教師、台灣師大歷史系助教、講師、副教授、教授，2007 年退休。曾授中國通史、世界通史、西洋上古史、西洋藝術史、西洋古蹟與文物等課程。於清代地方教育、清代學術、西洋古代藝術與古蹟文物等方面，著有論文多篇。

提　要

本書旨在探討乾嘉道時期揚州顯宦學者阮元（1764 ～ 1849）的學術成就，共分七章。第一章說明清代學風的演變，及近年來學界研究阮元的成果。第二章從阮元的生平與交遊圈，了解他的學術趨向與活動的背景。第三、四章分析阮元學術的核心 — 考據學，內部成就主要表現於《揅經室集》中，他由考據以明古學，詮釋古代的器物、制度、水道、金石，並將研究成果應用於行政工作，發揮學術經世的效用，並由訓詁究文字本義，追求儒家學說的原始觀念，闡揚漢學家的義理；外部成就為編纂《皇清經解》、《經籍纂詁》、《十三經注疏校勘記》等工具書，嘉惠士子。第五、六章論述阮元在文史方面的成績：史學方面，編纂《疇人傳》、《國史儒林傳稿》、《廣東通志》、《雲南通志稿》、《山左金石志》、《兩浙金石志》，彙刻《文選樓叢書》、搜羅《宛委別藏》等，皆有保存文獻之功，學術經世之意；文學方面，提出文言說、文筆說，主張詩文皆須根柢經史，重視文選學，由形式與內容來批判桐城派之古文，建立揚州派注重駢文之理論，他撰寫的詩文即為對其文學主張的實踐，編纂《淮海英靈集》、《兩浙輶軒錄》，發幽闡微，宏揚教化。第七章結論，綜述阮元在學術上的成就與地位。

序

余嘗與胡秋原先生各自編選清季中國思想史資料。語及當以清季何人爲開山，胡先生曰：阮元。余則舉龔定庵對。胡先生頷首曰：亦可。自後各行所是，而余則由是知重阮元。清道光三年，定庵爲芸臺撰六十周年年譜序，括其生平業績爲十目，曰：訓詁、校勘、目錄、典章、史學、金石、九數、文章、性道、掌故等學，曰察吏、撫字、訓迪、武事、治賦、治漕等政。全篇瓌瑋莊嚴，壽人而無諛辭，余由是始知胡先生之識見，因盡讀芸臺書。

劉女士德美於芸臺著作寢饋甚深。近示其研究所得，將付梓人。劉女士博搜海內外有關芸臺之論文專著，於芸臺學術，闡述評論，言人之所未言，致吾無間言矣。僅就芸臺之「訓迪」事業，略抒鄙見。

昔年曾侍棲霞牟宗三先生於東坡山房，縱論及於政治。牟師據孫文政權治權之說，衍爲政道治道兩觀念，以爲中國歷史有治道而無政道。政道者，政權交替之道也。治道者，國民參政之道也。自漢以後，有察舉、科舉之制，人民得自社會而入政府。唯政權所在，限於一姓之世襲。遇有暴君弱主，政綱紊亂，權臣篡之，巨盜攘之，夷狄侵之，歷史乃有一治一亂之循環。今後必須行民主制度，掌政權者，出於人民之選舉，受民付託者，有一定之任期。才能之士，可以脫穎於選票，國家乃可長治久安云。余服膺師說甚久，然世界經兩次大戰以後，新國筍拔而起，皆爲民主政體，國家元首由人民選舉，法令由民意代表創建。若於諸國中，求一富強康樂者，無有也。國內戰亂頻仍，議員愚妄無識，元首庸懦貪鄙，人民仍爲政變所苦。余因爲之困惑甚久，乃有「三道」說之擬議。三道者，政道、治道以外，尚須加一道，曰「世道」。何謂「世道」？社會文化發展之道也。蓋人才出於社會，社會正常，則人才亦可正常。人才正常，則政治乃可正常。欲求社會正常，須謀社會文化發展之正常。何者正常？曰：依人道爲正常。「人道」之義，何人闡之？如何闡之？曰：恃乎民間教育之獨立自主。我國自宋而下，民間書院漸起，至明而極盛。書院皆有名儒宿學主之，以闡明理學、砥礪品行爲教。滿清入關後，禁士子論政，摧殘書院，改爲官辦，使爲討論時文之所，儒學之慧命竟絕，社會風氣隨而日墮，無復生氣矣。清臣風格，遠遜於明。

阮芸臺之撫浙、督粵也，創詁經精舍及學海堂，學生所業，不出儒家經籍，當時似無轉移風氣之效，然而詁經有俞樾，章炳麟其弟子也；朱九江出學海堂，康有爲其弟子也。康、章二子，影響於後世者如何？豈出於芸臺當年所料哉？抗戰時，馬一浮居復性書院，每憾有久存之佛寺，而無久存之書院，亦以挽救世道之必待於民間學塾也。由是觀之，定庵舉「訓迪」爲芸臺勳業之一，洵爲卓識。吾人今日研究芸臺之學，寧可不敬乎。

余讀劉女士之文，深佩其用力之勤，而述「三道」之觀念於此，亦以芸臺之創書院，有功於「世道」。尚祈讀劉女士之書者，讚嘆之餘，亦能有感於斯文。

中華民國一百零一年婦女節
陸寶千序於臺北市外雙溪

目次

第一章　緒　言

第一節　清學的定義與發展

有清兩百六十八年間，學風數變。「清學」的成立，錢穆先生追溯源流，認爲起於宋學，〔註 1〕張舜徽、麓保孝等學者也由內容方面，指出清學與宋學之間的密切關係。〔註 2〕

清初學術在宋明學術的累積和特殊的時代背景之下，發展出特別注重經學研究的風氣，一方面是官方以程朱理學爲學術正統，以他們的著作爲科舉取士的標準，程朱之學因緣時會，盛行於科場之中；另一方面則有黃宗羲、顧炎武諸大儒力倡經世致用之學。梁啓超稱此時爲清學的「啓蒙期」。迨至乾嘉時期，學風一變，考據學在名宦及學者的倡導與趨附下，蔚成風尚，成爲一代顯學，由於此時學者應用漢代學者的訓詁方法以明儒家經典，不尙辭藻，樸實無華，故又稱「樸學」或「漢學」，成爲清學的典型，因此狹義地說，清學即指此種考據之學，梁啓超認爲考據學派與清朝相始終，是清學的正統派，乾嘉時期可謂清學的「全盛期」。〔註 3〕道咸以降，由於中國面臨數千年來未

〔註 1〕 錢穆，《中國近三百年學術史》，頁 1。

〔註 2〕 參見張舜徽，《史學三書評議》，頁 190～191，「有清一代學術，無不賴宋賢開其先，乾嘉諸師特承其遺緒而恢宏之耳。」麓保孝，〈清朝における宋代儒學に關する研究について〉，《宋元明清近世儒學變遷史論》，頁 165，由清人文集隨筆中對宋代儒學的研究，作出如下結論：「清朝學術の淵源濫觴の宋代に存するものを求めて，朝廷の編纂事業、考證學者の理學、清代經學の諸問題、音韻學、金石學、目錄學や學術的隨筆叢考等の中にその實を徵して見たのである。」

〔註 3〕 梁啓超，《清代學術概論》，頁 8～10。

有之變局，學術趨向又生變化，有識之士重新講求經世之學，經今文學乃成爲學術思想主流，然而仍有俞樾、章炳麟、孫詒讓等經學大師堅守考據學的壁壘，梁啓超由狹義的清學角度考察此一時期的學界，認爲是步入清學的「衰落期」。儘管近人對清學的分期名稱或有不同，〔註 4〕而其演變趨勢及主流，則大致如上所述。

第二節　學界研究阮元的成果

學風發展與時代環境有互爲因果的密切關係。近人論清代學術的形成、發展與影響，有以中國近三百年學術史作全面論述者，有就某方面的學術專題，如經學、史學、漢宋之爭等作專論者，有就某學者、某學派而闡明者，均足以增進吾人對清學性質與內涵的理解。乾嘉考據學代表清學主流，而阮元屬於乾嘉道時期的人物，他歷任封疆大臣，政績卓著，不僅是一代名宦，尤其難得的是終生潛心著作，領導學術，憑其政治地位成爲領袖群倫的學壇宗師，主持風會半世紀，使漢學研究的波瀾更爲壯闊，其發展宏揚學術之力，遠超過一般純粹從事學術研究工作的專業學者，實是清代學者型官員（scholar official）的經典範例。〔註 5〕

阮元一生行事，可分學術和事功兩個部分。茲將近代以來學者對阮元生平、事蹟、學術等方面論述與評價的情形，略述如下：

〔註 4〕關於清代學術演變階段，論者甚多。如王國維於〈沈乙庵先生七十壽序〉云：「我朝三百年間，學術三變：國初一變也，乾嘉一變也，道咸以降一變也。」（《觀堂集林》，卷 23，頁 1146）。梁啓超於《清代學術概論》頁 3，將清學分爲啓蒙期、全盛期、蛻分期（或衰落期）。蕭一山於《清代通史》頁 942，將清學分爲三期：清初的明學反動時期、中葉的清學全盛時期、清末的今文學運動與東西文化輸入時期。王家儉由清代漢學與宋學的關係，亦將清學分爲三個時期：一爲順康雍年間的漢宋不分時期、二爲清中葉乾嘉年間的漢宋對立時期、三爲清末道咸以降的漢宋調和時期。（〈清代「漢宋之爭」的再檢討——試論漢學派的目的與極限〉，載於《中央研究院國際漢學會議論文集》，1981，頁 517～518）。麓保孝以清初康雍爲第一期，宋學伸張、乾嘉及道光前半爲第二期，漢學隆盛、道光後半至咸同清末爲第三期，爲漢宋兼採折衷及西學適應期（〈清朝における宋代儒學に關する研究について〉，《宋元明清近世儒學變遷史論》，頁 151）。

〔註 5〕吾國傳統政治向來主張政教合一、學與仕合，而官員之行政工作是多方面的，往往官位愈高，須兼負行政、財政、軍事、文教等功能愈多，對於特別注重提倡文教學術而有功績的官員，即可稱爲學者型官員，他們不同於實務官員與專業學者，而是既爲顯宦，又兼儒者，其行政表現與學術文教事業往往相輔相成。

（一）有關阮元在清代學術地位評價的論著

在通論清代學術思想的著述中，阮元僅居其中一章或專節論述而已。例如：

1. 錢穆於《中國近三百年學術史》（台北：商務印書館，1936）第十章〈阮元、焦循、凌廷堪三人合傳〉，以 13 頁篇幅論阮元學術宗旨，評述其得失與影響。
2. 侯外廬於《近代中國思想學說史》（重慶：生活書店，1944）第十一章，以 48 頁篇幅詳細綜論阮元學術思想，認爲他是歷史辨析學家，追求歷史的義訓是他學術最有價值的部分，肯定他爲乾嘉學術最後重鎮的地位，是最早詳論阮元學術之作。
3. 張舜徽於《清代揚州學記》（上海：上海人民出版社，1962）第六章，以 22 頁篇幅在簡介阮元生平及著述後，將其學術分訓詁學、考證學、哲學思想三部分加以討論，肯定阮元的學術成就。
4. 近藤光男撰〈阮元〉，載於《中國の思想家》，1963，頁 692～704，說明阮元各項學術著作的意義，結論稱贊阮元爲清代學問的指導者，嘉道學界的第一人。
5. 楊向奎於《中國古代社會與古代思想研究》（下），（上海：上海人民出版社，1962），以 24 頁的篇幅研究阮元的學術思想，論析其反理學的思想體系，由訓詁以通群經的學術成就，因善於運用分類統計法，具有歷史發展觀念，而能有超越前人的成績。
6. 趙航於《揚州學派新論》（南京：江蘇文藝出版社，1991），以專章（全書共十章）由「於學海中詁經」、「主衡文以選士」、「立新說而持平」三個面向，來論述阮元學術的特點與成就，充分肯定阮元的學術地位。
7. 祁龍威、林慶彰主編，《清代揚州學術研究》（臺北：學生書局，2001）。
8. 楊晉龍主編，《清代揚州學術》（上下二冊，台北：中央研究院中國文哲研究所，2005）
9. 李貴生於《傳統的終結——清代揚州學派文論研究》（上海：復旦大學出版社，2009），全書共七章，第五、六兩章探究阮元文論的發展階段與核心觀念，以及阮元文論的經濟義蘊，奠定完整的傳統儒家文論之基礎。

上述有關阮元學術思想的著作，重點或有不同，推崇其學術成就則一。只是由於敘述範圍廣，無法兼顧深度與廣度。近年來學者熱衷研究乾嘉學派、揚州學派，成果甚豐，例如陳祖武的《乾嘉學派研究》、楊秋華的〈大陸學者對清乾嘉揚州學派的研究〉、張壽安的〈清代揚州學派研究展望〉等專書或論文中，有關阮元的學術成就與地位的探討，較諸錢穆諸人前述諸書裡的內容來得精細，至於更為深入的討論仍須求諸專題研究著作。

以下列舉近數十年來有關阮元生平事功及學術思想的論文與專書：

（二）有關阮元生平或事功之專文

學者對活躍於乾嘉道時期政壇與學界的阮元生平或事功的重要研究，按出版時間先後有：

1. A. Vissiere, "Biographie de Juan Yuan: Homme d'Etat, lettre et mathematician"，載於 *T'oung Pao*，Series II，Voℓ.5，1904，pp.561～596。本文係譯自李元度《國朝先正事略》及根據 R. W. Hurst 所撰〈阮文達公事略〉（*China Review*，Vol. IX，1880～1881），按年代順序，記述阮元的宦績和著作，雖然以「政治家、文學家與數學家」為副標題，重點在於政治方面。
2. A. Hummel（恆慕義）編輯，*Eminent Chinese of the Ch'ing Period（1644～1912）*，2 Vols, 1943。（中國人民大學清史研究所譯，《清代名人傳略》，西寧：青海人民出版社，1990）。書中阮元的傳略由房兆楹編寫，除敘述阮元的仕宦歷程，也注意學術成就與影響力。
3. Wolfgang Franke（傅吾康，德國漢學家），"Juan Yuan，1764～1849"，載於 *Monumenta Serica*，Vol. IX，1944，pp.53～80。作者先敘述阮元生平事蹟，然後將其著作依傳統圖書經史子集四分法，繫於各類之下。與 Vissiere 之文不同者，傅文著述部分篇幅較多，但對阮元著作各書僅略加介紹，類似簡明書目提要，並附有相關論文訊息以供參考，頗為便利。惟作者對於已收入阮元主要文集《揅經室集》諸論文，仍抽離出來，或將阮元作序之書亦列於著作目錄，易生混淆，讀者宜留意。
4. 仰彌，〈阮文達事述——為公（阮元）卒後九十年紀念作〉，原載《中和月刊論文選集》第四輯（台北：台聯國風出版社，1974），頁 394～413。敘述這位乾嘉盛世之賢相兼大師的學術和事功。

上述四文雖皆提及阮元的著作和學術成就，僅是簡介與略述，未作深入的分析。

5. 容肇祖，〈學海堂考〉，《嶺南學報》第 3 卷第 4 期，1934，頁 1～47，作者詳考學海堂的創立人、建置、規模、55 名學長、250 名肄業生（不包括已任學長者）、327 名學海堂集選取文章的作者、以及 30 種學海堂刊刻書籍，資料詳贍，肯定阮元提倡學術與獎掖人才的功績。

6. 張崟，〈詁經精舍初稿〉，《文瀾學報》，第 2 卷第 1 期，頁 1～47，1936 年，敘述詁經精舍的沿革、規畫、學風、人物、藝文、流衍，並附大事年表、官師表、參考書目、詁經精舍史徵、詁經精舍興廢紀略等項，資料雖不及容肇祖〈學海堂考〉豐富，但仍是一篇既有靜態的資料排比，也具動態的發展觀念及解釋分析之作。
7. 宇翁，〈阮元與學海堂〉，香港《藝文叢錄》第 3 期，1962 年 1 月。
8. Leung Man-Kam（梁文錦），*Juan Yuan，(1764～1849): The Life，Works and Career of a Chinese Scholar-Bureaucrat*（夏威夷大學博士論文，1977，正文 272 頁，附錄 29 頁），為最早對阮元生平作相當周詳研究之著作。全書計 13 章，分學者及官員兩部分，較偏重事功，學術部分僅有討論阮元的疇人傳、人性論和文學論三章，而阮元的學術成就方面甚多，作者並未作全面的分析。
9. B. Elman（艾爾曼，美國漢學家），“The Hsueh-hai Tang and the Rise of New Text Sholarship in Canton”, *Ching-shih Wen-ti*, Vol.4, No.2, 1979, pp.51～82，分析學海堂與清季經今文學的關係。
10. Wei Pei-Ti（魏白蒂）撰，*Juan Yuan: A Biographical Study with Special Reference to Mid-Ch'ing Security and Control in Southern China，1799～1835*（香港大學博士論文，1981）、“Internal Security and Control : Juan Yuan and Pirate Supression in Chekiang, 1799～1809”，載於 *Ching-shih Wen-ti*，Vol. 4, No. 2, 1979, pp.83～112、“Juan Yuan's Management of Sino-British in Canton, 1817～1826”，載於 *Journal of the Hong Kong Branch of the Royal Asiatic Society*，Vol.22, 1981, pp.144～167。作者於此三文之中，論析阮元在浙江巡撫、兩廣總督與雲貴總督任內的海防、邊務、外交措施，運用官方檔案文書與個人資料，肯定阮元任疆臣時的防禦功勞。
11. 黃克武，〈詁經精舍與十九世紀中國教育、學術的變遷〉，《食貨月刊》第 13 卷第 5、6 期，1983，頁 70～79，由阮元在杭州建立的詁經精舍的興衰過程中，探討其歷史意義。容肇祖、張崟之作，時間較早，具開創性，以資料取勝；艾爾曼、黃克武之文著重詁經精舍與學海堂的成立對於學術思想變遷的關係，以解釋見長。

12. 郭明道、田漢雲，〈清代傳播民族文化的巨擘：阮元〉，《揚州師院學報》（社會科學版），1988 年第 3 期，1988 年 9 月。
13. 馮爾康，〈清代名臣阮元〉，《故宮博物院院刊》，1989 年第 1 期，頁 17～24。
14. 郭明道，〈清代教育改革家阮元〉，《揚州師院學報》，1990 年第 4 期，頁 125～129，1990 年 12 月。
15. 陳東輝，〈阮元與詁經精舍〉，《浙江學刊》，1991 年第 4 期，頁 107～109。
16. 陳東輝，〈阮元與學海堂〉，《文史》第 41 輯，頁 297～302，北京：中華書局，1996 年。
17. 胡凡、李鳳飛，〈論阮元對嶺南文化發展的貢獻〉，《中西文化交流與嶺南社會變遷》，北京：中國社會科學出版社，2004 年 3 月。
18. 孫廣海，〈阮元研究回顧〉，《漢學研究通訊》，第 25 卷第 3 期，頁 1～14，台北：國家圖書館漢學研究中心，2005 年。
19. 馮爾康，〈阮元的家庭生活〉，《清代社會生活圖記：生活在清朝的人們》，北京：中華書局，2005 年 1 月。

以上所列多位西方漢學家之文，對阮元生平作頗有興趣的介紹，而對阮元在教育方面的功績特別注重者，國內學者的研究較爲豐富。

（三）有關阮元生平研究的專書

1. 王章濤，《阮元傳》，合肥：黃山書社，1994。全書 325 頁，作者以阮元的生平與宦蹟爲經，在政治上的才能和學術文化上的成就爲緯，是一本忠實且全面的阮元傳記。
2. 王章濤，《阮元年譜》，合肥：黃山書社，2003。最早的《阮元年譜》原名《雷塘庵主弟子記》，由張鑑、阮常生、阮福、阮孔厚、柳興恩等人編成，13 萬餘字，詳錄阮元政績與奏疏等資料。〔註 6〕王氏之作，爲一部多達二百萬字的大型年譜，厚 1,201 頁，資料詳備，搜羅甚博，尤其

〔註 6〕《雷塘庵主弟子記》，張鑑等編，張鑑編至嘉慶十一年阮元 43 歲時；阮常生續編至嘉慶十九年（阮元 51 歲）；阮福續編至道光九年（66 歲）；阮孔厚、阮祜續編至道光十八年（75 歲）；柳興恩最後續編完成。共十三萬多字，詳錄阮元政績、奏疏、皇帝諭旨賞賜等，對其學術活動則失之簡略。

注重阮元與周圍文化人的交往，彰顯阮元在乾嘉後期領導學術的地位。

3. 王章濤，《阮元評傳》，揚州：廣陵書社，2004。全書連序有 460 頁，分五編，第一、三、四編論述阮元生平事功，第二、五兩編闡明阮元的學術，後者篇幅略多於前者，說明作者對於阮元學術的著力頗深。
4. 郭明道，《阮元評傳》，北京：社會科學文獻出版社，2005。作者在撰寫多篇阮元各方面成就論文的基礎上完成，全書連序及附錄有 464 頁，分上、下兩編，上編爲生平篇，下編爲學術篇。下編的篇幅比上編多約近半，顯示作者特別注重阮元學術。
5. 《焦循‧阮元評傳》（陳居淵著，南京大學出版社，中國思想家評傳叢書第 174 號，2006），評析二人的主要著作，介紹他們對儒家經典的研究、傳統算學的研究、對堪輿學的批判及在文學理論方面的成就，儘管作者稱阮元部分是附傳，仍相當展現阮元學術思想的全貌。

由上述所列專書可見，在以專書形式論述阮元生平之作者中，王章濤與郭明道皆爲揚州出身的阮元研究專家，對阮元的事功與學術都有所闡發，使揚州地區因地緣關係，成爲阮元研究的重鎮。

（四）有關阮元學術思想的論文舉要

1. Van Hee，"The Chou-jen Chuan of Yuan Yuan"，載於國際著名的科學史期刊 *ISIS*，Vol. 8, No. 8, pp.103～118, 1926，本文是最早專門討論阮元所編《疇人傳》之作，作者持十九世紀以來西方學者輕視中國文化的態度批判此書，後來也受到批判。
2. 三上義夫，〈疇人傳論——併せて Van Hee 氏の所說を評す〉載於《東洋學報》第 16 卷，頁 185～233、287～333，1927，作者以撰著 *History of Mathmatics in China and Japan*（《中日數學史》，1913）一書著名，在本文中批判 Van Hee 的某些主張。
3. 汪紹楹，〈阮氏重刻本宋本十三經注疏考〉，載於《文史》第三輯，頁 25～60，1963，說明阮元重刻十三經注疏及校勘記的經過、得失、所據版本的優劣、存佚與沿革，考核精詳。
4. 眞田但馬，〈阮元の南北書派論について〉，載於《東洋學報》第 8 期，頁 1～28，1964，說明清代金石學與書論的關係。阮元〈南北書派論〉一文即爲他愛好金石學的副產品。本文雖以「阮元的南北書派論」爲主題，但是翻譯〈南北書派論〉一文即占去不少篇幅，討論部分不多。

5. 何佑森，〈阮元的經學及其治學方法〉，載於《故宮文獻》第 2 卷第 1 期，頁 19～34，1970，由評定阮元的經學大要、治經方法及其得失，評論阮元在清代學術的地位。
6. 王萍，〈阮元與疇人傳〉，載於《中央研究院近代史研究所集刊》第 4 期下冊，頁 601～611，1974，重點在於介紹阮元生平並評論其「西學源出中國說」的觀點。
7. 沈垚，〈阮元倡讀孝經之背景與影響〉，載於《孔孟月刊》第 18 卷第 3 期，頁 11～13，1979，作者以極短的篇幅說明阮元提倡讀孝經的用意在使人們重視孝道，擴大及於宗族、社會、國家的倫理秩序。
8. 藤塚明直，〈皇清經解の編輯とその影響〉，載於《東洋文化》復刊第 46 至 48 號，頁 21～32、43～54、19～37，1979～1981，作者由《皇清經解》的編纂經過、選輯標準、有關人物地理背景等項，分析《皇清經解》的性質，以爲此書不僅是清代學界盛事，而且東傳到朝鮮和日本，影響彼邦的經學研究與實學精神極大。
9. 陳振風，〈阮元的交遊與哲學〉，載於《台南家專學報》第 3 期，頁 75～100，1981，由阮元與高郵王氏父子、焦循、江藩、劉台拱、龔自珍、魏源等人的關係，討論其學術思想，評定阮元是影響近代學術的關鍵人物之一。
10. 朱戟，〈清代揚州學者阮元〉，載於《揚州師院學報》1981 年第 4 期，頁 127～130，由阮元生平而論及他提倡學術、傳播文化、培育人才、獎掖後進的功業，至於阮元個人的學術成就則著重在經學和金石學方面。
11. 徐炯遙，〈清儒阮元の樸學精神〉，載於《東洋哲學研究》第 2 期，頁 133～143，1981，闡釋阮元對朝鮮實學影響頗大的樸學精神，強調其實事求是的客觀性以及平實精詳的治經態度。
12. 濱口富士雄，〈阮元の考據學の位置について〉，載於《倫理思想研究》第五期，1981，本文僅見於論文目錄徵引，未見原文，由篇名應可推知作者強調阮元在考據學的地位。
13. Jonathan Porter，"The Scientific Community in Early Modern China"，*ISIS*，Vol.73，No.269，pp.529～544，1982，作者指出十七世紀中國科學發展與西方科學革命表面相似，途徑卻異，以《疇人傳》爲素材，由外在的

社會環境和結構對中國科學活動的影響，解釋中國科學發展的遲滯。

14. 侯鏡昶，〈論南碑書風——北碑南帖論駁議〉，載於《南京大學學報》1982年第4期，頁47～51，認爲阮元論書法淵源流變，頗具見地，但是「北碑南帖論」則失諸片面。作者以後世出土南碑的結體筆意，具有王派書風，且已重帖輕碑，反駁阮元所提南帖書風盛行於唐宋的說法。
15. 趙一航，〈名位著述冠群才〉，載於《揚州師院學報》1984年第2期，頁103～106，由阮元研治經學的特點及成就方面，歸納出他是中國文化史上一巨人的結論。
16. 吳哲夫，〈阮元與宛委別藏叢書〉，載於《故宮文物月刊》第2卷第3期，頁116～120，1984，敘述《宛委別藏》的進呈與庋藏現況。
17. 劉德美，〈疇人傳研究〉，載於《台灣師大歷史學報》第13期，頁145～169，1985，著重析論《疇人傳》編者的專業素養及其論點、影響與後代學者的評論。
18. 尹協理，〈略論阮元的實事求是之學〉，《江淮論壇》，1987年第5期，頁91～96。
19. 黃愛平，〈從《疇人傳》看阮元的西學思想〉，《清史研究通訊》，1989年第3期，頁55～59。
20. 常紹溫，〈阮元創辦學海堂與廣東學術風氣的轉變〉，《歷史文獻與傳統文化》，第1輯，1990年9月。
21. 瞿林東，〈阮元和歷史文獻學〉，白壽彝編，《清史國際學術討論會論文集》，頁608～621，瀋陽：遼寧人民出版社，1990年8月。
22. 田漢雲、古明，〈論阮元的詩〉，《揚州師院學報》（社會科學版），1991年第3期，頁129～133，1991年9月，論述阮元詩歌創作的思想藝術成就。
23. 陳東輝，〈阮元的學術地位與成就〉，《杭州師範學院學報》（社會科學版），1991年第2期，頁32～37。
24. 黃愛平，〈阮元學術述論〉，《史學集刊》，1992年第1期，頁32～39。
25. 郭明道，〈論阮元對乾嘉漢學的貢獻〉，載於《史學月刊》，1992年第2期，頁39～44。
26. 郭明道，〈傑出的經學家：阮元研究之八〉，《揚州師院學報》，1992年第4期，頁134～141，1992年12月。

27. 岑溢成，〈阮元「性命古訓」論析〉，載於《清代經學國際研討會論文集》，1994年。
28. 包遵信，〈阮元和清代的漢學〉（上、下），《文化中國》第3、4期，1994年12月、1995年3月。
29. 余新華，〈阮元的學術淵源和宗旨〉，《中國人民大學學報》，1998年第3期，頁41～46。
30. 陳居淵，〈焦、阮、凌禮學思想合論〉，任繼愈編《國際漢學》，第16卷第2期，頁197～223，1998年12月。
31. 彭林，〈阮元實學思想叢論〉，《清史研究》，1999年第3期，頁38～44。
32. 陳鴻森，〈阮元揅經室集遺文輯存〉（一～六），《大陸雜誌》，第103卷，第1～6期，2001年7～12月（增訂本收於楊晉龍編，《清代揚州學術》，中央研究院中國文哲研究所，2005年4月）。
33. 黃愛平，〈乾嘉漢學治學宗旨及其學術實踐探析——以戴震、阮元爲中心〉，《清史研究》，2002年第3期，頁91～98。
34. 李亞，〈阮元沉思翰藻說再思考——兼及《文選》選文標準〉，《中國古典文學與文獻學研究》，2003年12月。
35. 鍾玉發，〈阮元調和漢宋學思想析論〉，《清史研究》，2004年第4期，頁19～25。
36. 李亞，〈論阮元「沉思翰藻」說對〈文選序〉的某些誤讀——以阮元、蕭統對「文」的不同理解爲著眼點〉，《鄭州大學學報（哲學社會科學版）》，第39卷，第6期，2006年。
37. 李貴生，〈阮元文論的經學義蘊〉，《漢學研究》，第24卷第1期，，頁297～320，2006年。
38. 穆克宏，〈阮元與《文選》學研究〉，《福建師範大學學報（哲學社會科學版）》，2007年第2期，頁102～105。
39. 馮乾，〈清代文學駢散之爭與阮元文言說〉，《古典文獻研究》，2008年4月。
40. 倉修良，〈阮元與雲南通志稿〉，《歷史文獻研究》，2008年9月。
41. 李慶，〈關於阮元的兩條資料——阮元晚年的思想傾向及其局限性〉，《歷史文獻》，2010年6月。
42. 陳文和，〈阮元的校勘學〉，《揚州文化研究論叢》第一輯，揚州：廣陵書社，2008 年 9 月。

43. 戚學民，〈阮元《儒林傳稿》與清代漢宋學術之爭〉，桑兵、趙立彬主編，《轉型中的近代中國》上卷第三篇，北京：社會科學文獻出版社，2010 年。

由於論文數量繁多，〔註 7〕有些篇幅較短、內容較簡略之一般敘述文章者，爲省篇幅，並未附上；或由題目即可知其重點者，亦不贅述。歸納上列諸文的共同點，無論在對阮元經學方法、精神，或具體的學術成果研究，皆較通史中的專章或專節之論述爲深入，頗能表現他的學術風貌與他所關心的問題；另一方面也反映現代人的學術興趣，例如科學史是門新興學問，《疇人傳》即成爲研究焦點之一。然而集合這些個別焦點仍無法了解阮元學術活動的多樣性，吾人必須再加以分析與綜合，對阮元學術的每一方面作內在聯繫，才可建構成爲有機體。

（五）有關阮元學術成就方面的專書

1. 李成良，《阮元思想研究》，成都：四川人民出版社，1997 年。論析阮元在政治、經學、教育、史學、文學、金石學及書學、文獻學、科技方面的思想，相當全面。
2. 陳東輝，《阮元與小學》，北京：中國文聯出版公司，1999 年。專論阮元在小學方面的成就，包括阮元自身的小學研究成果，以及編印與小學有關的書籍、培養小學的人才，能實踐惠棟戴震倡導由文字音訓以明經達道的治學宗旨，是清代第一流的訓詁學家。〔註 8〕
3. 余新華，《阮元》，《中國歷代思想家》，台北：台灣商務印書館，1999 年。
4. 孫廣海，《阮元學術思想研究》，香港大學中文系博士論文，2002 年。
5. 葉鵬飛，《中國書法家全集・阮元・包世臣》，石家莊：河北教育出版社，2003 年 8 月。

〔註 7〕根據蔣秋華，〈大陸學者對清乾嘉揚州學派的研究〉《漢學研究通訊》，第 19 卷第 4 期，頁 611～618，2000 年，統計到 2000 年有關阮元研究論文即有 60 篇，至今又逾十年，統計漢學中心典藏大陸期刊篇目索引資料庫搜得自 2000 年 3 月至 2010 年 9 月有關阮元研究論文共 31 篇，見 http://readopac1.ncl.edu.tw/ccs/search_result.jsp（2012 年 1 月 30 日查）。

〔註 8〕參見蔣秋華，〈大陸學者對清乾嘉揚州學派的研究〉，《漢學研究通訊》，第 19 卷，第 4 期，2000 年。

6. 張立，《從傳統走向近代——中國科學文化史上的阮元》，合肥：安徽教育出版社，2005年。探討阮元在中國科學文化史上的角色與貢獻，是傳統的繼承者、總結者，新思想的蘊釀者和實踐者。
7. 黃慶雄，《阮元輯書刻書考》，新北市：花木蘭文化出版社，2007年。分別專章探討經籍纂詁、十三經注疏、皇清經解、其他輯刻經史之書、其他輯刻子集之書。
8. 吳德玲，《阮元之經世思想與經世措施》，台北：東吳大學博士論文，2008年。作者由阮元著作，分爲社會、教育、經濟、政治、文獻、科技等主題，論述其愛民利民的經世理念，與福國利民的經世措施。
9. 楊錦富，《阮元經學之研究》，新北市：花木蘭文化出版社，2010年。作者論析阮元的著述、訓詁、經學、道學，發揚儒學，蔚爲漢學最後之重鎭。
10. 戚學民，《阮元儒林傳稿研究》，北京：三聯書店，2011年。作者通過研究阮元《儒林傳稿》，探究清代學術史論述發展的過程。《儒林傳稿》是清代官方對清代學術史的初次系統整理，其編纂修訂和傳抄刊刻等問題有不少疑點，涉及清代官方史學論述的諸多方面，影響清代學術史的書寫。
10. 周斌，《阮元書學思想研究》，上海：華東師大出版社，2011年。探究阮元書學思想的來源與金石學和經學的關係，打破尊帖傳統，倡導古樸雄渾的北碑書法，隱含近代書法強調崇高悲壯的美學精神。

第三節　本書研究目的與方法

綜觀上節所列近人對阮元事功與學術方面的研究情形，早期作品顯得不夠深入或全面，近期有關著作在質與量上均有提升，在資料、方法、詮釋上，仍可有創新與補充之處，大陸作者數量遠超過臺灣。本書即擬由阮元的生平、交遊、學術活動及其成就等項目，全面探討並評論他在乾嘉道時期的學術地位和角色。

乾嘉學者的學術成就可謂多采多姿，達到梁啓超於《清代學術概論》中所稱「家家許鄭，人人賈馬」，「家談許鄭，人說賈馬」的地步，說明乾嘉學風的興盛和普及情形。當時學者可藉各種人際關係，和志同道合的同儕展開學術討論，他們奉行「實事求是」的圭臬，雖其末流不免飣餖瑣碎，補苴掔績之弊，然在諸多大儒的研究與倡導下，其所獲成就的深度與廣度，俱遠邁前朝。

阮元受到乾嘉學風的薰陶，在學術上不僅有個人獨創的成就，也因透過任職的便利，積極倡導學術，從事集體合作，編纂資料性或工具性之大部頭書籍，獲致更豐富的學術成果。因此本文也特別著重人際關係對阮元學術活動的影響，並比較他與其他學者的異同。再者，由於阮元在〈國史儒林傳．凡例〉中，表示漢宋兼採的學術立場，他的幕僚裡不乏如方東樹、夏炘等宋學人物，而方東樹在《儀衛軒文集》中又記載阮元晚年肯定宋學之論，以至於很多學者認為他是漢宋兼採、調和折衷派的代表人物，本文則由多方面說明阮元是十足的漢學家，在他的思路歷程中，恆久不變的是一以貫之的漢學家精神。阮元致力發展漢學的實際工作，對學術界產生很大的影響力，當時及後世的評價是正反兩面皆有。在漢宋相爭的情形下，擁護他的學者自然是接受並發揮他的想法，稱頌他的學術成就，其中亦不乏善意的批評；而反對者通常是多方求全責備，而其中也有肯定他的見解之處。以至於直到今日，仍有爭議，然此正足以說明他在學術界的重要性。

本書所用資料以阮元本人的著述和編纂的書籍為主，旁及同時代學人的文集與相關資料，並參考當代學者的研究成果。全書共分七章，除緒言、結論外，先敘述阮元的學術背景，以明其思想淵源所自，其次分別以他在考據學上的內部成就、外部成就及考據學以外的工作為綱領，由他所奉行的實事求是、保存文獻等漢學家宗旨與精神，作為貫通各章的脈絡。最後附以年表、徵引書目等資料，以供參考徵實。

第二章　阮元學術的背景

科舉考試是隋唐以來掄取人才的主要途徑，也是俊秀之士平步青雲以施展抱負的重要階梯。清代沿襲明制，童生通過在各縣舉行的縣試、各府舉行的府試、各省學政主持的院試，獲得生員資格後，須通過在省城舉行的鄉試、京師舉行的會試等關卡，才可逐步取得舉人、進士等功名。後兩種身分對於仕途，尤為重要，因於獲得吏部銓選後，即可晉身仕籍。清代滿人用武力取得天下，以少數民族入主中國，為謀長治久安，勢必運用所掌握的政治利益籠絡多數被統治的漢人；加以滿人的文化水準相對落後，儘管在政治軍事等方面占盡優勢，而在學術文化方面則難與漢人爭勝。〔註1〕因此，清代以朝臣或疆吏身分倡導文教者，絕大多數是漢人，即使有由滿人具名領銜的文教事業，實際負責完成者仍是漢人。〔註2〕但漢大臣之注意文教者，多限於倡導或

〔註1〕有清一代，滿人居統治階層，無論中央官或地方官，位愈高權愈重者，旗人愈多。以嘉慶朝的地方官而言，旗人任知縣者占總數4%，散州知州10.9%，直隸州知州14%，知府21.2%，按察使40%，布政使37.8%，巡撫42.1%，總督59.6%。（根據：李國祁、周天生，〈清代基層地方官人事嬗遞現象之量化分析〉，《臺灣師範大學歷史學報》，第二期，頁349～355、魏秀梅，〈從量的觀察探討清季布政使之人事遞嬗現象〉，《中央研究院近代史研究所集刊》，第三期下冊，頁478、魏秀梅，〈從量的觀察探討清季督撫的人事遞嬗〉，《中央研究院近代史研究所集刊》，第四期上冊，頁266。）掌管衡文校士，關係人倫風化的學政一職，旗人僅占總數3.8%，其餘全為漢人（據法式善，《清秘述聞》，卷9～12統計）至於旗人任各府州縣學官者以直隸為最多，也不過占該省0.7%，且幾全屬漢旗（劉德美，《清代地方學官制度》（新北市：花木蘭文化出版社，2011，頁22，清代直隸省學官籍貫統計表）。

〔註2〕如《通志堂經解》，由滿臣明珠之子納蘭性德掛名編輯，實際主持者為顧炎武

主持編輯地方志、留意整修學校、書院等事務，對引導學術趨向的影響力並不重大。因而有清兩百多年間，眞能如阮元這樣主持風會，提倡學術，有重大影響力的儒臣，可謂屈指可數。

清初學者顧炎武、黃宗羲、王夫之、顏元等人，他們的學術思想影響後世固然甚鉅，然而都是在野之身。其後張伯行、陳宏謀等人提倡理學，那是為了政治需要。咸同以還，事功卓著的曾國藩、李鴻章、張之洞等開明大臣推展新式教育，曾、李等人雖有倡導之功，但忙於政務，本身著作並不豐富。王韜、陳熾、鄭觀應等人提倡新學，亦有經世之作，然而不是顯宦。儘管阮元的學問不若顧、黃之宏博，王、鄭之新穎，事功不如曾、李之顯赫，卻是當代兼具高位、事功、學問於一身，影響及於後世之顯宦學者。至於他為何具有學術研究的興趣與倡導的熱忱，須由他的時代背景、生平與師友關係之中去尋繹。

第一節　乾嘉樸學的精神與方法

阮元出生於考據學鼎盛的乾嘉時代，考據學的觀念與學風，當然會影響到阮元的學術趨向。所以討論阮元的學術，應先略述清代考據學的特色。

清代的考據學由明末的實學觀念而來，明末的實學觀念乃指經世致用而言，但因種種外在因素，清初顧炎武、黃宗羲諸大儒所倡導的通經致用之學，到了乾嘉學者手中，僅僅汲取其中注重名物訓詁的考據一面，乾嘉學者自認治學須以經史典籍為憑藉，才不致落入宋明學者空談心性的窠臼，足以矯正空疏的弊端，從而號稱「實學」，然而若究其實，已非明末諸儒意中的實學了。乾嘉時期的學者承襲清初諸儒的治學方法、精神與範疇，而以古籍為研究對象，同時青出於藍而深於藍，趨向廣博精深，將清初尚屬草創的考據之學，發揚光大，推入新境界。

茲略述考古之學的精神與方法，以利了解阮元之學術。

一、精　神

乾嘉學者最重要的治學精神在於「實事求是」，尊奉漢代河間獻王所提「修古好學，實事求是」八字為圭臬。他們對於自己與別人的學術成就，皆以「實

之外甥徐乾學。清代主要的官修書籍幾全由漢人學者主持編纂。

事求是」爲最高期許與贊詞。〔註3〕其共同出發點在於反對宋明性理之學的空疏，提倡尊重漢儒治學的實際態度，以爲專注於古典文獻的研究，纔是有裨實用的實學。「求是」是無止境的，必須終身奉行。以阮元爲例，他在道光六年（63歲）離粵時，諸書院與學海堂師生詠別，答以詩云：「講學是非須實事，讀書愚智在虛心」。〔註4〕廿四年（81歲）作〈釋謂〉篇，認爲訓「謂」爲勤，較前人訓作虛義爲著實，「此亦實事求是也」。〔註5〕又如以在粵、滇的經驗，恍然大悟所謂回頭瘴及返魂梅的道理後，感慨地說：「致知格物，一生不了」。〔註6〕皆可見他終生念茲在茲，不倦不渝的求是精神。

博學好古是乾嘉學者另一普遍共識，認爲對經典的考據研究必須建立在博學的基礎上，才足以解決問題。顧炎武以「行己有恥，博學於文」教人，他本身即爲博學之士，惠棟、戴震、錢大昕等人皆以博學著稱，故博學實爲漢學家的必備條件。〔註7〕他們必須在廣博的學識基礎上才能詳徵博引，去僞存眞，究同存異，顯現宏偉的學術氣象。

此外，漢學家還須求深造自得，即「好學深思，心知其意」，否則流於補

〔註3〕阮元於〈馮柳東三家詩異聞疏證序〉云：「夫自有宋以來，學者類沿空疏之病，王氏（應麟）獨能網羅載籍，實事求是，闡發許鄭之言，固尚有待於後人之補正。」（《揅經室續集》，卷1，頁49）。〈宋咸熙惜陰日記序〉云：「我朝儒者，束身修行，好古敏求，不立門戶，不涉二氏，似有合於實事求是之教。」（《揅經室三集》，卷5，頁639）。阮元也以此標準來衡量程恩澤的學術：「約禮博文，實事求是，而研究經義，及於子史。」（《揅經室續集》，卷2下，頁113）。汪家禧稱以經術自立的孫志祖所著書家語、孔叢疏證、讀書脞錄、文選考異，皆「務於實事求是，不好馳騁。」（《東里生燼餘集》，卷3，頁9，〈書孫頤谷侍御柳勘書圖後〉）

〔註4〕《揅經室續集》，卷7，頁212，〈諸書院院長暨學海堂學博生徒皆有圖詠別題答一律〉。

〔註5〕《揅經室再續集》，卷1，頁7，〈釋謂〉。

〔註6〕仝上，卷7，頁12。

〔註7〕阮元將學問分通儒之學和陋儒之學兩大類。陋儒之學是「守一先生之言，不能變通。其下焉者則惟習詞章，攻八比之是務」。通儒之學的定義爲：「篤信好古，實事求是，匯通前聖微言大義，而涉其藩籬，此通儒之學也。」（《國粹學報》第三期，撰錄，頁1，〈阮芸台傳經圖記〉），因而不輕以通儒許人，文集中僅稱贊汪中、焦循爲當時通儒。汪中與凌廷堪相見，辨論古今，手書錢大昕、錢塘、錢坫、金曰追、李賡芸、江聲、江藩、韓廷秀、莊述祖、程瑤田、金榜、劉台拱、李惇、邵晉涵、孔廣森、盧文弨十六人姓名示之曰：「此皆海內通人也，今得君合十七人矣。」（《校禮堂文集》，事略，頁13）歸納汪氏所謂大儒、通人的標準爲博學、好古、求是的漢學家。

疽擘績，瑣碎餖飣，失學問之用，故漢學家非常強調此種功夫。〔註8〕阮元說：「學者所當好學深思，心知其意，得古人之益，而不爲古人所愚，則善矣。」〔註9〕並以校勘爾雅爲例，詳加說明：

> 若夫爾雅經文之字，有不與經典合者，轉寫多歧之故也；有不與說文解字合者，說文於形得義，皆本字本義，爾雅釋經則假借特多，其用本字本義少也。此必治經者深思而得其意，固非校勘之餘所能盡載矣。〔註10〕

他教導門生達到「心知其意」境界的方法是精讀，稱：「世人每矜一目十行之才，余哂之。夫必十目一行，始是眞能讀書也。」〔註11〕蓋求學無捷徑，惟有精讀，透過深思，才能有所心得創發。

求是、博學、貴心得是漢學家治學精神所在，三者相輔相成，缺一即不能成爲深獲學界期許的「通儒」。只是由於各人領會與達到的程度不同，成就遂有高下之分。

二、方　法

考據學者講求方法，可舉兩人之說法以明之。一爲梁啓超，他考察乾嘉學者從事考據的步驟有六：注意、虛己、立說、搜證、斷案、推論，〔註12〕認爲考據學家處理文獻上的疑問，首先是具有問題意識，學問的起點在於對別人不疑處有疑，凡事追究其因，「注意」即對常人容易疏忽之處，詳加觀察；「虛己」是在發現問題後，儘量作客觀的分析；「立說」是先立一假定之說以爲標準；「搜證」即廣搜證據，作爲證明，對文獻進行內、外考證的工夫；「斷案」是根據所搜證據，比較歸納，下一論斷；「推論」即將正確的斷案推衍於同類事項。這種找尋證據與法則的精神，可稱爲科學精神。另一學者爲羅振玉，他在《本朝學

〔註8〕如王引之於《經義述聞》中闡明獨古書須識假借，其途徑爲好學深思，心知其意。江藩稱賞丁晏課卷能「摭群籍之精，抉象數之奧，當今之世，如足下好學深思者，有幾人哉？」(《石亭記事》，收於《頤志堂叢書》六，頁20，〈重修麗正書院記〉)

〔註9〕《揅經室一集》，卷4，頁68，〈引書說〉。

〔註10〕梁章鉅，《退庵隨筆》，卷3，頁17。

〔註11〕《揅經室續集》，卷6，頁204，〈題嚴厚民書福樓圖〉：「嚴子精校讎，館我日最長。校經校文選，十目始一行。」自注云：「世人每矜一目十行之才，余哂之。夫必十目一行，始是眞能讀書也。」

〔註12〕梁啓超，《清代學術概論》，頁74～75。

術源流概略》中，列舉清朝學者之研究方法，舉出徵經、釋詞、釋例、審音、類考、攈逸六種方法爲清代學者對經史之書作進一步的內容考訂、字詞解釋、比較類推、審音求義、分項研究（例如將經部分爲天文曆象、地理、典制、氏族姓名、宮室輿服、考工等六目）、搜輯亡佚等工作。〔註 13〕由於這些研究方法的配合運用，使得清學斐然有成。阮元即能在博學基礎上，好學深思，實事求是，並擅長綜合運用諸種研究方法，而成爲典型的漢學家。

第二節　阮元的生平與交遊圈

一、由一介布衣到學仕兼優

阮元，字伯元、梁伯，號芸台，亦作雲台，又號瀛舟仙客、雷塘庵主、節性齋老人、揅經老人、頤性老人、選樓老人、北湖跛叟、揚州北湖定香亭長。江蘇揚州府儀徵縣人。乾隆廿九年正月廿日（1764 年 2 月 21 日）出生於離揚州府學不遠的西門白瓦巷，青少年時遷居新城城南的花園巷和城北的彌陀寺巷，結交許多關心實務的揚州學派的學人，道光十八年告歸故里，十月十四日抵達揚州，道光廿九年十月十三日（1849 年 11 月 27 日）卒於康山私宅，〔註 14〕享年 86 歲，在當時可稱壽考。

長壽對於阮元的思想體系完成、著作的深度廣度發展、在學界的影響力，都是相當有利的因素。例如嘉道年間與阮元許多條件相似，有並爲儒林冠冕之稱的程恩澤（乾隆四九年～道光十七年，1784～1837，享年 54 歲），但在學業事功大有前途之時，英年早逝，未留下重要的著作。〔註 15〕又如揚州學

〔註 13〕羅振玉，《本朝學術源流概略》，頁 42～44，收於《羅雪堂先生全集》初編，第六冊。

〔註 14〕道光 23 年阮元八十歲時，所居揚州舊城公道巷之福壽庭因鄰里失火而毀，遷居徐凝門康山之右，領買原屬江鶴亭之房，即康山正宅，稍加修葺，在此頤養晚年。（王章濤，《阮元傳》，頁 231）今日揚州康山文化園則以有揚州晚清鹽商最大豪宅著名，盧氏鹽商故居建於光緒年間，在康山街，占地萬餘平方米，原有九進建築，二百多房間。

〔註 15〕張舜徽，《清人文集別錄》，頁 383：「嘉道間則阮元與恩澤並爲儒林冠冕。恩澤雖後起，而學問淵博，足以主持風會，惜其早逝，未克大有所述造，僅詩賦雜文傳於世，故知其學者不多也。何紹基爲龍泉寺檢書圖記，嘗取程阮二家並論，而深慨屈信豐嗇修短之不同，蓋當時天下之公言也。」何紹基之論，見《東洲草堂文鈔》，卷 4，頁 2～3。

派前輩汪中，是一位學識卓越的通儒，但是貧困損害他的健康，於 50 歲早逝，遂未能完成計畫「博考先秦古籍，三代以上學制廢興，使知古人之所以為學者」的百卷著作，僅以 6 卷的《述學》傳世。〔註 16〕而阮元則因壽考而有豐富撰述，且歷任顯宦，門生弟子遍天下，與程氏迥異。故諸可寶亦稱阮氏：

> 於時以經術文章主持風會，不偏不倚，能劑漢宋之平，而其人又聰明早蚤達，敭歷中外，兼享大年，其名位著述足以弁冕群材，其力尤足提倡後學，羽翼之以成一代之盛事者，莫阮文達公若。〔註 17〕

阮元一生可分三個時期：童年到 26 歲考取進士為應考時期，26 到 75 歲為仕宦時期，75 到 86 歲為退休時期。長達半個世紀的仕宦時期是他一生中最多采多姿的時期，學術事功俱達高峰。他的學術著作始於乾隆五十二年撰〈考工記車制圖解〉，致仕後仍繼續讀書寫作，到道光廿四年自訂《揅經室再續集》，廿五年撰〈揚州阮氏族譜序〉才停止，此後偶有應酬文字皆係幕客門生代筆。〔註 18〕大約嘉慶一朝及道光初年是他著述事業的顛峰時期，也是他對清代學術風氣和文化教育發展最具影響力的年代。

1、家世與求學歷程

揚州居運河與長江交會之點，地當交通要衝。自漢以來，逐漸發展成萬商雲集的大都市。唐宋以來更為繁榮富庶，而有「揚一益二」之稱。明清兩代的揚州，由於是全國最大鹽區——兩淮鹽區鹽運使駐在地，遂成為鹽商總匯，財富聚集之處。富有的鹽商常從事文化事業，如資助文人生活、出版書籍、收藏圖書、金石、古玩等，對揚州的文風發展和文化活動有很大的推動力，諸多領域的大師輩出。〔註 19〕阮元是揚州人，但非出身於富豪的鹽商之

〔註 16〕趙航，《揚州學派新論》，頁 37～38。

〔註 17〕諸可寶，《疇人傳三編》，卷 3，頁 753，〈阮元傳〉。

〔註 18〕如劉文淇於道光 23 年為阮元撰〈重刻舊唐書序〉、〈張穆魏延昌地形志序〉，25 年代撰〈江甘貞孝節烈總坊錄序〉、〈劉開廣列女傳序〉，28 年代作〈誥授中憲大夫道銜懷慶府知府汪君墓表〉等文，見《儀徵劉孟瞻年譜》，頁 33、36、44、45、52）。但是阮元愛好讀書，至老不倦，陳澧云：「至儀徵謁太傅，拳拳於嶺表之文風，年八十餘，猶讀書不輟也」（文廷式，《純常子枝語》，頁 104）。

〔註 19〕Ho Ping-ti，“The Salt Merchants of Yang-chow：A Study of Commercial Capital in Eighteenth-Century”，in *Harvard Journal of Asiatic Studies*，Vol. 17，1954，pp.155-168；*The Ladder of Success in Imperial China：Aspects of Social Mobility，1368-1911*，1962，pp.158-160。

家，某些日本學者以為他家世業鹽鹾者，〔註20〕不知其說之證據為何。

根據康熙卅九年修的〈揚州阮氏族譜序〉，知揚州阮氏係出河南陳留尉氏，南宋以後遷江西省臨江府清江縣，元末以武功顯，明洪武年間被移民，由江西遷至江南省淮安府，入籍山陽縣，定居窰溝。數傳至阮巖，為逃避明神宗時屢被報為大戶的繁重差役困擾，遂遷居揚州府江都縣（今之阮千戶巷），成為揚州阮氏的始祖。三世祖文廣時，於崇禎末遷於揚州府城北四十里北湖的九龍岡（清代稱公道橋），七世祖玉堂又遷居揚州舊城白瓦巷。

自阮巖由淮安遷揚州，到阮元時已近二百年，共歷九世（見阮氏世系表）。因為家族繁衍，舊譜以「文秉樞衡，武承嗣蔭」八個字排行輩份，阮元屬嗣字輩，至是即將用畢，遂於家祠修成後，書「恩傳三錫，家衍千名」八個字繼之。

阮氏家族遷揚州後之世系表〔註21〕

一世	二世	三世	四世	五世	六世	七世	八世	九世
巖——	國祥——	文廣——	秉謙——	樞敬				
	國華	文登	秉鑑	樞良——	時衡——	玉堂——	承德	
		文科	秉峻	樞忠	藻衡	錦堂	承義——	亨
				樞恭			承仁	
				樞翼			承信——	元
				樞星				

▲阮　巖（1531～1600）遷揚一世祖。

▲阮國祥（1552～1632）二世祖，字雪軒，賜明威將軍。

▲阮文廣（1575～1648）三世祖，字奉軒，官榆林衛正兵千户。

▲阮秉謙（1600～1642）四世祖，字尊光，貤贈武德將軍。

▲阮樞良（1626～1703）阮元高祖父，字孚循，贈昭勇將軍，累贈榮祿大夫、光祿大夫、户部左侍郎。

▲阮時衡（1669～1727）阮元曾祖父，字宗尹，贈昭勇將軍，累贈榮祿大夫、光祿大

〔註20〕例如佐伯富，《中國史研究（二）》，京都大學東洋史研究會，1971，頁72：「鹽商出身の學者や藝術家も多い。趙翼、阮元、閻若璩、任大椿、程晉芳、吳嘉紀、查士標等これである。……そして阮元に見られるように，鹽商のうちからも多數の高官が輩出したのである。」內藤湖南，《內藤湖南全集》第11卷，頁405：「阮元は揚州の鹽商の子であるため金持ちであった。」

〔註21〕根據王章濤，《阮元年譜》，表1，頁1。

夫、户部左侍郎。

▲阮玉堂（1695～1759）阮元祖父，字履庭，號琢庵，21歲時中康熙乙未科（五十四年，1715）武進士，歷湖南九谿營、河南衛輝營參將，誥授昭勇將軍，累贈榮祿大夫，户部左侍郎。康熙末年由揚州府城北的公道橋遷居揚州舊城白瓦巷。文武兼備，著有《珠湖草堂詩集》、《琢庵詞》、《箭譜》、《陣法》等書。

▲阮承信（1734～1805）阮元父，字得中，號湘圃，以侍養未與試。補國子生，因家道中落，不得不棄儒從商，居貧好義。其軍事與商業的閱歷充實阮元在經世實務方面的知識與經驗。父以子貴，他被封儒林郎、翰林院庶吉士，累贈榮祿大夫，户部左侍郎加三級。

統計阮氏遷至揚州後，由第二代到第八代中，共出武進士 3、武舉人 6、武生員 3、文生員 8、歲貢 1，正途出身的武科名層級與數量都比文科名爲高爲多；異途出身的國子監生達 9 人，可見阮氏家族有相當的經濟力以捐此虛銜，均說明此家族在當地已躋身士紳之家。阮氏家族雖富財貲，不表示阮元一家必然富有。阮元祖父玉堂爲武進士，有勳業，由於廉潔自持，家境清寒。

阮元之父承信（雍正十一年～嘉慶十年，1734～1805，72歲），幼年生長於行伍之間，研習騎術，因侍養祖母及母親，絕意仕進，在家課獨子讀書，爲支撐家業而經商，軍旅生涯和商場閱歷使他注重實學和實踐。阮元11歲時，即爲詳解《資治通鑑》中歷代的成敗治亂，戰爭謀略等事理，並以歐陽修的〈縱囚論〉、蘇軾的〈代張方平諫用兵書〉等文章，勗勉阮元讀書目的在求明體達用，反對徒鑽時文，同時傳習武術，講授射擊要訣。〔註22〕但阮元更受其母林氏影響，棄武從文。〔註23〕他自幼得力母教甚多，五歲教以識字，六歲令就外傅，並誦讀唐詩。〔註24〕九歲從喬椿齡學，喬氏通諸經義，涉獵經史百家，善屬文，性剛直廉介。〔註25〕其後又從外祖父摯友胡廷森學習韻語、《文選》以及吏事。十七歲從李道南遊，李氏學行器識高於一時，認爲文以勵行，而不是逐科第之

〔註22〕《揅經室二集》，卷1，頁340～341，〈誥封光錄大夫户部左侍郎顯考湘圃府君顯妣一品夫人林夫人行狀〉。

〔註23〕阮元記其母以蔣士銓母爲教導範例的情形曰：「鉛山蔣心餘編修奉其太夫人居揚州安定書院，太夫人與先妣常過從，先妣語不孝曰：『讀書做官，當爲翰林，若蔣太夫人教子乃可矣。』不孝謹識之，不敢忘。」（《揅經室二集》，卷1，頁349）

〔註24〕期間林氏不滿塾師所教的四書五經，利用課餘，叮囑誦讀阮元外曾祖父林文璉選編的王維、孟浩然、高適、岑參四家詩。阮元也受林開、林閬、林閆諸舅皆善詩文的耳濡目染。（王章濤，《阮元評傳》，頁7）

〔註25〕《揅經室二集》，卷2，頁372，〈李晴山喬書酉二先生合傳〉。

階，中進士後，即設教鄉里，著有《四書集說》12 卷、《斷鍼吟》1 卷。〔註26〕諸人皆江都特立獨行之士，他們的學行對阮元的立身處世都有示範作用。

阮元在父母的鼓勵教導、揚州名師的指點傳習下，乾隆四十九年（1784），廿一歲時，成爲縣學生員，翌年科試中，特別獲得江南學政謝墉（1719～1795）的賞識，補廩生。謝墉究心考證之學，綜覽經史百家，喜好提拔人才，尤爲獎勵阮元，將他列爲一等第一名。在入謝墉幕，助理衡文校士工作時，結識著名的經史學家錢大昕（1728～1804）。乾隆五十一年（1786），阮元廿三歲時通過鄉試，成爲舉人，其主考官朱珪（1731～1806）也是倡導經史的儒臣。翌年入京師參加丁未科（1787）會試失利，即寄寓謝墉第，結交不少學界名人，如與邵晉涵、王念孫、任兆麟、凌廷堪、王昶等，文酒之會不斷，〔註27〕學問大有進步。乾隆五十四年己酉科（1789）廿六歲時，參加恩科會試獲售，主考官爲王杰（1725～1805），同科好友名臣甚多，殿試爲二甲第三名，賜進士出身，入翰林院爲庶吉士。五十五年（1790）庶常館散館，被欽取一等第一名，展開長達五十餘年的仕宦生涯，步入人生另一階段的旅程。根據張仲禮的統計，清代士子考中生員的平均年齡爲 24 歲、舉人 30 歲、進士 35 歲，〔註28〕可見阮元在獲得功名方面，可謂少年得志，是決定他往後成就的重要關鍵。

2、仕宦與生活方式

阮元考中進士後，先在翰林院歷練，乾隆五十六年（1791）大考翰詹，以賦與疏都超越原來的第一名，而獲改擢一等第一名，奉旨授詹事府少詹事（正四品），南書房行走，修纂內府書畫爲《石渠寶笈》、日講起居注官、詹事、文淵閣直閣事、石經校勘官等職。五十八年（1793）被外放爲山東學政，王杰特爲餞行，勉以「耐貧」。他深知八股制藝之弊，以詩、賦、考證文章試士，選出佳作 51 篇，輯成《山左試卷》，各篇文末有批語，於獎掖後進，啓迪文風，不遺餘力。在主持例行考試餘暇，留意訪察及考證金石，主編《山左金石志》。任滿調浙江學政，接著任浙江巡撫，此時的學術活動比在山東時期活躍，不僅搜羅金石，編輯《兩浙金石志》，還編纂《經籍纂詁》、《疇人傳》、《兩浙輶軒錄》、《廣陵詩事》，撰寫《小滄浪筆談》、《定香亭筆談》、《曾子十

〔註26〕《揅經室二集》，卷 2，頁 371，〈李晴山喬書酉二先生合傳〉；頁 373，〈胡西棽先生墓誌銘〉。

〔註27〕嚴榮編，《述庵先生年譜》，卷下，頁 14。

〔註28〕Chang Chung-li，*The Chinese Gentry*，1967，p.172。

篇注釋》、搜集《宛委別藏叢書》、刊刻《淮海英靈集》、責成寧波范氏編寫《天一閣書目》等書。教育方面，設立詁經精舍，以經史、曆算、輿地等實學課士，置靈隱書藏，供士子利用。按試各地，著重學用兼顧，得人甚多。嘉慶四年（1799）得朱珪推薦，署浙江巡撫，翌年實授浙撫。此時浙省吏治腐敗，民生困苦，阮元就任後，平定猖獗的海盜，清查虧空，節省浮費，行之十年，浙省補完所有虧空，減稅以抒民力，不贊成輕試海運。嘉慶十二年丁父憂回籍，服闋又至杭州，後因失察學政劉鳳誥代辦監臨科場舞弊案，降補翰林院侍講，充日講起居注官，兼國史館總裁，創編〈國史儒林傳〉。嘉慶十七年，外調漕運總督，十九年任江西巡撫，在贛省刊刻《十三經注疏》及《校勘記》，二十一年調河南巡撫，未及三個月補授湖廣總督。嘉慶廿二年八月調兩廣總督，直至道光六年離任，建樹甚多，治績卓著，加強海防、打擊鴉片買賣、保護合法商人權益、鼓勵糧食貿易、平抑米價，兩廣人士認爲是最顯著的德政，而他此時的文教學術工作成果尤豐，編纂《廣東通志》，輯刻《皇清經解》，開設學海堂，倡導實學研究。他的重要著作《揅經室集》（一至四集）也在此時付梓。道光六年至十五年間，任雲貴總督，除整頓鹽務、禁止鴉片、注意邊防、建造新倉外，無特殊治績，隨著年事日長又多病，著作質量銳減，文教活動也趨少，僅編有《雲南通志稿》；同時雲貴地區文化水準遠低於浙粵，難以大力推展文教活動。道光十五年入京，拜體仁閣大學士，十八年以老病請致仕還鄉。他謙虛地拒絕門下士爲他餞別的盛意，〔註 29〕返鄉後仍與官員門生來往，接引後進，談論學術。龔自珍於〈己亥雜詩〉詠以：「四海流傳百軸刊，皤皤國老尚神完。談經忘卻三公貴，只作先秦伏勝看。」〔註 30〕曾任學海堂學長的嶺南大儒陳澧，於晚年一再向門人講述自己在道光廿四年到揚州謁見已致仕六年的阮元時之情景，說他：「拳拳於嶺表之文風，年八十餘，

〔註 29〕何紹基，《東洲草堂文鈔》，卷 3，頁 4～5，〈送儀徵阮宮保相國師予告歸里序〉：「吾師碩德懋功，海內景矚。今以末疾，得請天子眷之惜之，朝野士若民慶之思之，而固拒門人之請，蒙竊惑焉。公曰：『余以一介書生，由詞曹通籍，以文字進奉，受純廟殊知，仁宗擢任封圻，有勉爲一代偉人之諭。今天子倚任不衰，俾入閣綸總，先後五十年，武功文事，艱鉅萬端，稟聖謨，資群力，因緣際會，藉手集事，而余未嘗有功焉。……退思補過，是吾志耳。……諸君其無重余之罪。』」

〔註 30〕龔自珍，〈己亥雜詩〉（《龔自珍全集》第十輯，頁 519，河洛圖書公司，1975）。是年（道光 19 年）五月龔氏抵揚州，見阮元，此詩盛贊阮元的學術志業與探究精神。

猶讀書不輟也。」〔註 31〕足見他在致仕後仍關懷學術，究心學問。道光廿四年重遊泮宮，廿六年重赴鹿鳴，獲門生祝賀，〔註 32〕並得太傅之銜。〔註 33〕他本可於道光廿九年重赴瓊林宴，清代二百餘年間僅五人得有此殊榮，惜因當年無會試而須待來年才辦，阮元即於此年十月病逝於揚州康山私宅，享年 86 歲，謚文達，御賜祭文、祭禮碑文等，對於這位九省疆臣，三朝元老，一代文宗，可謂備極哀榮。咸豐二年，入祀鄉賢祠及浙江名宦祠，廣東、雲南士紳也呈請入祀名宦祠。〔註 34〕光緒二年，特旨准建浙江阮元專祠、民國九年揚州旅京士紳在揚州會館公祭阮元，緬懷其功勳與學問道德。〔註 35〕

阮元的仕宦歷程相當順利，因此他的同年友曾戲稱：「雲台如此速遷，以後無官可做。」〔註 36〕儘管他愛好學術，然而繁忙的公務占去他不少時間和精力，對他個人的學術工作品質而言，較難達到專業學者的學術水準，但是他的仕宦經歷實有助於他推展學術工作，蓋易於結合人力物力，完成較大規模的編纂工作，例如《皇清經解》、《經籍纂詁》等書，即非一般專業學者所能望其項背；在保存文獻、影響學風等方面，亦遠勝於純粹從事學術工作的學人。就兼具學者和官員兩種身分的阮元而言，官員職務對其學術工作的助力應是大於阻力。

阮元幼受庭訓，讀書不以時文為唯一目標，因而其器識與理想，異於一般官場中人。由阮元著作與時人文集所載交往文字中，可見他過著淡泊儒雅，富有學者氣息的仕讀生活。他擔任學政、督撫等職務，不僅不收賄賂，有「清使」之稱，〔註 37〕而且常捐俸從事賑災、修建祠堂或進行學術工作，故頗獲清譽。

〔註 31〕文廷式，〈陳蘭甫論學〉，《純常子枝語》，卷 2，頁 3。

〔註 32〕周寅清，《典三賸稿》，卷 8，頁 12，〈賀儀徵相國重宴鹿鳴啓〉。

〔註 33〕諸可寶，《疇人傳三編》，頁 753，阮元傳，提及阮元之前清廷對朝臣生前加太傅銜者僅金之俊、洪承疇、范文程、鄂爾泰、曹振鏞、長齡諸人。

〔註 34〕清史館傳稿，7294 號，阮元傳，無頁碼：「咸豐二年入祀鄉賢祠及浙江名宦祠。」例載入祀鄉賢須其人身故三十年後，方能呈請題奏。阮元因是顯宦，不受此例限制，卒後三年即入祀鄉賢祠。張維屏，《國朝詩人徵略二編》，卷 45，頁 2～4，載〈粵東士紳請前兩廣總督太傅阮文達入祀名宦祠啓〉。

〔註 35〕王章濤，《阮元評傳》，頁 30。

〔註 36〕《揅經室再續集》，卷 5，頁 19，〈夕陽樓〉。

〔註 37〕譚瑩，《樂志堂文集》，卷 2，頁 8，〈送兩廣制府阮芸台師移節雲貴序〉：「持嶺南之節，久稱清使。」《揅經室續集》，卷 2，頁 298，「余於嘉慶九年奉諭：阮元有為有守，清儉持躬，今年兩奉清慎持躬之諭。」《揅經室再續集》，卷 6，頁 3，〈選樓述懷〉：「讀感聖恩明見底，兩番溫諭許之清」。阮元也很注意吏治，特以乾嘉時期著名幕賓蕭山汪輝祖有關官箴的兩部著作《佐治藥言》與《學治臆說》，頒發所至各省之府州縣，要求各級官員持之以為治，崇儉黜奢。

他所以有餘力從事這些活動，主要由於一向簡樸，物欲寡少，在任學政時，閒暇較多，即常修書；〔註38〕後來歷任多省巡撫與總督，儘管督撫生日是屬下進奉陋規的良機，他卻極力避免，四十歲起，每逢此日即到山中清靜處，與二三好友茗茶閒聊，號稱「茶隱」。〔註39〕他不好酒，自奉淡泊，喜歡悠閒地賞花觀月，嗜好搜集金石書畫，研究經史，撰文寫詩自娛，生活相當充實雅緻。家庭生活也頗單純，元配江氏早卒，遺一女早殤，立族子常生爲嗣。繼配孔璐華生一子（孔厚）一女。妾謝雪、劉文如、唐慶雲三人，謝氏育一子（福），劉氏育二子（凱、祜）一女。（見阮元子女表）常生官至直隸清河道、祜爲候選知府、孔厚是一品蔭生；在學術方面，以阮福最能繼志述事。阮元的妻妾皆有文才，常以詩文相唱和，謝、唐二人皆善畫花卉，女兒與孫女亦擅詩文。〔註40〕和樂的家庭使他無後顧之憂，得以專意發揚學術，建立事功。

阮元子女表〔註41〕

長女　荃（1787～1792，原配江氏〔1765～1792，1783娶〕出，因痘殤）

長子　常生（1788～1833，嗣子，娶劉台拱長女），官至直隸清河道，署直隸按察使

次子　凱（1801～1803殤，妾劉文如〔1777～1847，1793納〕出）

三子　福（1801～1878），妾謝雪〔1782～1836，1797納〕出，娶許宗彥之女），官甘肅平涼府、湖北宜昌府知府

次女　安（1802～1821，繼配孔璐華〔1777～1832，1795 續弦〕出，適江都張熙）

四子　祜（1804～1870，妾劉氏出，娶錢楷之女），官四川潼川府知府，署四川永寧道

〔註38〕阮元於《定香亭筆談》，卷3，頁153，自稱任學政時：「學臣校士頗多清暇，余無狗馬絲竹之好，又不能飲，惟日與書史相近。手披筆抹，雖似繁劇，終不似著書之沈思殫精。」

〔註39〕阮元自四十歲起，每逢生日，即避客往竹林或山中作一日茶隱，《揅經室詩集》錄茶隱詩多首，或述感懷，或敘雅趣。

〔註40〕阮元繼室孔璐華作舊經樓詩，載於闕里孔氏詩鈔（《揅經室續集》，卷3，頁140〈闕里孔氏詩鈔序〉）。妾劉文如撰《四史疑年錄》，郝懿行於嘉慶24年有〈代婉如謝四史疑年錄啓〉（《曬書堂外集》，卷1，頁29～30）。諸妾劉文如、謝雪、唐慶雲亦皆能詩，見《瀛舟筆談》。

〔註41〕根據王章濤，《阮元年譜》，表5，頁5。

五子 孔厚（1805～1884，繼配孔氏出，娶彭啓豐曾孫女，即刑部侍郎彭希濂女）

三女 正（1809～？，妾劉氏出，適平湖吳慈，官山東平度州知州）

二、阮元的交遊圈——師友、幕僚與門生

在傳統中國政壇與學界人物的活動中，人際關係是不可忽略的重要因素。〔註 42〕阮元一生事業兼跨學界與政界，除行政業務有關的人脈必要來往外，與學界人物交往也很頻繁。阮元和師友、幕僚、門生等人的業緣關係對他的思想發展、學術活動及影響力的形成，均占重要地位。

茲將與阮元有關的學者，分四個主要學術區域加以說明：

1、直隸地區

直隸因是清代首都所在，也是全國士子爭取最高功名的會試舉行場地，北京遂形成學術重鎭。與阮元有關的北學人物主要有紀昀（1724～1805）、朱筠（1729～1781）、朱珪（1731～1806）、翁方綱（1733～1818）諸人。

紀昀，河間府獻縣人，奉命總纂四庫全書，一生精力萃集於四庫提要。四庫全書是結集漢學家的大本營，提要是闡揚漢學家精神，帶動乾嘉學術走向訓詁考據途徑的範例。阮元的仕宦經歷與引導學術趨向方面，頗似紀昀。不同者，四庫全書是由朝廷支持數百位學者合作，歷時十年才完成的大計畫，阮元所編諸書爲個人所推動，由數位或數十位幕友門生所完成；紀昀無暇著書，〔註 43〕阮元勤於著作。故紀昀曾是一代學壇盟主，爲阮元樂於仿傚的前輩。

朱筠、朱珪兄弟，順天府大興人，皆早達，歷任主考官、學政等職，對阮元均極賞識提攜。朱珪爲阮元座師，朱筠對阮元的啓發尤大，強調「識字以通經」，於所到之處，刊刻說文，振興古學，訪求遺書，倡議開館校書，獎掖後進，延聘知名學人入幕，對發展漢學，貢獻良多。阮元主編《經籍纂詁》

〔註 42〕A. Wright ed., *Studies in Chinese Thought*, Introduction, p.6, "The history of a group of thinkers of a particular period is a valid and promising field of study, such a study should analyze interpersonal relations within the group as well as its ideas about the principle problem of its study. What are the motives and environmental influences which bring several thinkers into a recognized group？ What, in different societies, holds such groups together？"

〔註 43〕江藩，《國朝漢學師承記》，頁 95：「公一生精力，粹於提要一書，又好爲稗官小說，而嬾於著書。」

即是將朱筠的構想付諸實施。他在事功與學術方面的成就都比二朱爲高，對推動樸學發展的影響力，較其師更爲深遠。

翁方綱，順天府大興人，亦歷任學政，主持風會，好獎掖積學之士，錢棨、劉台拱、凌廷堪、孔廣森、王聘珍、石韞玉、李調元、錢塘、謝啓昆等，皆出其門。他博學好古，深於金石，精於書畫，編《兩漢金石志》，爲彙集斷代金石文獻之始；又輯《粵東金石志》，是搜羅地方金石資料之始。阮元編輯《山左金石志》、《兩浙金石志》等，即繼續此一方面的工作。儘管二人的學術觀點有異，阮元受翁氏提拔，始終謙和，執弟子禮。

上述四位皆屬典型的學者官員，開闢學術新徑，對清學的發展，皆有貢獻，阮元的學術活動直接間接都受到他們的啓發。

2、江蘇地區

本區在清代不僅執全國經濟之牛耳，也是學術文化的重心。乾嘉學術兩大代表之一的吳派、道咸以降影響清季變法維新思想的常州今文學派，以及由揚州巨富推動的揚州學派，都在江蘇地區。

阮元是揚州人，故受本區學者的影響極深。錢大昕（1728～1804）爲吳派史學巨擘，學識廣博，屬於 I. Berlin 所謂的「狐狸型學者」，不同於注重專精的「刺蝟型學者」，〔註 44〕他長阮元 37 歲，卻與阮元爲忘年交，彼此至爲稱譽。〔註 45〕阮元心儀其多方面的學術成就，極力仿傚，並刊刻其著作《十駕齋養新錄》、《恆言錄》、《三統術衍》等，特於〈十駕齋養新錄序〉中，弘揚其學術之業績。

王昶（1724～1806），江蘇青浦朱家角人，亦是與阮元有深交的學者，著述甚多，76 歲時尚赴阮元之約，任教杭州敷文書院及詁經精舍，指定其神道碑要由阮元執筆，〔註 46〕足見二人交誼篤厚。

〔註 44〕思想史家柏林（Isaiah Berlin，1909～1997）於〈刺蝟與狐狸〉一文中說明「刺蝟」與「狐狸」的比喻，來自古希臘詩人亞基羅古斯（Archilochus）的話：「狐狸知道很多事，但是刺蝟只知道一件事。」柏林詮釋爲狐狸與刺蝟分別代表兩種思想類型：刺蝟型的人喜歡用核心的、基本的觀點去看待所有的事情，狐狸型的人對很多事情有興趣，會追求很多目標。（參見高涌泉，〈刺蝟與狐狸〉http://blog.xuite.net/hks.clyde/ESCS/12355380，2011 年 1 月 30 日查）

〔註 45〕錢大昕編，錢慶曾校注，《錢辛楣先生年譜》，頁 41。錢大昕，《十駕齋養新錄》，卷下，頁 521。

〔註 46〕嚴榮編，《述庵先生年譜》，頁 25，嘉慶 11 年 6 月 6 日病亟，囑咐後事：「至墓志神道，須阮伯元、秦小峴兩君撰之。」《揅經室二集》卷 3，頁 396，〈誥畢沅（1730～1797），江蘇鎭洋人，亦屬學者型官員，他與阮元有姻親之誼，曾媒介其婿——孔子第73代孫——衍聖公孔慶鎔之姊璐華爲阮元繼室。他在所到各任所，輒修復古蹟，資助編纂方志、校訂史書，所聘幕客如孫星衍、洪亮吉、章學誠、邵晉涵等皆知名學人。阮元在倡導文教方面，比畢沅更具有規模，在個人學術成就方面，高於畢沅。〔註47〕

常州學派中，陽湖人孫星衍（1753～1818）沉潛經學，勤於著述，也曾應阮元之邀，主講詁經精舍。此派其他學者莊存與（1719～1788）、劉逢祿（1776～1829）、以及陽湖學派（古文派）的張惠言（1761～1802）、惲敬（1757～1817）、李兆洛（1769～1841）諸人，阮元與他們皆有契交，時有書信問學論政。〔註48〕

乾嘉道時期正是揚州學派發展得麗日中天之時。汪中（1745～1794）、王

授光祿大夫刑部右侍郎述庵王公神道碑〉：「元居憂，受公遺言撰碑銘，不敢辭。既除服，乃爲銘曰：恂于儒者，不達政事，習尉律者，迷誤文字，惟公兼之，經術爲治。荏弱于文，無能即戎，折衝千里，于經鮮通，惟公兼之，乃多戰功。尊漢學者，或昧言性，悟性道者，妄斥許鄭，公兼通之，履蹈賢聖。皇熊疏義，拙于文詞，陸沉藻績，樸學不知，華實竝茂，公亦兼之。公爲君子，筮匪不比，沖澹其神，靖共其位，敭歷中外，進退禮義。公爲名臣，帝嘉厥功，金川磨盾，紫閣弢弓，獄平政飭，本孝于忠。瞻彼中江，秀鍾峰泖，海內清望，雲閒大老，雖不憖遺，亦昳壽考。佳城鬱鬱，葭灣之中，杏歸春雨，蕤起秋風，勒銘無媿，碑樹桓豐。」顯示阮元對王昶的相知之深。

〔註47〕畢沅撰有《靈巖山人詩集》，倡導編纂《山左金石志》、《續資治通鑑》、《史籍考》等大部頭著作，他因忙於公務，較少參與，實際編纂工作由主持人負責，不同於阮元著述宏富，並極關心所編之書。

〔註48〕《揅經室二集》，卷3，頁408，〈山東糧道淵如孫君傳〉：「元與君（孫星衍）丙午同出朱文正公之門，學問相長，交最密。知君性誠正，無僞言僞行。立身行事，皆以儒術，廉而不刻，和而介，屢以諤諤者不獲乎大府。於其卒也，海內學者皆悼慕之，元爰爲傳。」武進張惠言與阮元爲同年舉人，嘉慶4年進士，阮元爲其考官。李兆洛於嘉慶25年赴粵東，阮元往存問之。二氏皆陽湖派古文運動健將，反對桐城古文派理論，李氏以爲唐以下始有「古文」之稱，別對偶之文曰「駢體」，選先秦兩漢至隋之文爲駢體文鈔，又輯清代駢文爲《皇朝文典》，常州學派文論與揚州學派有相通處。諸人對阮元政務頗有建言，如張惠言〈上阮中丞書〉云：「惠言曾竊以爲在上者之用人也，如良醫之聚蓄百藥焉。……欲夫子爲斯世宏人才之路，爲百穫之計，故不改其野哉！」（《茗柯文四種》，頁4～6）。他甚至爲阮元延致幕僚，如李兆洛〈復阮芸台宮保〉：「承諭以吳生古文不失法度，欲延致之。……第此間蘭皋中丞（康紹鏞）曩以外間未有枝棲，相約留此，任以校讎之事。……渠以得侍爲幸，固不敢當友，亦不敢受稍也。」（《養一齋文集》，卷18，頁12）

念孫（1744～1832）、王引之（1766～1834）、任大椿（1738～1789）、凌廷堪（1757～1809）、焦循（1763～1820）、劉台拱（1751～1805）、江藩（1761～1831）等著名的揚州學者，皆爲阮元同鄉，且兼有師生、學友、姻親或賓主之誼。汪中博學多聞，阮元稱其所著《述學》內外篇，皆匯萃古訓，疏通證明，爲通儒之學。〔註 49〕汪氏的著作體例以及駢文風格，均對阮元有所啓發。阮元自稱從王念孫學習聲音、文字、訓詁之學，得力甚多。〔註 50〕王引之係嘉慶四年進士，阮元爲其副主考官，故有師生之誼。阮元與任大椿的交情在師友之間，自稱在京師時，「見任侍郎，相問難爲尤多。」〔註 51〕劉台拱、焦循皆與阮元爲姻親，劉氏爲其親家翁，焦循爲其族姊夫，佐助學幕，討論學術，頗爲親近。江藩爲阮元的同學兼幕友，阮元嘗序所撰《國朝漢學師承記》，表明支持江藩的漢學家旗幟。

3、安徽地區

清初蘇、皖合稱江南省，康熙六年才分置江蘇省與安徽省，然而文獻中猶可見分省後仍稱江蘇學政爲江南學政。以經濟發展言，皖不如蘇；以學術發展言，皖自有其特色。揚州學派因揚州在地理及語言上，均與皖省接近，所承皖學澤惠甚多。

皖學宗師戴震（1724～1777）在科場上雖不得意，學術成就則受肯定。他對後學的影響可分兩方面言：（1）小學訓詁，段玉裁及王氏父子爲其嫡傳，以「必求其是」爲標的，阮元爲其再傳弟子；（2）哲學思想，戴氏繼承顧炎武、胡渭、閻若璩以來所用的歷史的、語言學的考據方法，否定宋儒理學，發揮自己的思想，凌廷堪、焦循等人都加以鼓吹，阮元的思想體系接近戴氏。〔註 52〕程瑤田（1725～1814）與戴震、金榜等同受業於江永，善言名物體制，所撰《通藝錄》，不拘泥傳注，唯求其是，其中〈考工創物小記〉以圖說明古代器物形狀種類、〈禹貢三江考〉爲據禹貢經文指出二千年來諸家說三江謬誤

〔註 49〕阮元，〈傳經圖記〉，《國粹學報》，第三期，撰錄，頁 1。

〔註 50〕《揅經室一集》卷 5，頁 104，〈經義述聞序〉：「昔余初入京師，嘗問字於懷祖先生，先生頗有所授。」《揅經室續集》卷 2 下，頁 93，〈王懷祖先生墓志銘〉：「元于先生，爲鄉後學。乾隆丙午入京謁先生。先生之學，精微廣博。語元，元略能知其意，先生遂樂以爲教。元之稍知聲音、文字、訓詁者，得於先生也。」

〔註 51〕《揅經室一集》，卷 11，頁 220，〈任子田侍御弁服釋例序〉。

〔註 52〕張舜徽，《清代揚州學記》，頁 11～16。

的考據文章，其方法對阮元撰〈考工記車制圖解〉、〈浙江圖考〉等篇，皆有所啓發。總之，在阮元的學術著作中，隨處可見皖學的影子。實則乾嘉之際的皖派與後起的揚州學派，在學術上各有特色，自然有著相互影響的複雜關係。以阮元爲領袖的揚州學派強調通經致用，實踐實學，後來居上。

4、兩浙地區

清代浙學發達，一般而言，浙東學派以史學見長，浙西學派以經學著稱。邵晉涵（1743～1796）博聞彊記，精深史學，阮元視爲前輩，親炙既久，故於金石、史學、目錄、校勘之學，並稱淹博。〔註 53〕盧文弨（1717～1796）因仕途不得意，遂能專力校勘數百部古籍，產生許多較爲可信可讀的古籍版本，〔註 54〕是乾嘉學術一項重要的成績，阮元《十三經注疏校勘記》即繼承盧氏未竟之業。〔註 55〕

師友的傳承切磋是形成個人學術思想的主要因素之一，〔註 56〕上述北方和蘇皖浙地區的學人，其倡導學術的作風和治學方法精神，對於阮元的學術活動和方法、方向，均有啓迪之功。

阮元極爲重視個人研究成果的及時發表，積極撰述整理成書，以期及身有成。〔註 57〕他不像某些學者例如他的同年汪廷珍（1757～1827），或門生洪

〔註 53〕《揅經室二集》，卷 7，頁 503，〈南江邵氏遺書序〉：「歲丙午（乾隆 51 年），元初入京師。時前輩爲學者，有高郵王懷祖、興化任子田、暨先生而三。元咸隨事請問，捧手有所授焉。」又，仰彌，〈阮文達事述〉，頁 398。

〔註 54〕盧文弨，《抱經樓文集》，卷 8，頁 2，〈十三經注疏正字跋〉：「余有志欲校諸經已數十年。」

〔註 55〕汪紹楹，〈阮氏重刻宋本十三經注疏考〉（《文史》第三輯，1963），頁 28：「其（盧文弨）弟子臧在東庚戌奉書段茂堂，甲寅受知阮雲台。其手校十三經注疏，復傳歸於儀徵。然則阮氏之立詁經精舍，輯校勘記，得謂非文弨啓之哉？」

〔註 56〕李成良，《阮元思想研究》，於附錄〈阮元學術交游考略〉中，將阮元的學術交遊分爲四類：前輩、同年、門生、社會人士，共列 56 人，結論是這個關係網讓他完成空前的文化成就，得到政治上成功的奧援，是他能成爲乾嘉學術總結者的重要原因。

〔註 57〕積極著作是阮元一貫態度，且以此與學侶相期許。凌廷堪〈與阮伯元孝廉書〉云：「僕奔走道塗，學殖荒落，辱以著書相勉，愧汗無地。」（《校禮堂文集》，卷 22，頁 15）。張宗泰，《魯巖所學集》，頁 1，錄阮雲台先生書：「往古來今，不過幾張白紙黑字而已。若無白紙黑字，則堯舜孔孟亦不能口傳至今。今之欲友古人，當於紙中尋之，欲友後世之人能尋到我者，亦惟數紙而已。經史四部無不然也。」同書，〈交遊記〉，頁 11，記阮雲台先生云：「學人有所撰述，當及身刊刻成編，以俟他年之論定，此事斷不容委之子孫。」只是張氏對阮元的鼓勵之詞，知其「誠老成深慮遠念之至意，惜磋跎歲月，至今尚未克踐

震煊（1765～1833），不輕易著述，〔註 58〕或是有些學者之遺稿因經後人整理，錯誤之處，已無由訂正；又如臧琳（1650～1713）的著作未能及身完成，以致影響其在清代學術史上的重要性。〔註 59〕而阮元的著作極大部分是身前發表，儘管有些編纂之作是假手於幕客搜集資料而成的。

明清兩代的地方官員皆有幕僚佐理實際政務，此輩幕僚因非政府官員，其組織、規模、功能、品質全未制度化，個別差異甚大。〔註 60〕阮元曾任官多處，佐助政事方面的幕吏自不乏人，但資料不足，如今可考者，除其家人阮亨、阮福、阮鴻與表弟林述曾外，其餘難於盡知。〔註 61〕但協助學術工作的幕僚則可由其作品中尋其姓氏，其中少數是早有其他淵源，交情在師友之間者，例如焦循、凌廷堪等人，而大多數是門生兼幕僚，例如張鑑（1768～1850）、凌曙（1775～1829）等。儘管爲阮元負責編纂及校刊書籍的學幕，是以江、浙兩省之人居多，經由阮元長期倡導多項學術活動，集結人力，確實提供促進各地區間文化學術交流的平台。茲將此類先後協助他處理過學術與

行其言。」張鑑，《冬青館乙集》，卷 7，頁 20，〈西嶽華山碑書後〉，記「雲師急於成書，即以余所鈔綴寄程中丞鶴巢於廣東板刻之。」正表現阮元積極撰述與出版的態度，由於他對編纂之書也同樣積極，因而不僅撰述閎富，編纂尤多。

〔註 58〕阮元序汪廷珍之《實事求是齋遺稿》，稱汪氏「於學無所不通，自六經子史，旁逮百家技術之屬，悉得其崖窔。或勸之著書，則答以六經之奧，昔儒皆先我言之，豈敢復以長語相溷，但讀書所以析義，要歸於中有所主而已。」（張舜徽，《清人文集別錄》，頁 319）汪氏不欲多作，與阮元迥異。洪頤煊，《筠軒文鈔》，卷 8，頁 24，稱其弟震煊：「性孤介，嘗曰讀書貴自得，何以名爲？是以撰述頗寡。」汪、洪二氏均因謙虛而少撰述。

〔註 59〕張舜徽，《清代揚州學記》，頁 43。

〔註 60〕參見張純明，〈清代的幕制〉，《嶺南學報》，九卷，二期，1949，頁 29～50；K. Folsom，*Friends, Guests, and Colleagues：The Mu-Fu System in the Late Ch'ing Period*, pp.56-57"Such informal structures are dependent on human relations, and a high degree of flexibility. Under the Ch'ing governmental system, ...the mu-fu system, with its stress on personal relationships and technical competency, and its freedom from rigid government control combined with the personal friendships of the officials themselves, was the informal structure."

〔註 61〕《揅經室再續集》，卷 2，頁 39～43，〈北渚二叔墓表〉，阮元稱其從叔阮鴻佐山東學政幕，「歷城時，幕友未多，元惟公是賴。」（頁 42）同書，卷 3，頁 3，〈梅花屋詩序〉，稱因得表弟林述曾協助治理浙事財務軍需，而無後顧之憂。《揅經室二集》，卷 2，頁 373，載阮元初任浙撫，延其師胡廷森至杭州，「爲擘畫一切」。至於禮聘佐治政務的專業幕僚僅一見。《揅經室續集》，卷 2，頁 88，〈南昌府同知璧堂徐君傳〉，稱浙江山陰人徐聯奎佐浙撫幕，「凡治漕、治賑災、治倉庫、治海盜，多得君之益。……每從君問舊事，論世務，多聞老成閱歷之言。」

學政工作的學幕或門生，有記錄者，依姓名筆劃爲序，表列於下：

姓　名	籍　貫	科名	關係	助理編纂書籍	重 要 著 作
方東樹	安徽桐城	生員	幕僚	纂修廣東通志、授經，主講海門、韶陽	儀衛軒文集、漢學商兌、書林揚觶
方廷瑚	浙江石門	舉人	弟子 幕僚		幼樗吟稿
方起謙	安徽歙縣	生員	門生	經籍纂詁	
王衍梅	浙江會稽	進士	幕僚	校刊粵東峽山寺詩	綠雪堂遺稿
王崧	雲南浪穹	進士	門生	雲南通志稿	樂山集、說緯、道光雲南志鈔、樂山別義
王聘珍	江西南城	拔貢		爲阮元參訂古籍	大戴禮記解詁、經義考補、九經學
江藩	江蘇甘泉	監生	幕僚 同里 同學	皇清經解、廣東通志、江蘇詩徵、山左金石志	國朝漢學師承記、資治通鑑訓纂、肇慶府志
朱文藻	浙江仁和	生員		山左金石志、兩浙輶軒錄	續禮記集說、碧谿草堂詩文集等
朱爲弼	浙江平湖	進士	幕僚	積古齋鐘鼎彝器款識、經籍纂詁、兩浙輶軒錄	茮聲堂集
汪光曦	江蘇江都	生員	幕僚	淮海英靈集	
宋咸熙	浙江仁和		門生	經籍纂詁	古周易音訓、惜陰日記
李明徹	廣東番禺		道士	主繪廣東通志圖事	圜天圖說
李誠	浙江黃巖	拔貢	幕僚	纂雲南通志稿	十三經集解、蒙古地理考、新平縣志等
李銳	江蘇元和	生員	門生	疇人傳、十三經注疏校勘記，分任周易、穀梁、孟子、禮記正義，助歲科考驗算	李氏遺書
李富孫	浙江嘉興	拔貢	門生	經籍纂詁	校經廎文稿、鶴徵錄
李遇孫	浙江嘉興	優貢	門生	經籍纂詁	括蒼金石志、金石學錄
李黼平	廣東嘉應	進士	受聘	主講學海堂，閱學海堂課藝	繡子先生集、毛詩紬義、文選異義
吳文溥	浙江嘉興	貢生	幕僚	兩浙輶軒錄	南野堂集（老於幕府）

吳定	安徽歙縣	生員	幕友	衡文	紫石泉山房詩文集
何元錫	浙江錢塘		幕友	積古齋鐘鼎彝器款識、經籍籑詁、山左金石志、兩浙金石志、四庫未收書目提要、十三經注疏校勘記	秋神閣詩鈔
何治運	福建閩縣	舉人	幕友	總纂廣東通志	何氏學、公羊精義
阮亨	江蘇儀徵	副貢	幕友 從弟	淮海英靈集	瀛舟筆談、廣陵詩事補、淮海英靈集續集、珠湖草堂詩鈔等
阮鴻	江蘇儀徵	生員	幕友 從叔	助於魯浙衡文校士 參校群經	蟄室集、山左筆記
武億	河南偃師	進士	相識	山左金石志	修方志，經讀考異義證（收入皇清經解）
林蘇門	江蘇儀徵		舅父 幕僚	以師席入幕	續揚州竹枝詞、邗江三百吟
季爾慶	江蘇泰興		幕僚	纂輯淮海英靈集，繪淮海徵詩圖	理徐闡微、靜思堂五稿
周中孚	浙江烏程	拔貢	門生	經籍籑詁	鄭堂讀書記、孝經集解等。（戴望之舅）
周治平	浙江臨海	生員	門生	疇人傳	
周瓚	江蘇吳縣		幕僚		畫師，隨焦循入學幕
洪頤煊	浙江臨海	拔貢	門生 幕友	經籍籑詁 論學校經	筠軒文鈔、禮經宮室答問、孔以三朝記、讀書叢錄等
洪震煊	浙江臨海	拔貢	門生	經籍籑詁，任方言、十三經注疏校勘記，任小戴禮	夏小正疏義、石鼓文考異
柳興恩	江蘇丹徒	舉人	小門生	館於阮元家，為其孫講學	穀梁春秋大義疏、毛詩注疏糾補、宿台齋詩文集等
胡敬	浙江仁和	進士		欽定重修兩浙鹽法志	崇雅堂文鈔、詩鈔、駢體文鈔、國朝院畫錄等，輯大元海運記
胡調德	廣東南海		學海堂諸生	受阮元囑，編寫四書文話	胡稻香遺集
段玉裁	江蘇金壇	舉人	幕僚	十三經注疏校勘記	說文解字注、六書音均表、經韻樓集等

段松苓	山東益都	孝廉方正	幕僚	山左金石志	益都金石志
高塏	浙江錢塘	不事舉業	幕僚	主章奏，手寫薛氏鐘鼎款識並釋文考證	楷書滕王閣序
秦恩復	江蘇江都	進士		主講詁經精舍	石研齋集、享帚詞、校刊列子、鬼谷子等
袁鈞	浙江鄞縣	拔貢	幕友	兩浙輶軒錄（四明詩部分）	瞻衮堂集、輯鄭氏佚書共三種
桂馥	山東曲阜	進士	幕友	山左金石志	晚學集、說文解字義證、札補、未谷詩集
林述曾	江蘇		表弟幕友	雷塘庵主弟子記	梅花書屋詩存
夏炘	安徽當塗	舉人	幕友	助平海寇	夏仲子集
孫同元	浙江仁和	舉人	助編	十三經注疏校勘記，分任論語、分纂經籍纂詁	永嘉見聞錄
孫星衍	江蘇陽湖	進士		主講詁經精舍	孫淵如全集、平津館讀碑記、平津館叢書等
孫韶	江蘇江寧	副貢	幕僚	抵濟南佐衡文	春雨樓詩略
徐養原	浙江德清	副貢	門生	十三經注疏校勘記 分任尚書、儀禮	頑石廬經說，於律呂輿地曆算氏族皆有著述，凡數十萬言
徐熊飛	浙江武康	舉人	以詩文投阮元		白鶴山房詩鈔、六花詞、武康伽藍記等
徐鯤	浙江蕭山	生員		經籍纂詁副總裁	
徐聯奎	浙江山陰	進士	幕友	助漕、賑，治盜賊	筠心堂詩古文、西江政略
凌廷堪	安徽歙縣	進士		課阮元子弟讀書，與阮元論學	校禮堂文集、禮經釋例、燕樂考原
凌曙	江蘇江都	監生	門生幕僚	江蘇詩徵、校輯經郛、課阮元子、與阮元論學	春秋繁露注、公羊禮疏、公羊問答
許宗彥	浙江德清	進士	姻親門生	兩浙金石志	鑑止水齋集
曾釗	廣東南海	拔貢	幕僚	學海堂學長，助纂廣東通志	面城樓集鈔

張鑑	浙江烏程	副貢	幕僚 門生	經籍纂詁、雷塘庵主弟子記、揅經室集、兩浙賑災記、兩浙鹽法志	冬青館甲集、冬青館乙集、籌運策
張杓	廣東番禺	舉人	幕僚	課讀，主南雄道南講席、學海堂學長	其文收存於學海堂集、皇清經解
張彥曾	江蘇嘉定	優貢	幕僚	經史算術，詩畫篆隸，靡不精妙。	農聞庵詩鈔
張翊			幕僚		露華榭稿
張肇岑	江蘇江都			客雲貴總督幕，搜羅金石	
畢光琦	江蘇甘泉			詩書古訓	
陳文述	浙江錢塘	舉人	幕僚	淮海英靈集、兩浙輶軒錄、七經孟子考文並補遺	頤道堂全集、秣陵集、海運議
陳昌齊	廣東海康	進士		廣東通志（總纂）、雷州府志	賜書堂集鈔，雷州府志序、海康縣志序、淮南子考證等
陳壽祺	福建閩縣	進士	門生	兩浙海塘新志、經郛，課詁經精舍生徒	左海文集、尚書大傳、五經異義疏證等十餘種
陳鴻壽	浙江錢塘	拔貢	幕僚	兩浙輶軒錄、兩浙鹽法志，籌畫海防	桑連理館集、諸子札記、溧陽縣志
陳鱣	浙江海寧	舉人	門生	分纂經籍纂詁	簡莊綴文、論語古訓、孝經鄭氏注、經籍跋文等
陸耀遹	江蘇陽湖	生員		詩才清拔，詞清空婉約。	雙白燕堂詩集、外集
陸繼輅	江蘇陽湖	舉人	幕僚	助校試文，與阮元過從必論文、經術	崇百藥齋詩集（耀遹之叔，並稱二陸）
童槐	浙江鄞縣	進士	幕僚	閱試卷、佐辦緝匪保甲諸事、選全唐文 12 卷、閱學海堂課卷	過庭筆記、今白華堂集
黃文暘	江蘇甘泉	貢生	幕友	爲時彥稱重	掃垢山房詩鈔、通史發凡
焦循	江蘇甘泉	舉人	幕僚 族姊夫	揚州圖經、揚州文粹、淮海英靈集、疇人傳，助校士山東，佐閱天文算學試卷	雕菰樓集
焦廷琥	江蘇甘泉	優廪	幕僚	任驗算事	益古演段開方補、蜜梅花館詩文鈔（焦循之子）

喬椿齡	江蘇儀徵	生員	幕僚業師	助校士，因操勞病卒青州試院	
程贊和	江蘇儀徵	拔貢		工詩能書，居浙江學署二年。	夔齋詩詞文稿
楊芳燦	江蘇金匱	拔貢		主講詁經精舍	
楊昌緒	江蘇常州		幕僚		
楊鳳苞	浙江歸安	生員		分纂經籍纂詁	秋室集、南疆逸史跋
董士錫	江蘇武進	副貢		代阮巡撫南昌府學碑記	齊物論齋文集、遁甲變通錄等
端木國瑚	浙江青田	進士	門生	淮海英靈集 校士各屬	周易指、太鶴山館詩文集
趙坦	浙江仁和	生員	門生	經籍纂詁	保甓齋文錄、周易鄭注引義、春秋異文箋
趙魏	浙江仁和	歲貢	門生	山左金石志、兩浙金石志、積古齋鐘鼎彝器款識、七經孟子考文	竹崦盦金石目錄、竹崦盦傳鈔書目
趙懷玉	江蘇武進	舉人	門生	揚州圖經	周易鄭注敘錄等
臧庸	江蘇武進	生員	幕僚	總纂經籍纂詁、校勘十三經注疏，任周禮、公羊、爾雅、校訂劉端臨先生遺書	拜經堂文集、拜經筆記、月令雜說、詩說考異等
臧禮堂	江蘇武進		幕僚	與兄臧庸總纂經籍纂詁	說文引經考、尚書解案等
蔣徵蔚	江蘇元和	生員	幕友	邃經史之學	經學齋詩
劉文淇	江蘇儀徵	優貢	幕僚	爲阮元校勘宋元本鎮江府志	左傳舊疏考正、揚州水道記等
儀克中	廣東番禺	舉人	幕僚	佐纂廣東通志，任採訪之責	儀墨農先生大集
錢大昭	江蘇嘉定	孝廉方正		助山東浙江校士之役	廣雅疏義、說文統釋、兩漢書辨疑、詩古訓等（大昕之弟）
錢東垣	江蘇嘉定	舉人	幕僚	助山東衡文校士	小爾雅校證、勤有堂文集（大昕之姪）
錢東壁	江蘇嘉定	生員	幕友	受阮元器重	（大昕之子）
謝蘭生	廣東南海	進士	幕僚	總纂廣東通志	漢印分韻、常惺惺齋詩文集

嚴元照	浙江歸安	棄舉業	幕僚	浙撫任上招入幕校書	儀禮要義手抄本
嚴杰	浙江錢塘	監生	幕僚	十三經注疏校勘記（分任左傳、孝經）、皇清經解、經籍纂詁、文選	小爾雅疏證、毛詩考證、蜀石經殘本、經義叢抄等
顧廷綸	浙江會稽		幕僚	潛心經史兼習吏治	玉笥山房要集
顧子明	江蘇武進	舉人	幕僚	助於山東衡文校士，參校群經	
顧廣圻	江蘇元和	生員	幕僚	十三經注疏校勘記，分任毛詩、皇清經解	思適齋文集

資料來源：《清史列傳》、《續碑傳集》、《瀛舟筆談》等。

上表乃據魏白蒂博士論文附錄中所舉與阮元學術有關的學人之表補充，以及參考王章濤《阮元年譜》、尚小明《清代士人游幕表》等書而成。魏氏僅附諸人之生卒年代與科名，〔註 62〕本表則補充許多襄贊阮元學術事業與少數學政工作的幕友與門生，以及他們的籍貫、幫助阮元編纂書籍和他們自己的著作。至於有些雖入阮元之幕，但未見參與學術工作者，例如業師胡廷森曾是助他浙江巡撫刑名工作的幕友、廣州越華書院山長劉彬華是他在兩廣總督任上從事行政工作的幕友，即未列入。如與一般封疆大吏的幕客陣容相比，阮元的學幕爲其幕友的核心，其學幕的科名從無功名的民間人士、低階的生

〔註 62〕阮元幕府的人才濟濟，但以學幕爲主，誠如李黼平，《繡子先生集》，卷 20，頁 5〈送雲台尚書移師雲貴之一首〉云：「閶闔晴披煙霧開，當時幕府盡奇佽。」惟迄今尚無專論阮元幕府的文章。鄭天挺，〈清代的幕府〉，《明清史國際學術討論會論文集》，1982，頁 192，天津人民出版社，則僅據《清史列傳》卷 73 所列阮元幕僚 6 人：謝蘭生、陳文述、王衍梅、張鑑、楊鳳苞、趙魏，闕略更多，無法顯示其學幕之盛況。魏白蒂於其博士論文 *Juan Yuan: A Biographical Study with Special Reference to Mid-Ch'ing Security and Control in Southern China, 1799-1835*，附表與阮元有關的學者，特別提及許多幕僚的名單，計列張鑑、張彥曾、趙魏、陳鴻壽、陳文杰、陳文述、程邦憲、程贊和、江藩、焦循、朱爲弼、朱文藻、方溥、何元錫、黃文暘、洪震煊、洪頤煊、阮常生、阮福、阮亨、李雲、凌曙、陸繼輅、施國祁、孫韶、臧庸，共 27 人，然有其缺失，例如其中有些人如張彥曾、程邦憲、程贊和、黃文暘、方溥、李雲等闕其事蹟，將陳文杰與陳文述視爲同一人，有些有關係的學者被遺漏，如張澍、張灼、張聰咸、張宗泰、趙坦、陳慶鏞、鄭珍、周永年、周寅清、朱壬林、何紹基、徐時棟、劉開、湯金釗、汪廷珍、王衍梅（代寫〈阮雲台宮保謝恩表〉）、嚴元照、姚文田、袁鈞等人。本表僅列與阮元編書事業有關的學人及幕僚共 93 人，範圍雖比魏表爲小，應有足資補充之處。

員、貢生到高層的舉人、進士都有，而由其著作可見這些學幕多是注重經史、金石、考據的學人，足以勝任襄助編校書籍的任務。後來這些學者幕友與門生活躍於政壇者也多有建樹，立身於學界者則繼續奉行阮元的治學方法，例如劉文淇、黃式三、林昌彝、陳慶鏞等人，都受他的啓發，在某一方面卓然有成。〔註 63〕儘管偶有持負面的看法，認爲阮門諸子，沽名趨利，〔註 64〕但從整體而言，阮元的學術生命與精神，正是透過這些門生的研究成果，更爲延續並發皇。

〔註 63〕如福建晉江陳慶鏞，少年受業於陳壽祺，「後又出於阮元之門，飫聞緒論，故一生治學趣徑，復與儀徵爲近。」（《清人文集別錄》，頁 445）廣東順德周寅清，「少曾肄業學海堂，亦承阮元講學之緒，若《典三賸稿》之〈師儒宗友得民解〉、〈格物說〉、〈讀曾子〉、〈宋史道學傳書後〉、〈日月爲易解〉、〈四書文源流考〉等篇，皆承阮氏之說引申者也。」（《清人文集別錄》，頁 492）

〔註 64〕例如管庭芬即於〈花近樓叢書跋〉（上海國學扶輪社，1911 年鉛印本）云：「阮門諸子，無不沽名趨利。」

第三章　阮元在考據學上的內部成就

乾嘉學術的特色是在博學的基礎上要求專精，其研究範圍甚廣。阮元在〈十駕齋養新錄序〉一文中，推崇精通九門高難度學問的錢大昕爲一代大儒，〔註1〕而龔自珍在〈阮尚書年譜序〉中，將阮元的學術成就分爲十項，譽之爲一代大師。〔註2〕無論阮元所稱錢大昕之精通九難或龔自珍所云阮元之十項成就，二文皆顯示乾嘉學術的多采多姿以及錢、阮二氏爲乾嘉考據學界代表人物的情形。就阮氏而論，考據學在其學術中，占極重要的地位。他體認從事考據學之不易，而從事精覈之考據尤難，嘗稱：

> 爲才人易，爲學人難；爲心性之學易，爲考據之學難；爲浩博之考據易，爲精覈之考據難。〔註3〕

他認爲才人只須馳騁想像力，發揮文才，自成一格，即可成名；心性之學只須靜坐冥思，頓然覺悟，空談心性，即可得道，均非難事；而學人，尤其是精覈的考據家，則須以淵博的學識爲基礎，實事求是，經過好學深思的工夫，所作考據，才能確實不移，故非易事。

章學誠分史籍爲撰著與記述兩大類，阮元也說「修書與著書不同」。〔註4〕阮氏的學術思想與方法具體表現在他所撰述、注釋、校勘與編纂的書籍中。

〔註1〕阮元，〈十駕齋養新錄序〉，稱頌錢大昕在人倫師表、道德性情、傳注疏義、正史雜史、天算、地志、六書音韻、金石官制、詩古文詞等方面俱有造詣，「合此九難，求之百載，歸於嘉定，孰不云然？」(《十駕齋養新錄》，頁7)

〔註2〕《龔自珍全集》，第三輯，頁225～230，〈阮尚書年譜第一序〉。

〔註3〕阮元，〈晚學集序〉，(見桂馥，《晚學集》)。又，《揅經室二集》，卷7，頁504，〈王西莊先生全集序〉亦云：「古來爲才人易，爲學人難。」

〔註4〕阮元，《定香亭筆談》，卷3，頁153。

撰述爲他個人獨力所完成，是有所心得獨創的主要著作，亦即他在考據學上的內部成就；後三項則係由他發凡起例，經幕友或門生協助而臧事，可視爲他在考據學上的外部成就或考據學以外的成就，都是了解阮元學術的根柢。茲由內而外，分章討論他的各項學術成就。

第一節　由考據以明古學

經學在傳統古學中居最神聖的崇高地位，包羅萬象，阮元最關心的學問就是經學考據。廣州富紳伍崇曜稱阮元「著作等身，尤湛深經學」，〔註 5〕可謂一語道破阮元學術的重心所在。卷帙繁複，內容宏博的《揅經室集》即展現其經學造詣的代表。全書分四集，一集共十四卷，續集與再續集的第一卷，均爲阮元有關經學考據的精心之作。就各集說經部分的質與量而言，道光三至十九年間所撰《揅經室續集》諸文以及道光十九至廿四年間所作《揅經室再續集》諸文，都不及乾隆五十四年至道光三年期間所著《揅經室一集》諸文精彩豐富，但是各集都將解說經義之文置於首卷，並強調經學的實事求是態度與研究經學所用的考據訓詁方法，則始終如一。阮元考據的範圍甚廣，徧及古代的器物、制度、金石、重要的水道等方面，茲分別舉其考據成果：

一、古器物的考據

宋明以來的傳統觀念重視形而上之道，忽略形而下之器，認爲奇器淫巧是微不足道的雕蟲小技。清代的漢學家則由探索古學的過程中，發現「器」也是原始儒家的學問之一，不僅不排斥，反而對深奧難解的古籍中有關器物製作的紛紜記載，深入釐清，有助於了解道與器的依存關係，拓展了學術視野和領域，並破除重道輕器的傳統謬誤觀念。對古代名物制度的了解，除了文獻的限制外，考據家尚須具備掌握古代制度的工具知識如曆算、地理、聲韻等，才能有超越他人的成就。因此戴震即曾宣稱：「不知少廣旁要，則考工之器，不能因文而推其制。不知鳥獸蟲魚草木之狀類名號，則比興之義乖。」又說：「諸工之事，非精求少廣旁要，固不能推其制，以盡文之曲奧」。〔註 6〕

〔註 5〕 伍崇曜，〈詩書古訓跋〉，見《詩書古訓》，卷 6。

〔註 6〕 戴震，《戴震集》，卷 9，頁 183，〈與是仲明論學書〉；卷 12，頁 197，〈考工阮元的考據學源自顧炎武、戴震。顧氏治學強調博學考證，阮元亦以名物制度等關係經世致用的實事作爲格物致知的對象。方法上，阮元特別注重歷史發展的觀念，並能善用圖解，是超過顧氏之處；他又承襲皖派注重運用圖解方法與以算學知識爲工具的傳統，加以驗證出土的古物，其所得遂能超越前人。例如阮氏撰有〈周禮考工記車制圖解〉二卷，是他廿四歲那年在京師所作，頗能純熟運用算學知識，肯定、修正或反駁鄭玄、戴震諸人的說法，提出他的車制復原圖。章學誠即肯定阮元究於名物度數以治經，〔註7〕道光六年嚴杰於〈車制圖解尾跋〉云：

> 宮保師考工記車制圖解，乾隆戊申（53年）秋，杰從丁教授小雅（杰）所見之。教授云解中言漢以前任正因近軫而冒軫之名，漢以後歸軫于輿，而失任正之木，是論確不可易。近編經解，合衆說觀之，實非考證賅洽，亦何能精審若是也。〔註8〕

陳澧稱戴震對復作失傳的考工記圖有草創之功，阮元治之益精，爲古人所不及，其最精者則爲車人之事，昭然若發矇。〔註9〕算學基礎是研究考工記的必備條件，因而惟有待能將算學知識與古代典籍結合的乾嘉學者注意探究，此一絕學才告復活。以考工記車制言，歷經江永、戴震、程瑤田、阮元、錢坫、鄭珍、黃以周、王宗涑、孫詒讓諸人研究，終能了解其正確寸法的數字，據日本學者矢島恭介言，尙可據以製出周代馬車。〔註10〕此一實證可表示清代學者共同努力解決難讀古籍中的問題，發揚實事求是的集體合作成果。

此外，阮元對於古代的戟、匕、銅和、璧羨、棟樑、鐔臘、鐘枚、磬等文物，亦有考證。其內容雖不及車制詳盡，但具有共同特點：

甲、除〈鐘枚說〉未附圖外，其餘諸文皆有根據實物或拓本之圖，以助解說。

乙、文字說明或據後代發現的實物以爲印證，或據經傳文字考訂正誤，均充滿實證精神。

丙、最重要的是他在指出錯誤後，繼而解釋致誤原因，如由把握許慎《說文》對戟的本義爲有刺兵器，不僅據以釐清鄭玄注解的晦誤，而且比

記圖訓〉。

〔註7〕章學誠，《文史通義》外篇3，〈答沈楓墀（在廷）論學〉。

〔註8〕嚴杰，〈車制圖解跋〉，載《皇清經解》，卷1056，頁24。

〔註9〕陳澧，《東塾讀書記》，卷7，頁14。

〔註10〕林巳奈夫，〈周禮考工記の車制〉，《東方學報》，京都，第30冊，頁275。

程瑤田《通藝錄》的說法正確，所繪圖形的確與近年出土的實物相合。〔註 11〕

鐔臘指劍柄部分，阮元對不同形制劍鋏的解釋是：「今程氏（瑤田）及余所藏之劍，其鐔臘皆僅具其名而簡其形制者，陳氏（阮元門生陳均）劍柄乃考工之本制本形也」，並以圖解詳示其形制。〔註 12〕阮元據〈考工記・玉人〉及《爾雅・釋器》解釋璧羨爲圓形物的原則，指出鄭玄訓羨爲延，而成橢圓形之非，也以圖表示璧羨是在通常直徑九寸的璧之外緣又多半寸，以此一尺作爲度量之始，益顯鄭玄橢圓璧羨說之誤。〔註 13〕古時車的鸞和皆鈴，阮元由和爲桓的假借字，指出銅和乃車前軾兩柱如桓楹和門，非聲音之和，自宋《博古圖》以來，多稱爲舞鐃，至阮元始改正爲銅和，名稱始定，〔註 14〕如此既確定銅和的名稱，同時辨明考古圖之失。〔註 15〕阮元也由修正樂鐘律呂的經驗，領悟到「考工但著摩磬之法，而不著摩鐘之法者，爲其枚之易摩，人所共知，不必著於書也」的道理。〔註 16〕又以等子（即戥子）法比喻磬直懸之理，指出鄭注上下爲聲之清濁實誤，應由平衡而直懸的角度去加以理解，〔註 17〕似較鄭說爲正確有力。至於古代房屋結構體梁、楣等名稱，他認爲由於後代各地皆有不同說法，極易混淆，加以「鄭氏乃兩引《爾雅》『楣謂之梁』一語，遂致學者久惑」，他的解說是：「爾雅楣謂之梁，乃專指門戶之上而言，不但梁非正梁，即楣亦非正楣，與儀禮當楣之楣迥別，不然曷重釋梁也，曷由知梁架楹上更出楹南也。」〔註 18〕並作圖以明楣、庪、廇、榱等結構與棟梁位置的關係。

阮元考據古器物的文章篇數並不多，文之長短，圖之多少，也不一致，但皆一本實事求是精神，以精煉的筆法，考校正誤，提出解釋，每每有新的觀點和見解，是頗爲精采的考據文字。

〔註 11〕周緯，《中國兵器史稿》，頁 91。
〔註 12〕《揅經室一集》，卷 5，頁 101，〈古劍鐔臘圖考〉。
〔註 13〕《揅經室一集》，卷 5，頁 96，〈璧羨考〉。
〔註 14〕曾永義，《儀禮車馬考》，卷 5，頁 124。
〔註 15〕《揅經室一集》，卷 5，頁 96，〈銅和考〉。
〔註 16〕《揅經室一集》，卷 5，頁 102，〈鐘枚説〉。
〔註 17〕《揅經室一集》，卷 5，頁 103，〈與程易疇孝廉方正論磬直縣書〉。阮元知音律，與凌廷堪有往復討論音律的書信多封。
〔註 18〕《揅經室一集》，卷 5，頁 99，〈棟梁考〉。

二、古制度的詮釋

遙遠的夏商周三代，原是儒家將理想社會寄託所在，後代學者在如此強固的學術傳統、濃厚的尚古意識與復古傾向影響下，每視三代爲理想政治與社會的典範。尚古自須對古代典章制度有明確認識，研究三代制度是必要的工作。然而有關遠古典章制度的史料不足，連孔子都有「文獻不足徵」之嘆，以至如井田、明堂、宗法、祭祀、封禪等古制，愈經後人解釋，愈加紛亂。注重徵實的清代學者對這些問題亦至爲關心，繼續加以考證，期能獲得解決，阮元即作如此嘗試者之一。他考證古制，重點在求了解古代的明堂制度。

《左傳・文公二年》記載：「祀，國之大事也。」宗教性的祭祀是古代國家重大典禮，舉行祭祀的場所爲明堂。自漢以來，學者爲明堂的結構和功能，聚訟紛紜，莫衷一是，故黃以周在〈明堂禮通故〉中說：「明堂古制也，誣之者爲之侈其事」，以至於群言莫折。〔註19〕戴震鑑於「世之言明堂者，有室無堂，不分个夾，失其傳久矣」，〔註20〕因而撰寫〈明堂論〉探討其結構；惠棟所作〈明堂大道錄〉則著重其功能，指出明堂制度是聖人贊天地化育，成既濟之功的具體設施，明堂是天子布政之宮，易經是天地化育的根本。〔註21〕其後程瑤田、孫星衍、凌廷堪、汪中、焦循等人都有解釋明堂的文章。阮元於諸說中，肯定焦循在乾隆五十五年所撰的〈群經宮室圖〉，譽之爲用力勤，能得經義，不同於囿守家法之作。〔註22〕但他又根據算學知識，檢驗其圖，發現前人所考皆不正確，遂參考經史百家文獻之說，撰〈明堂論〉及〈明堂圖說〉，以解決明堂問題。他從人類文化發展的趨勢，推論上古時代一切典章制度都很簡陋，源自於神農氏的明堂制度，既爲天子燕居之地，也是祭祀上帝和祖先、朝會諸侯、養老尊賢、教士、饗射、獻俘、治天文、行告朔等禮儀的場所，其後隨著物質文明的

〔註19〕黃以周，《禮書通故》，第15，頁1，〈明堂禮通故〉。

〔註20〕《戴震集》，卷2，頁30，〈明堂考〉。

〔註21〕惠棟，《明堂大道錄》，卷1，頁1，〈明堂總論〉：「明堂爲天子大廟，禘祭宗祀、朝覲耕籍、養老尊賢、饗射獻俘、治望氣告朔行政，皆行于其中，故爲大教之宮。其中有五寢五廟，左右个，前堂後室。室以祭天，堂以布政。上有靈台，東有大學，外有四門，四門之外有辟雍，有四郊及四郊迎氣之兆。中爲方澤，右有圜丘。主四門者有四嶽，外薄四海，有四極。」

〔註22〕《揅經室一集》，卷11，頁226，〈焦理堂群經宮室圖序〉。清代學者中，亦有不贊同焦循見解者，例如顧廣譽於《悔過齋文集》，卷3，頁18，〈與楊利叔書〉，楊氏論明堂，既反對惠、孫諸人膠柱鼓瑟，也認爲焦循持論多偏，所論與汪中較近。

進步，明堂的功能逐漸分化，而爲新建的宮室、圜丘、宗廟、朝廷、辟雍、路寢、靈台、靈沼等建築設施所取代，但爲表不忘本，仍然保留明堂遺制。阮元如此解釋，頗能彰顯上古政教合一的精神；他又算出明堂各部位確實的尺寸數字，附以外部式樣，製成明堂圖，極富自信地宣告其研究心得不僅合於文獻記載，「即匠人據此築基構木而造之，亦必能成之」，〔註 23〕以示絕非紙上談兵。他的解釋頗爲通情達理，因而獲得一些後學者的贊同。例如皮錫瑞即云：「古禮有聚訟千年，至今而始明者，明堂、辟雍、封禪是也。……今得阮氏之通識，可以破前儒之幽冥矣！」〔註 24〕不過由於《禮記・月令》、《周禮・考工記》等文獻記載太簡略，阮元的考證雖能釐清一些原則性的錯誤，仍無法成爲他所樂見的定論。陳澧即指出：「說者大都以四太廟八个五室皆在九筵七筵之內，其制度太狹，廣與袤又不稱，阮太傅始辨其誤。」〔註 25〕也批判「阮氏圖个與太廟同深，四太廟八个之中央地方，九筵中爲太室，四隅爲四室而虛其四正」，則有不合經文之處，乃就阮氏之圖加以修正，惟基本形態未變。大致而言，阮元集合有關明堂的說法，加以比較批判，融會貫通，所作的復原圖與解說，均已相當詳密，似乎近於古制。

禮是古代立國的精神基礎，居四維之首，說明其重要性。其硬體表現爲明堂建築，軟體表現爲禮樂祭祀等儀節。阮元撰著〈孝經郊祀宗祀說〉、〈宗禮餘說〉、〈六宗解〉、〈孝經先王即文王說〉、〈大雅文王詩解〉、〈左傳康誥解〉、〈天子諸侯大夫士金奏升歌笙歌間歌合樂表說〉等文，討論周代的禮樂制度。由於後人對虞書「禋於六宗」之說，疑惑頗多，阮元以簡明的論斷，解決宗祀問題，他主張周公所行宗祀之儀本於虞禮，配天之禮本於殷禮，周人宗祀文王於明堂以配上帝，上帝即五帝，五帝及配帝即合而爲六宗。〔註 26〕宗祀即宗禮，關係殷周之際的史事，後世迂儒因受後起的君臣觀念及王莽假託居攝的影響，而諱言周公踐阼及武王受命之事，以至於《書經》〈召誥〉、〈洛誥〉、〈多士〉等篇的眞相難明。阮元綜合孝經、詩經、書經、禮記等有關明堂、宗禮等義之處，作〈孝經郊祀宗祀說〉、〈宗禮餘說〉等文，考證由於武王殺紂，不如湯之放桀，未盡善也，導致諸侯及殷人不服，未能受命，其後周公

〔註 23〕《揅經室續集》，卷 1，頁 8，〈明堂圖說〉。

〔註 24〕皮錫瑞，《經學通論》，第三冊，《三禮通論》，頁 42～44，主張論明堂、辟雍、封禪，當以阮元之言爲定論。

〔註 25〕陳澧，《東塾集》，卷 1，頁 1，〈明堂圖說〉。

〔註 26〕《揅經室續集》，卷 1，頁 39，〈六宗解〉。

攝政，來洛踐阼，因義士殷民心服后稷及文王，故親行郊祀后稷以配天，宗祀文王於明堂，以收天下之心，然後歸政成王，殷民始不再反覆。

此一解釋，明白了周公踐阼的重要性，陳澧認爲是訓詁考據最大之功。〔註 27〕阮元不僅考據宗祀禮儀，也解說後人對鄉飲酒禮的一些誤解。例如在〈儗作鄉人飲酒解〉一文中，引禮記鄉飲酒義鄉人士君子尊于房戶之間，鄭注「鄉人，鄉大夫也」爲據，認爲此鄉人飲酒即儀禮之三年大比鄉飲酒；〔註 28〕又在〈論語鄉飲酒解〉中，強調鄉人即鄭玄所注的鄉大夫，而非宋呂大臨、明艾南英等人所主張的鄉村之人偶然聚會，易使後人誤以爲孔子身與先賢之典，竟是村農醵錢共飲之事。諸此具有歷史眼光的解釋，可謂一掃千年的疑惑。〔註 29〕

禮的精神在於制定尊卑儀式，以維繫不同社會階級之間的區別，阮元於〈天子諸侯大夫士金奏升歌笙歌間歌合樂表說〉一文中，先以表說明天子、諸侯、大夫、士之間彼此相見燕饗的禮儀，依見面時間、地點、對象、目的之不同，儀式程序繁簡有別，並以不同的樂器演奏詩經風雅頌中不同的樂章，儀禮未記載者則以類例推之，一目了然，充分表現禮的特質；又指出鄭玄於詩小雅譜所說國君相見用小雅、兩君相見，天子用大雅，天子饗元侯歌肆夏、天子燕群臣歌鹿鳴合鄉樂等處有誤，認爲這些問題多見於經傳中，孔子之言，明白可據，「治經者惟知依據經傳，折衷仲尼之言而已，安用多爲端緒以自紛哉！」〔註 30〕

阮元考據古器物或詮釋古制度，雖僅是選擇少數個案加以發揮，仍可歸納出他的著眼點在於兵器、禮器、禮制等實際問題或事件。器物方面，注重圖解，有助於加強讀者的認識；制度方面，頗能掌握古代史上最重要的事件，根據經傳，考訂是非，提出他的解釋，化生硬難明的經傳記載成爲連貫易知的歷史事實，無論方法或論證，在乾嘉學者的考據文章中，都是相當上乘的。

三、古水道的研究

書經禹貢是吾國最早的地理文獻，所記山川形勢由於文字簡略，古今地

〔註 27〕陳澧，《東塾讀書記》，卷 5，頁 72。
〔註 28〕阮亨，《瀛舟筆談》，卷 7，頁 13。
〔註 29〕阮元，《定香亭筆談》，卷 4，頁 173。
〔註 30〕《揅經室一集》，卷 4，頁 72，〈天子諸侯大夫士金奏升歌笙歌間歌合樂表說〉。

名不同，以及多次地文變化，乃成爲學術界聚訟的焦點。清代說禹貢者不下八、九十家，〔註 31〕考據學者視水道變遷不僅關係國計民生，而且爲治地理學之始，〔註 32〕故論禹貢水道之文，亦形盛況空前。阮元有關禹貢水道的研究有〈浙江圖考〉、〈禹貢東陵考〉、〈雲南黑水圖考〉等篇，其中以〈浙江圖考〉最具特色。

1、〈浙江圖考〉

禹貢稱揚州「三江既入，震澤底定」，何謂三江？實是古今聚訟最多的水道。〔註 33〕阮元因而於嘉慶七年撰〈浙江圖考〉上、中、下三卷。他肯定浙江即禹貢所稱三江的南江，吳越三江即禹貢三江，俱源於岷江，證明鄭玄、許慎、班固的經注、字解、地理志所載皆正確，但到東漢時已有誤解，加以南方地區開發較晚，後人易以當時地理來了解古代水道，更易訛誤。他解釋北魏酈道元未曾親歷南方，不熟悉南方水道，遂於水經注混淆浙水爲漸水，闞駰十三州志亦誤浙爲漸，後人甚至有誤之爲穀水、浦陽江者。至唐徐堅等撰《初學記》，不暇深求，引用僞鄭注、僞班志之說，使浙、漸二水混爲一談，積非成是，連居住浙江的數萬讀經之士，竟不知浙江究係何水，清初顧炎武、胡渭、閻若璩諸人也被矇蔽。阮元乃旁徵博引古籍，經由實測目驗，由水道變遷的觀點，從文獻記載判定浙江水道名稱變化情形，將所有提及三江的各種說法，依年代先後排列，在每一說法之後，加以按語，評論是非，〔註 34〕故能突破積非之說。因此凌廷堪即對阮元說：「三江主漢志，實東原先生開其

〔註 31〕古國順，《清代尚書學》，頁 215。

〔註 32〕胡渭，《禹貢錐指》；陳澧，《東塾集》，頁 1：「地理之學，當自水道始，知漢水道則可知漢郡縣」，遂撰〈漢書水道圖說〉。

〔註 33〕例如朱鶴齡〈禹貢三江辨〉（《愚庵小集》）、楊椿〈三江論〉（《孟鄰堂文鈔》）、李紱〈三江考〉（《穆堂初稿》）、趙一清〈答禹貢三江震澤問〉（《東潛文稿》）、程廷祚〈禹貢南江辨〉（《清溪集》）、管世銘〈彭蠡三江說〉（《韞山堂文集》）、洪榜〈彭蠡三江說〉（《湖海文傳》）、錢塘〈三江辨〉（《湖海文傳》）、許宗彥〈禹貢三江說〉（《鑑止水齋集》）、蕭穆〈禹貢三江說〉（《敬孚類稿》）、張澍〈三江考〉（《養素堂文集》）、張海珊〈三江考〉（《小安樂窩文集》）、何秋濤〈三江古義〉（《一鐙精舍甲部藁》，有目無文）、汪士鐸〈三江說〉（《汪悔村先生文集》）、胡薇元〈三江說〉（《玉津閣文略》）、方桐〈禹貢三江班鄭異同解〉（《生齋文稿》）、張裕釗〈禹貢三江考〉（《濂亭文集》）、吳汝綸〈答再復張廉卿書〉（《桐城吳先生文集》）、魏源〈禹貢說〉等。

〔註 34〕《揅經室一集》，卷 14，頁 315，〈浙江圖考下〉，「元案：說經惟求其是，雖康成何可執之？......鄭氏果非，何妨違之；鄭氏果是，又何可違？」

端，近人若金輔之、姚惜抱、錢溉亭諸君皆然。然說文所載浙漸二水皎若列眉，俱不知引，非閣下博稽精證，則學者疑義，終未析也。」〔註35〕

阮元以對浙江的辨證，作爲杭州詁經精舍的課題，引起浙士研究之風。詁經精舍諸生多承阮元之說，謝江、洪震煊、蔣炯、胡縉四人皆以「浙江即岷江非漸江考」爲題，支持並發揮阮元新說，惟皆有文無圖，論證不及阮元精贍周到，諸生之說也有小異於阮說者，如洪震煊謂浙江故道在漢末已漸湮塞，晉以後始以漸江爲浙江，時間上稍早於阮說，但宗旨則同。廣州學海堂學長陳澧撰〈漢志水道圖說〉，詳證漢志，補充阮說，即受阮元辨證浙江的啓發。

反對阮說者也不乏漢學中人，考證輿地頗勤的吳承志於〈論南江不當入志〉一文，指全祖望、戴震等人考證不審，阮元、錢塘、陳澧諸氏解說浙江水道頗有失檢，〔註36〕認爲阮元所云：「杭城城隍山西南，上達富陽，斷不能名之爲浙江」，乃憑臆所決，事所必無。〔註37〕丁晏撰《禹貢集釋》，本漢人之說，認爲「禹治水時，浙江並未施工，安得以此爲禹貢之三江？」〔註38〕王先謙論及禹貢南江，雖仍遵阮說，但對阮元以浙江爲南江，視爲千慮一失。〔註39〕日本學者岡崎文夫則以阮元對簡單的經書文句作複雜的解釋，爲無道理無意義之事。〔註40〕

由於三江、浙江、漸江、南江等說法紛雜，阮元撰〈浙江圖考〉的目的在「用告學者，請勿復疑」，〔註41〕雖欲了結此一公案，然而因古書所載疑點甚多，並未達成阮元的目標，後人繼續討論，贊成或反對者皆有所據，仍無定論。〔註42〕若就現代地理學知識來評論阮元之說，長江發源地不在岷山，即使岷江爲浙江源頭，也不應以主流之名來稱支流，阮元僅以經傳記載爲其直接有力的證據，了解浙江水道變遷，建立他的說法，縱然是漢學家中論證謹嚴的典範之作，然因缺乏實地考察，反映乾嘉學者考據地理的方法，只能

〔註35〕凌廷堪，《校禮堂文集》，卷24，頁18～19，〈與阮侍郎書〉。

〔註36〕吳承志，《遜齋文集》，補遺，頁4，〈論浙江不必改作漸江〉。

〔註37〕吳承志，《遜齋文集》，補遺，頁9，〈論古餘杭不臨浙江〉。

〔註38〕丁晏，《禹貢集釋》，卷1，頁29。

〔註39〕《續修四庫全書提要》，經部，頁280。

〔註40〕岡崎文夫，〈三江九江説について〉，《支那學》，第8卷，第11號，1922，頁8。

〔註41〕《揅經室一集》，卷12，頁240，〈浙江圖考〉。

〔註42〕鄭德坤於〈禹貢川澤變遷考〉（載《中國歷史地理論文集》，頁297）即指出：「三江之說，孔安國、班固、鄭玄、郭璞、酈道元諸說不一。宋以來學者各有所疑，紛紛尋三江之江數，故其聚訟終無結果。其誤在合中江、北江、三江爲一談。」

就文獻記載加以發揮，忽略水道變遷的經濟與社會意義。

〈禹貢東陵考〉是阮元撰寫〈浙江圖考〉的副產品，他考據漢以後因誤解禹貢中之長江「過九江，至於東陵，東迆北會於匯」，稱此匯為彭蠡（鄱陽湖），遂至彭蠡以上求東陵，積誤乃愈多，實則東陵即廣陵、江都也。〔註 43〕因阮元是揚州人，尤熟習揚州的地名與地理，即能以實地情況來印證經傳的說法。

2、〈雲南黑水圖考〉

阮元任雲貴總督時，撰〈雲南黑水圖考〉。禹貢提及的黑水有二：一在雍州，一在梁州，地異名同。阮元以為黑水之名並非指其水色之黑，而是荒遠晦黑之意，因此荒遠地區以及流入南海的水道通稱黑水。梁州境內的黑水自漢以後，言人人殊，禹貢既云：「導黑水，至於三危，入於南海。」阮元認為此黑水須求諸經文裡入南海的黑水，遂以經文定經文，並由雲南境內古有黑水祠，清代仍有黑龍潭廟等古蹟，說明雲南黑水在滇池之南，及由禹貢「華陽黑水惟梁州」之文，以考大禹之時梁州的地域包括滇池黑水以南。此文之後附有梁州南盤江、禮社江、瀾滄江等注入南海諸黑水的位置圖，與〈浙江圖考〉在正文之前附有十圖的情形，詳略差異甚大。主要原因係由於黑水位居邊陲地區，學者考據文章遠比內地的三江為少。〔註 44〕阮元的「黑水說」與《雲南通志稿》的解釋有異，後者考證西南之水以黑水為名者甚多，梁州之黑水一般指金沙江，而瀾滄江或潞江亦可當之，如此則金沙江為梁州的南界，金沙江以南之地皆屬梁州徼外，〔註 45〕比起阮元以文化情形界定黑水的說法，及所考據梁州的範圍，領域較小而且確實。

〈雲南黑水圖考〉與〈浙江圖考〉同為阮元考證禹貢的文章，前者圖與文字的分量均遠較後者為少，且僅提及梁州黑水的說法紛紜，而未說明其間的差異與變遷情形，與〈浙江圖考〉相比，顯得很粗疏。此或與阮元督雲貴

〔註 43〕《揅經室一集》，卷 4，頁 65～66，〈禹貢東陵考〉。

〔註 44〕例如李紱〈黑水考〉（《穆堂文集》）、黃以周、沈丙瑩〈黑水考〉（皆在《詁經精舍三集》）、俞正燮〈黑水解〉（《癸巳類稿》）、何秋濤〈黑水考〉（《一鐙精舍甲部藁》，有目但缺文）、陶澍，〈黑水考〉（《小方壺齋輿地叢鈔》，第 4 軼）、陳澧〈黑水說〉（《東塾集》）、程同文〈黑水考〉（《清儒學案》卷 141）等。

〔註 45〕《雲南通志稿》，卷 31，頁 2。潞江舊名怒江，見《明史》，卷 46，志 22，地理 7～1。

時年事已高，無力如正值壯年時在浙江從事實地考察，旁徵博引有關。雖然如此，〈雲南黑水圖考〉敘述簡要，有圖爲佐，仍不失阮元注重圖說功能，辨疑解惑的基本精神。

四、古金石的論述

古代金石的功能除供藝術鑑賞外，尚可考證經史，究明文字，在清學以考據爲主流的情勢下，必然發展成證經驗史的重要工具。顧炎武已開清代金石考據之端，乾隆年間《西清古鑑》、《寧壽古鑑》等繪摩內府所藏古器款識問世，大啓金石文字學的發展。由阮元所編金石資料及所著金石專論，足見他能充分結合金石知識與經史典籍，提出新見解，日本學者貝塚茂樹稱他爲「清代金文學之祖」，〔註 46〕實可說明他在清代金石學的地位。

1、金石資料的保存與摹刻

金石學依工作性質與重點可分爲四類：目錄之學重著錄、圖譜之學重摹寫、考據之學重考釋、校勘之學重評述。金石學家因工作目的不同，可分爲鑒賞家、探訪家、收藏家、文章家等類。〔註 47〕這些類別在理論上可清楚畫分，實際上由於個人興趣未必專注某一類，因而無法截然歸類。例如阮元就是集鑒賞、探訪、收藏、文章於一身的全方位之金石學家。

阮元於〈金石十事記〉敘述他在金石方面最得意的十大成果是：

1. 輯《山左金石志》24 卷，
2. 編《兩浙金石志》18 卷，
3. 撰《積古齋鐘鼎彝器款識》10 卷，
4. 模鑄散氏盤，藏於揚州府學及文選樓，
5. 摹刻天一閣北宋石鼓拓本，分置杭州府學及揚州府學，
6. 得二西漢石，
7. 刻秦琅邪台石，
8. 運漢代二石人至曲阜並立之，
9. 摹刻延熹華山廟碑，置北湖祠塾，

〔註 46〕《貝塚茂樹著作集》（東京中央公論社，1977），卷 4，頁 84。

〔註 47〕陸和九，《中國金石學》，頁 1，金石學之派別。繆荃孫分清代金石學爲精購舊拓，講求筆意的賞鑑家與搜採幽僻，援引宏富的考據家二派。（《藝風堂文續藁，卷 5，頁 9》）

10. 摹刻秦泰山殘篆、吳天發神讖碑，亦置北湖祠塾。

前三項係纂輯並解說地方或歷代金石文字資料之書，係由他的幕客門生協助編成，且其內容尤有助於考史，將於論其史學部分說明；在此僅論後七項完全屬於他個人在獲得並保存珍貴罕見的金石實物或拓本。

甲、散氏盤的模鑄

嘉慶十二年，兩淮鹽運使將揚州的周代散氏南宮大盤獻給朝廷，阮元模鑄兩個，一藏府學，一藏文選樓。散氏盤爲西周後期的青銅器，內有銘文375字，記載矢人侵犯散氏田地，將眉地一部分及井邑之田割給散氏，利用山川路樹等標幟定界，列舉見證人，立誓守約，爲西周土地制度的重要資料。阮元在〈釋郵表綴〉一文即引用散氏盤銘文，證明古人立木綴物爲分界標誌，即以表立田地疆界之事，〔註 48〕不僅藉銘文解釋史事，並且由其文字，揣測製作之法，研究書法肥瘦精粗、鑿刻木刻等情況，可謂盡充分利用之能事。

乙、天一閣北宋石鼓拓本的摹刻

唐初於陝西寶雞三畤原出土的石鼓，上有刻字數百。韋應物、韓愈、蘇軾等詩人都曾作石鼓歌詠之，視爲周宣王（西元前 828～782 年）時之物。近人唐蘭根據其字形及語彙，斷定爲秦獻公十一年（周烈王二年，西元前374 年）的刻石。〔註 49〕其原拓本是以浙江天一閣所藏北宋本爲最古，錢大昕視之爲「稀世之寶，較之天球赤刀勝一籌」。〔註 50〕阮元於嘉慶二年夏，細審此拓本，參以明初諸本，推究字體，摹擬書意，刻爲十石，置於杭州府學，供諸生究心史籀古文之法，〔註 51〕十二年又刻十石立於揚州府學。詁經精舍諸生趙春沂、吳東發、嚴杰等人都撰有〈重橅天一閣北宋石鼓文考〉，載於《詁經精舍文集》，考證石鼓文字正誤，其觀點自然全受阮元的啓發和影響。

〔註 48〕《揅經室一集》，卷 1，頁 14，〈釋郵表綴〉。

〔註 49〕見松井如流，〈書の刻石とその展開〉，《東洋研究》（大東文化大學東洋研究所），33 號，1973，頁 158。

〔註 50〕錢大昕，《潛研堂文集》，卷 32，頁 495。

〔註 51〕張廷濟，〈阮儀徵師重摹石鼓以初本見畀，用前韻言謝〉：「四方髦士難盡覩，仰瞻天上徒嗟咨。爰開范本生面出，四百餘字美粹斯。杭州郡庠妥位置，紹興經石聯肝脾。刻成初墨先賚及，下士感悚增歎噫。研辨臨寫日不足，但覺筆正無偏欹。我讀先生等身著，此特一節貞珉垂。寰中摹古更無上，得寶深喜如願私。」（《桂馨堂集》，〈順安詩草〉，卷 1，頁 3～4）。

丙、秦漢刻石的建立

阮元愛好稽古，對商周秦漢的金石縱非原物或初搨，亦極珍視。他任山東學政時，勤求石刻，在諸城縣東南琅邪台上海神祠垣內發現秦碑，共 13 行 86 字，許多字已經剝蝕，於〈秦琅邪台石刻十三行拓本跋〉記載漫漶情形，〔註 52〕發現此一秦篆較舊拓本多一行，並斷定和琅邪台碑高度廣度厚度相似的無字碑，爲秦石之立而未刻者。西漢二石是阮元在嘉慶十一年守制家居，順著祖墓雷塘水源登甘泉山時發現，其上有刻字，文體在篆隸之間，可辨識者不多。江藩確定其爲漢淮南厲王胥冢上石，知府伊秉綬認爲此二石可比美魯石，阮元又寄給金石專家翁方綱鑑定，確認爲西漢昭宣兩帝時之物，〔註 53〕可見他對此二古物年代鑑定的認眞態度與求是精神。至於埋藏在曲阜土中，爲樵牧所拾的二漢府門前大石人，阮元令學官及縣尉用牛車運到瞿相國府中並立之，洗拓其文，於門下見卒字，亭下見長字，皆向來拓本所未見，牛運震金石圖所未備，自爲極珍貴之物。〔註 54〕

丁、延熹華山廟碑的考釋

阮元摹刻過許多金石文字，雖多有敘述原委之文，而作詳細研究者不多，但對西漢桓帝延熹八年華山廟碑則爲例外，不僅於《揅經室集》中載有二跋，而且撰《華山碑考》四卷單行本，收於《文選樓叢書》。此碑由於已在明嘉靖年間全毀，傳世拓本甚少。唯自唐以來即有著錄，清人的研究題跋與欣賞詩文尤多，焦點之一爲其流傳及收藏情形，眾說紛紜。阮元認爲只有四明本、長垣本、山史本三種拓本各有特色，在嘉慶十五年齊聚於京師時，親加摹刻流傳，視爲金石佳話。〔註 55〕《華山碑考》首卷輯錄唐宋以降金石學者有關題跋，其後三卷分別羅列三種拓本的題跋吟詠，搜羅清代學者的說法尤多，有異說者，即加以考釋，江藩於序中評論其爲「考覈精審」之作。

戊、秦泰山殘篆、吳天發神讖碑拓本的模刻

此二碑亦如華山碑，毀於明清時期，拓本至爲珍貴。〔註 56〕阮元皆以紙

〔註 52〕《揅經室三集》，卷 3，頁 599～601，〈秦琅邪台石刻十三行拓本跋〉；翁方綱，《復初齋文集》，卷 20，頁 8～10，有三篇跋文記琅邪台秦篆。

〔註 53〕《揅經室三集》，卷 3，頁 604～605，〈甘泉山獲石記〉，附翁方綱跋；翁方綱，《復初齋文集》，卷 20，頁 12，〈跋甘泉山寺石刻字〉。

〔註 54〕阮元，《小滄浪筆談》，卷 3，頁 81。

〔註 55〕阮元，《漢延熹西嶽華山碑考》，卷 3，頁 6。

〔註 56〕何紹基，《東洲草堂文鈔》，卷 8，頁 15，〈跋天發神讖碑拓本〉：「是碑嘉慶十

本摹拓，號稱「三絕」，並撰〈題北湖摹碑圖〉以紀之。〔註 57〕秦始皇統一全國後，巡遊各地，於嶧山、泰山、琅邪台、芝罘、芝罘東觀、碣石、會稽七處刻碑頌德，明以前僅泰山及琅邪台殘石尚存，皆爲小篆，不同於石鼓文的大篆，表現文字的演進。吳天發神讖碑是天璽元年（西元 276 年）的紀功碑，由於壞成三截，又稱三斷碑，是以篆書的結體刻成的隸書，阮元認爲此一篆多於隸的八分書，保存古法，開魏齊諸碑的先鋒，彌足珍貴。〔註 58〕

阮元不僅致力收藏摹刻古金石，以廣流傳，而且由於經常鑑賞研究，配合經史學養，提出許多頗具歷史眼光，發前人所未發的理論。

1、商周銅器說——文化史的道器觀

在商周貴族政治時代，貴重的銅器具有政治作用與法律性質，阮元由文化史發展的眼光，論及銅器在商周時代的重要性，斷言成於周公孔子之前的銅器銘文是古人所用的文詞，即使周公孔子見到這些資料，必定會列入經典，視之爲與九經有同等分量：「故吾謂欲觀三代以上之道與器，九經之外，捨鐘鼎之屬，曷由觀之？」〔註 59〕此一看法是他追溯漢學根柢的必然結果，因爲漢學研究的根本憑藉是最原始的經典資料，只要是眞，自然是愈早愈佳也愈可信，周公孔子以前的銘文正是最合此項需要的素材。

阮元根據歷史上銅器製作、使用及出現情形，分成三個時期：1、商周，2、漢至唐，3、北宋以降。商周因政治社會需要，視銅器爲至寶至重的器物，製作甚多；漢唐之間，由於罕見古器，因而偶獲古鼎，即爲之改元，號稱神瑞，書於史冊；北宋以後，搜獲古器頗多，因而脫離漢唐時視古器爲祥瑞之物的階段，加以鑑賞或考釋，進入藝術的鑑賞或學術的研究層次。他並根據商周銅器的用途加以分類：用爲立國的分器、朝享的賞賜器、以小事大的賄器、以大伐小而得的獻器、述德儆身的儆器、宣布政令的約劑器、王綱廢墜時以天子社稷與鼎

年燬於火，世間拓本皆成至寶矣。」

〔註 57〕《揅經室四集》，卷 8，頁 850～851，〈題北湖摹碑圖〉：「秦泰山殘字、漢西嶽華山碑、三國天發神讖碑，近代並毀，拓本皆可寶貴。予藏三碑紙本，摹石置之北湖墓祠塾中，偶檢家藏王麓台山水小幀，遂屬畫友添畫碑石及刻碑者於其坡陀之上，名之爲摹碑圖。」

〔註 58〕《揅經室三集》，卷 1，頁 561，〈摹刻天發神讖碑跋〉：「魏齊諸碑，出於漢魏三國隋唐以後，歐褚諸體，實魏齊諸碑之苗裔，而神讖之體，亦開其先，學者罕究其源流矣。」

〔註 59〕《揅經室三集》，卷 3，頁 592，〈商周銅器說（上）〉。

器共存亡的抱器等七項。他認爲此種銅器可以表現道與器合的形而上意識，例如表示貴族名稱或地位的尊、爵等字，即源自於商周禮器實物，證明禮與器的關係是一體的兩面。其視商周銅器爲禮器的看法是正確的，惟分類受到批評。例如龔自珍即嫌其不足，重新分爲十九類，更爲細密與有條理；〔註 60〕羅振玉將古器物分爲十五項，前九項爲有關銅器者，與阮氏的分類有別。〔註 61〕侯外廬認爲阮元的分類雖不科學，卻無礙於〈商周銅器說〉在考據訓詁學風中爲一篇具有開創性的金文學論作。〔註 62〕阮元打破漢以來視瑞器爲神物的看法，洗盡自宋以來截然將道器二分的玄學觀點，自是典型的漢學家作風。

2、金石學的功用——考經證史

阮元於金石古器，敘述其形制，了解銘刻以外，復彰顯其在考經證史方面的功能。例如他在嘉慶廿年作〈齊侯罍歌〉，釋其銘文，研究紹韶假借、洹桓相借，已解決部分問題。道光十八年再拓新本時，又據銘文的子畓二字推論即《左傳》昭公廿六年平子所稱的子疆，謚昭子，《說文》中畓畺疆諸字相因相次，子疆名畓；至於武子即《史記》齊世家的武子開，《世本》的亹，亹門通借，子開名門，謚武子，故子疆、子開乃二人，而杜預注云：「子疆，武子字」，實誤子開、子疆爲一人，致失經義。陳慶鏞於〈齊陳氏韶舞樂罍通釋〉中，極爲贊同阮元此項考據。〔註 63〕又如阮元於任山東學政時，修治漢代經學宗師鄭玄的祠墓，發現金承安五年重刻唐萬歲通天史承節撰〈後漢大司農鄭公碑〉，指出碑文足以補正《後漢書》鄭玄傳三大失誤：1、鄭玄〈戒子益恩書〉乃歸老疾篤時之事，范書載於前，使事蹟先後倒置；2、鄭玄所注儀禮、周官、禮記，范書遺漏周官；3、「爲父母群弟所容」一句，范書妄加「不」字，與鄭玄本意相反。〔註 64〕阮元的解釋和論斷，其後經門生陳鱣由黃丕烈

〔註 60〕《龔自珍全集》，第四輯，頁 261～261，〈說宗彝〉，所分十九類爲：祭器、養器、享器、藏器、陳器、好器、征器、旌器、約劑器、分器、賂器、獻器、媵器、服器、抱器、殉器、樂器、儆器、瑞命之器。

〔註 61〕《羅雪堂先生全集》，初編，第一冊，稾甲，頁 39～41，〈與友人論古器物學書〉，關於銅器的九項爲：禮器、樂器、車器馬飾、古兵、度量衡諸器、泉幣、符契鉩印、服御諸器、明器；其他六項爲古玉、古匋、瓦當專甓、古器橅範、圖畫刻石、梵像。

〔註 62〕侯外廬，《近代中國思想學說史》，頁 553。

〔註 63〕陳慶鏞，《籀經堂類稿》，〈齊陳氏韶舞樂罍通釋〉，上篇，頁 10～11。

〔註 64〕《揅經室二集》，卷 7，頁 498～500，〈金承安重刻唐萬歲通天史承節撰後漢大司農鄭公碑跋〉，解釋第三點「爲父母群弟所容」云：「言徒學不能爲吏，

處得元刊本後漢書發現也無「不」字，和碑文相合，而得到證實。〔註 65〕錢泰吉肯定阮、陳二氏的論點，認爲鄭玄心事爲淺人所誣久矣，得此碑乃大白，又有元刻可證，遂稱頌「校書之有功於先儒如此」。〔註 66〕黃彭年也大致贊成此說。〔註 67〕阮元由沈括《夢溪筆談》記載狄青用兵破儂智高事，因親至邕州，得據地理形勢及「平蠻京觀碑」和「平蠻三將題名碑」，來證實沈括及《宋史・狄青傳》敘述戰爭過程有誤，結論道：「此碑之所以勝於史也。」〔註 68〕他又據長蘆儒學方爐卅九字之銘，補元史地理、百官、學校、鹽法之未備，感慨地說：「然則金石所關，豈淺鮮哉！」〔註 69〕他也由齊景公賜田洹子的罍銘，察及公室氏室消長之息，認爲「此器已兆齊祚移」。〔註 70〕見微知著，由一禮器的授受而推斷政權變化，實具相當敏銳的歷史意識。阮元還由商周兵器權量的度數，推斷其發展愈來愈趨重趨長的原因是：「自古利權皆自上操之，官吏之徵銀帛粟米也，未有不求贏者，數千年遞贏之，至於如此，此不得不然之勢也。」〔註 71〕亦是甚具史識的合理解釋。

3、書法論——倡導北碑

阮元供職翰林院時，參與過著錄宮廷書畫圖書的工作，編有《石渠寶笈續編》，著有《石渠隨筆》；觀察了豐富的金石拓本，加以本身對金石學極有興趣，時間既久，遂產生自己的見解。他站在漢學家立場，不滿當時盛行唐宋以降以行草爲主，書法華麗的南帖書風，倡導魏晉北朝以前以篆隸爲主，書法樸實的北碑。他於嘉慶十六年所撰〈南北書派論〉及〈北碑南帖論〉是兩篇書學史上的重要論作。他依書法流變及碑帖功能立論，認爲漢末魏晉之間是吾國書法由篆隸而眞行草的轉變時期，東晉南北朝時分南北兩派。南派

以益生產，爲父母群弟所含容，始得去廁役之吏，游學周秦。故傳曰『少爲鄉嗇夫，得休歸，常詣學官，不樂爲吏，父數怒之。』夫父怒之而已，云爲所容，此儒者言也。范書因爲父怒而妄加不字，與司農本意相反。」

〔註 65〕陳鱣，《簡莊綴文》，卷 3，〈元本後漢書跋〉。

〔註 66〕錢泰吉，《曝書雜記》，卷上，頁 28，〈鄭康成戒子書衍字〉。

〔註 67〕黃彭年，〈答唐鄂生書〉（《陶樓文鈔》，卷 13，頁 10～12）。又，鄭珍，〈鄭學錄序〉（同治四年黃彭年敘於關中書院，《巢經巢五種》，頁 3，結論稱：「阮氏此說，似亦可通」）。

〔註 68〕《揅經室四集》，卷 11，頁 906，〈由賓州至邕州，過崑崙關，觀狄武襄進兵處〉。

〔註 69〕阮元，《小滄浪筆談》，卷 3，頁 70。

〔註 70〕《揅經室四集》，卷 10，頁 885，〈齊侯罍歌〉。

〔註 71〕阮元，〈商周兵器權量說〉，《皇朝經世文編》，卷 56，頁 15。

書風疏放妍妙，長於啓牘，完全變爲眞行草，盡失篆隸遺法；北派書風拘謹拙陋，長於碑牓，保存篆隸古法。南派聲勢因南朝敕禁刻碑及唐太宗提倡王羲之書風而超過北派，帖學乃一枝獨秀，宋代閣帖盛行，以至於北派更趨式微。阮元統計唐代書學家竇息之《述書賦》，自周至唐共 207 人中，晉宋齊梁陳有 145 人，北齊僅一人，證實南帖書風的風靡情形。儘管南派書法占盡優勢，其與北派仍有關聯，阮元由師法傳承、書法體例及勁正風格，論定歐陽詢、褚遂良屬北派，並由南北兩派的淵源說明二者的關係。他認爲唐代以前，崇尚隸書，給予善隸的書家最高評價，但是「宋元明書家多爲閣帖所囿，且若禊序之外，更無書法，豈不陋哉！」〔註 72〕因此期望能振興北派書風。他反對淪爲朝臣逢迎工具的館閣體，深獲包世臣、龔自珍、俞正燮、何紹基、康有爲等書法家的認同，蔚成興盛的北碑書法運動。

〈南北書派論〉與〈北碑南帖論〉的宗旨在於發揚提倡碑學，以阮元當時在學界居領導地位，自有風行草偃之效，如張穆、張澍等人的書法即受他的啓發。〔註 73〕在眾多愛好金石及碑學者的隨從下，蔚成鼎盛一時的北碑派。錢泳稱阮元的書法論「眞爲確論」，〔註 74〕也正因係屬開創，理論未臻周密，其後對於書法理論有貢獻的包世臣和康有爲加以批評和補充，〔註 75〕才建立

〔註 72〕《揅經室三集》，卷 1，頁 557，〈南北書派論〉。

〔註 73〕張穆，《𠨧齋詩集》，卷 3，頁 9，〈張仲遠大令屬題其姊肆書圖〉：「少讀儀徵書，粥識北碑派。……南帖例北碑，一拙一狡獪。此義喻者寡，世俗互疑怪。」張澍，《養素堂文集》，頁 603，〈上阮芸台制府師書〉：「論書法以北派爲正，而閣帖不足學，此其卓見高識，未經人道，眞能發前賢之覆，啓後儒之蒙矣。」

〔註 74〕錢泳，《履園叢話》，卷 11，頁 3，〈書法分南北宗〉。梁章鉅稱「南北書派論」及「北碑南帖論」皆前人所未發之論（《退庵隨筆》卷 22，頁 23）。康有爲亦肯定此論富開創性，他稱：「阮文達亦作舊體者，然其爲南北書派論，深通此事，知帖學之大壞，碑學之當法，南北朝碑之可貴。此蓋通人達識，能審時宜，辨輕重也。惜見碑猶少，未暇發撝，猶土鼓蕢桴，椎輪大輅，僅能伐木開道，作之先聲而已。」（《廣藝舟雙輯》，卷 1，頁 6）

〔註 75〕包世臣的書學思想直接受阮元啓發，他深化阮元的碑學理論，傳播阮元的碑學思想，於〈歷下筆譚〉分析碑帖筆法不同，云：「故欲見古人面目，斷不可舍斷碑而求匯帖矣。」（《藝舟雙輯》，黃山書社，1991，頁 372）「北朝人書，落筆峻而結體莊和，行墨澀而取勢排宕。」（頁 381），又云：「北碑字有定法，而出之自在，故多變態，唐人書無定勢，而出之矜持，故形板刻。」（頁 382）康有爲於《廣藝舟雙輯》盛贊包氏推廣北碑之功云：「涇縣包氏以精敏之資，當金石之盛，傳完白之法，獲得蘊奥，大啓秘藏，著爲安吳論書，表新碑，宣筆法，于是此學如日中天。迨於咸同，碑學大播。三尺之童，十室之社，莫不口北碑，寫魏體，蓋俗尚成矣。」康氏提出魏

北碑派完整精緻的理論系統。

第二節 由訓詁以明義理

阮元研究訓詁的目的不僅是在解釋字義或尋求字源，而是要進一步解經明道，顯係步戴震的學術路徑。戴震說：「余竊謂儒者治經，宜自爾雅始。」〔註76〕又說：「經之至者道也，所以明道者其詞也，所以成詞者字也，由詞以通其道，必有漸。」〔註77〕「故訓明則古經明，古經明則賢人聖人之理義明，而我心之所同然者乃因之而明。賢人聖人之理義非他，存乎典章制度者是也。」〔註78〕阮元即承襲並發揮戴氏的方法。茲分訓詁、義理兩方面以見他在這方面的成績。

一、文字的訓詁

顧炎武主張「讀九經自攷文始，攷文自知音始，以至諸子百家之書，亦莫不然。」〔註79〕戴震立由字以通詞，由詞以通聖賢之道的法門，皆示學者以循序漸進的步驟，也爲從學者的金科玉律。字詞是訓詁的基本單位，阮元在《揅經室集》中專門訓詁之文，爲數不多，卻仍可見他實事求是，精益求精的進步軌跡。例如在〈詩有餕其馨，餕誤椒記〉篇之中，主張陸德明《經典釋文》因椒、俶二字形近而誤以爲椒當作俶，指出餕、馥音義相同，爲詩經中義同字變之例，此項發現在「乾隆間校石經未及此，嘉慶間作校勘記亦未及，今（指道光十七年）始明之。」〔註80〕至於阮元訓詁的成果可由數方面觀之：

1、探究語言文字起源

當代學者張舜徽強調阮元訓詁學的成績，首先在於能探討語源。〔註81〕阮元認爲語言文字的起源必然是先有其意，而後有言，其後有聖人出，根據

碑無不佳者，「故能擇魏世造像記學之，已自能書矣。」（廣藝舟雙輯，上海書畫出版社，1981，頁172）

〔註76〕《戴震集》，卷3，頁51，〈爾雅文字考序〉。

〔註77〕《戴震集》，卷9，頁183，〈與是仲明論學書〉。

〔註78〕《戴震集》，卷11，頁214，〈題惠定宇先生授經圖〉。

〔註79〕顧炎武，《亭林文集》，卷4，頁6，〈答李子德書〉。

〔註80〕《揅經室續集》，卷1，頁43，〈詩有餕其馨，餕誤椒記〉。

〔註81〕張舜徽，《清代揚州學記》，頁148。

聲音而造字，聲音是了解文字關係的樞紐。他由庖羲氏時未有文字，據其意而畫八卦，俟有表徵其卦之言後，到黃帝史官造書契，始水到渠成，以字詞表之，因而推論六書皆出於易，後世的語言文字皆出於易卦。〔註 82〕這種字隨音生，義從音出，因此音為字源，同音假借或音訓相兼之字本於此的主張，頗符文字聲韻之理。章太炎即受此啓發，推衍同一聲類之字，其義往往相似的原則。〔註 83〕阮元掌握聲韻文字訓詁的要法為：「言由音聯，音在字前，聯音以為言，造字以赴音，音簡而字繁，得其簡者以通之。」〔註 84〕正由於他了解聲音文字為訓詁的本源與樞紐，因而建議撰寫《爾雅集注》的高郵宋定之，如能「以聲音文字為注爾雅之本，則爾雅明矣。」〔註 85〕並稱贊郝懿行治爾雅能夠「以聲音為主，而通其訓詁」，以為得其簡矣。〔註 86〕《爾雅》在清儒治學領域中能成為顯學，阮元實有先導之功。

2、注重文字本義

阮元認為在了解語言文字的起源，掌握聲音的鎖鑰之後，研究訓詁的進一步重要工作是找尋文字本義。因為「本義最先最確」，「古聖人造一字，必有一字之本義，本義最精確無弊。」〔註 87〕因此必須了解文字本義，才明訓詁，否則，「訓詁不明，則聖賢之語必誤。語尚誤，遑言其理乎？」〔註 88〕此一基本主張，他終生遵守。吾人由他在八十一歲以後所編《揅經室再續集》之文仍然聲明：「余多講文字訓詁，非迂也。凡字不究其來源，則每誤矣。」〔註 89〕可見其信念之一貫與堅定。

了解文字本義的方法是將一字的本義及因時代變遷而後起的引申義分開，進而主張：「解文字者當以虞、夏、商、周、周初、周末，分別觀之。」〔註 90〕

〔註 82〕《揅經室一集》，卷 1，頁 1，〈易書不盡言，言不盡意說〉。

〔註 83〕章炳麟，〈語言緣起說〉，《國故論衡》，頁 43：「是故同一聲類，其義往往相似，如阮元說。從古聲者有枯槀、苦窳、沽薄諸義，此已發其端矣，今復博徵諸說……」。

〔註 84〕《揅經室一集》，卷 5，頁 107，〈與郝蘭皋户部論爾雅書〉。

〔註 85〕《揅經室一集》，卷 5，頁 108，〈與高郵宋定之論爾雅書〉。

〔註 86〕《揅經室一集》，卷 5，頁 107，〈與郝蘭皋户部論爾雅書〉。郝懿行考訂爾雅疏義，阮元曾予金錢資助。（《曬書堂外集》，卷上，頁 32，〈又呈阮雲台先生〉：「歲末復蒙慈貺，畀以脩書之資，感深挾纊。」）

〔註 87〕《揅經室續集》，卷 1，頁 33，〈釋敬〉。

〔註 88〕《揅經室一集》，卷 1，頁 27，〈釋門〉。

〔註 89〕《揅經室再續集》，卷 3，頁 8，〈釋相〉。

〔註 90〕《揅經室續集》，卷 1，頁 30，〈釋佞〉。

對阮元而言，了解文字本義的用途，一方面可為辯駁後人玄虛之說，及闡明漢學家義理的工具；一方面也有助於解決訓詁的歧異問題，茲先舉例說明後者。例如清代訓詁學家多不知易大蓄爻辭「豬豕之牙，吉」中，牙的本義為牡齒，以至於望文生義，更滋紛擾。阮元則因能把握「牙」字本義，應用於解釋考工記輪人「牙也者，以為固抱也」云：「說文曰：『牙，牡齒，象上下交錯之形。』於車牙牙字，則加木作枒，解曰『車輞交會也』。蓋牙本車輞交會合處之名，本義也，因而車輞通謂之枒，此餘義也。」〔註 91〕疑惑遂釋。孫詒讓即肯定阮元的解說。〔註 92〕又如，許慎在《說文》裡將有字歸於月部，解曰：「不宜有也，春秋傳曰：日月有食之，從月又聲。」阮元即由掌握本義著手，認為此解有脫誤錯字，以至於「不宜有」之說徒令後人費解，如能明瞭「有所以從月者，月食也。月食為本義，有無之有乃假借字，兩不相涉。」〔註 93〕問題遂迎刃而解。再如「易」字，阮元認為初造字時只有日上月下之義，唐虞時之易僅是朔易之易，無六十四卦之易，《參同契》始誤以周易即易卦總名之易為易，即不究文字本義之過。〔註 94〕可見究明文字本義對於訓詁的重要性。

3、了解文字通假

假借是六書之一，許慎界定為「本無其字，依聲託事，令長是也。」假借的主要起源當如鄭玄所說：「其始書之也，倉卒無其字，或以音類比方假借為之，趣於近之而已」〔註 95〕近人補充其說，云古人用字時，習用筆劃簡省的字以代替繁複的字，尤其是在一群形聲字中，習於用一聲符來代表若干同此聲符的字。〔註 96〕由於吾國文字音簡字繁，遂產生許多因聲音相同或相近的假借字，引申本義，而有新義，這種擴大文字的使用面，造義不另造新字的方法，固然有制約文字數量膨漲的作用，〔註 97〕但也產生一字多義的結果。因而對假借字的認識，自然是了解經書的必要條件之一。阮元指責某些淺人因不明文字通假之理，每每兩解，致失古人本義；〔註 98〕甚或妄改經文，以

〔註 91〕《揅經室一集》，卷 6，頁 112，〈考工記車制圖解輪解〉。
〔註 92〕孫詒讓，《周禮正義》，卷 75，頁 2。
〔註 93〕《揅經室續集》，卷 1，頁 40，〈日有食之不宜有解〉。
〔註 94〕《揅經室續集》，卷 1，頁 41，〈與曾勉士論日月為易書〉。
〔註 95〕陸德明，《經典釋文》序錄。
〔註 96〕張舜徽，《中國古代史籍校讀法》，頁 5。
〔註 97〕張舜徽，《中國古代史籍校讀法》，頁 5。
〔註 98〕《揅經室一集》，卷 5，頁 104，〈經義述聞序〉：「古書之最重者，莫逾於經。

至錯失混淆，不可卒讀，徒增讀經困擾而已。阮元極爲重視假借字，《揅經室集》中，特別舉出鮮、斯；蜆、声、聲、馨；罄、騁；和、桓；頌、容；養、羕；相、襄；雉、絼等音近或音同的假借字。〔註 99〕蓋、割等屬同聲假借；害、曷、盍、未、末等爲古音相近之字，每加偏旁互相假借；〔註 100〕玉、畜、旭，好、丂、九等皆由同部相通假；〔註 101〕弼、佛、弗則因義通而相假；順、訓是義同字變的假借等類例，〔註 102〕都說明假借字對於通經的重要性。

4、找出文字規則

一般人對約定俗成的語言文字，往往習而不察，知其然而不知其所以然。阮元的訓詁工作中，常具有歸納語法的意識，例如在〈釋相〉一文指出，「凡疊字皆形容之字」，〔註 103〕又找出古書行文義同字變之例，例如詩大雅桑柔「朋友已譖，不胥以穀。人亦有言，進退維谷」之谷，阮元以爲由於詩人見二穀相並爲韻，爲避重複，乃易爲「谷」，即「穀」之假借。穀，善也，因此進退維谷是言善處兩難之事，歎其善，而非嗟其窮也。〔註 104〕他又舉小雅「褒姒威之」爲例，在「寧或滅之」之下，詩人因避二滅字重複，即改滅爲威，他自詡此一義同字變之例，在經傳中比比皆是，卻爲學者所罕知，可稱是他的發現。〔註 105〕

綜觀阮元解釋文字的訓詁之學，先探究語言文字的起源，再得文字本義及通假之理，歸納文字的一般規律，找出經書行文的通則等，確實是正確了

經自漢晉以及唐宋，固全賴古儒解注之力，然其間未發明而沿舊誤者尚多，皆由於聲音文字假借轉注未能通徹之故」。

〔註 99〕鮮、斯通借，如殷讀衣，去掉陽聲韻尾，顧炎武、惠棟已言之，阮元更證以經傳（《揅經室一集》，卷 1，頁 5，〈釋鮮〉）；蜆、声、聲、馨；罄、騁之假借情形見同篇，頁 7～8；頌、容；養、羕見頁 15；雉、絼見頁 20；相、襄見頁 28。

〔註 100〕害、曷、盍、未、末等字古音相近，每加偏旁相假，見《揅經室一集》，卷 1，頁 8，〈釋蓋〉。

〔註 101〕玉、畜、旭，好、丂、九等爲同部相借字，見《揅經室一集》，卷 4，頁 67，〈毛詩王欲玉女解〉。

〔註 102〕弼、佛、弗相通，字相假，音相轉，見《揅經室一集》，卷 1，頁 12，〈釋黼〉；順爲訓的假借字、澤乃釋的假借字，見《揅經室一集》，卷 1，頁 27，〈釋訓〉。

〔註 103〕《揅經室一集》，卷 1，頁 28，〈釋相〉。

〔註 104〕《揅經室一集》，卷 4，頁 91，〈進退維谷解〉。李慈銘卻認爲阮元謂谷乃穀之假借，此謬說也，「馬元伯以阮說爲確，好新之蔽也。」（《越縵堂讀書記》，頁 570）。

〔註 105〕《揅經室一集》，卷 4，頁 78，〈詩十月之交四篇屬幽王說〉：「詩人必變滅書威者，一字分二韻則別二字書之，義同字變之例也」。並自注云：「此例學者罕知，求之經傳，往往皆是」。

解古書尤其是諸經的重要法門。惜他僅就少數類例加以發揮，未暇對諸經字詞作全面綜合的研究。

二、義理的闡發

阮元不似戴震建立完整的思想體系，故若干人認為他不是一位哲學家，如侯外廬即明言阮元的方法論對文化史或思想史有其貢獻，卻不是哲學家。〔註 106〕但胡適認為阮元是位哲學家，張舜徽亦將阮元的哲學思想與訓詁學、考證學並列於同等地位，楊向奎論阮元，開宗明義即談他的思想體系，足見儘管學者對哲學家的定義有別，阮元的思想確實有值得重視之處。

阮元基於儒家立場，反對釋道二家之說，由某些字詞在經典中出現字數多者，例如性命、仁、順、貫、敬、達、格物等，〔註 107〕即肯定其重要性。在肯定諸字詞的重要性之後，即扣緊經義，找尋其在古書中的原義，他發現這些原本淺近明實的字詞，到晉以後，由於摻入釋道兩家的思想而玄虛化，這些後起的字義最易導引人們流於空談心性，解決之道即在於剝除儒家典籍中諸關鍵字的後起義，尋找其原始本義，以還原其本來面目。

1、性命古訓

「性命」二字並言是古代經典中常見的用法。阮元先引尚書召誥及孟子盡心篇中有關性與命的說法，作為總綱，而後就尚書皋陶謨、西伯戡黎、洪範、詩大雅文王、卷阿、抑抑威儀、周頌昊天、左傳成公十三年等文獻裡敘述性命的部分，加以詮釋。主旨在於說明原始儒家所講之「性」乃指得之於天，與情欲一體者，自須受禮的節制；「命」是天命，哲愚吉凶壽夭授於天者為命，受於人者為性。性從心則包仁義禮智等在內，從生則包味臭聲色等在內，故經典只

〔註 106〕侯外廬，《近代中國思想學說史》，頁 537，反駁胡適的看法云：「因為哲學家起碼要有自己的體系，然而我們讀破芸台的《揅經室集》，除了接受東原的一些思想外，絲毫找不出他的自己哲學思想，好像里堂的均衡論那樣的體系。如果說他的方法論可以代表哲學，那麼他在方法論上的具體業績，正是文化史或思想史的貢獻。」

〔註 107〕如〈釋順〉云：「順字為聖經最要之字，孝經順字凡十見。……春秋三傳、易、禮、國語之稱順字者最多，皆孔子孝經之義也。」（《揅經室一集》，卷 1，頁 21～22，〈釋順〉。）、〈釋達〉遍引經傳論達之文（《揅經室一集》，卷 1，頁 24～25，〈釋達〉）、〈論語一貫說〉謂論語貫字凡三見（《揅經室一集》，卷 2，頁 45，〈論語一貫說〉）、〈論語論仁論〉統計論仁處凡 58 章，共 105 個仁字（《揅經室一集》，卷 8，頁 157，〈論語論仁論〉。）

講節性、復禮，其內容則爲勤威儀而保定性命。威儀爲性命所關，包括言行表現於外的儀容舉止；在內則爲道德修養，即非常平易質實的禮，「在事故實而易於率循」，且合中庸之道。然而在佛教思想傳入中國之後，「性」的意義竟演變成爲「具於人未生之處，虛靈圓淨，光明寂照，人受之以生，或爲嗜欲所昏，則必靜身養心，而後見其爲父母未生時本來面目」，〔註 108〕從而提倡禁欲與復性。阮元認爲這種受釋氏所惑，「在虛而易於傅會」的性之後起義，起因於翻譯不當，由於翻譯佛教經典者在中國典籍內找到近似佛教此種說法的字爲「性」，即不再另造新字。〔註 109〕在阮元看來，韓愈的〈原性〉將人之才性分爲三品，以下愚爲惡，已是錯誤，李翺以性爲至靜至明，而暢論復性，更屬違悖經說。〔註 110〕但是積非成是，理學家所論性、情、欲等皆失儒家本義，而倡言復性禁欲，乃失之毫釐，謬以千里；再者，其本身理論亦有矛盾不妥，靜觀寂守，如何復性？根本絕欲，則舉世無生人，禽獸繁矣。因此阮元不憚詞費，以一整卷的篇幅推明性命古訓，恢復了儒家性、命二字的實義。

2、仁論

「仁」是儒家思想的核心。阮元統計《論語》之中，孔子與弟子論仁之處凡 58 章，105 字。孔子因材施教，未對「仁」的意義予以界定。阮元論「仁」的本義，是由論語、孟子之中論仁之文找出其交集點在於曾子制言篇所云:「人之相與也，譬如舟車然，相濟達也。人非人不濟，馬非馬不走，水非水不流」，及鄭玄注中庸「仁者，人也」所云:「人也，讀如相人偶之人，以人意相存問之言」的「相人偶」。他詮釋古時所謂人偶，猶言爾我親愛之詞，獨則無偶，偶則有親，因此从人从二，言必有二人而仁乃見，即指人與人的關係。「仁」字直到周代才出現，但是夏商以前雖無仁字，古經典已有仁的觀念，即寫作「人」。如小雅四月「先祖匪人」，解者不知人即仁也，而以匪人爲悖慢的非人，實屬大誤。〔註 111〕他認爲孟子論仁也很深切著明，雖說惻隱之心爲仁之端，似爲玄妙，但曾明切指出仁之實在於事親，則是能近取譬而且本義平實

〔註 108〕《揅經室續集》，卷 3，頁 122，〈塔性說〉。

〔註 109〕《揅經室續集》，卷 3，頁 123，〈塔性說〉。

〔註 110〕《揅經室一集》，卷 10，頁 203，〈性命古訓〉:「韓文公原性，因此孔子之言（按指唯上智與下愚不移）爲三品之說，雖不似李習之之悖於諸經，然以下愚爲惡，誤矣。或者更欲以性爲至靜至明，幾疑孔子下愚之言爲有礙，則更誤矣。」

〔註 111〕《揅經室一集》，卷 8，頁 160，〈論語論仁論〉。

的「仁」，為周秦以來相傳未失的故訓，但到晉以後，此語失傳，異說紛歧，宋儒更加臆說，不是釋為「心之理，愛之德」、「博愛之謂仁」、「即心即仁」，就是解成「生生之謂仁」，甚至「宇宙大德曰生」，則宇宙皆仁，連端坐靜觀，亦可謂仁。〔註 112〕阮元認為宋儒如此擴展衍生仁的範圍與境界，實非孔孟所謂仁皆見諸行事的本義，一實一虛，正是儒釋判為二途之處，進而解釋「顏回三月不違仁」云：「心與仁不違，可見仁與人心，究不能渾而為一。若直號仁為本心之德，則是渾成之物，無庸用力為之矣」，〔註 113〕根本否定宋儒對仁的新解。

3、其他關鍵字的本義

阮元以為儒家典籍中，皆無「眞」字，係因道家稱仙人為眞人，儒家所不語，並引段玉裁推論經書中凡遇「眞」字，似皆以「誠」代之的說法，加強其說服力。他又解釋經文雖有意迴避眞字，卻不能盡刪從眞得聲之字，因而說文中仍保留有愼、闐、顚、鎭、塡、嗔、滇等 22 個皆從眞得聲的形聲字。〔註 114〕他指出易傳「太極」本來指太一、北辰、北極的實象，王弼卻以「无」解之，是玄虛的老莊學說，非其本義。〔註 115〕「敬」的本義是警，後人卻解釋為端坐靜觀主一。〔註 116〕「貫」的本義據《爾雅・釋詁》訓為習，為事，《論語》中所見貫字皆是行事，絕非理學家所講的「通徹」——豁然貫通的頓悟。〔註 117〕「達」指士大夫智類通明，所行事功於國家之謂，即求聞達於天下之達，而非後儒所持明體達用之論。〔註 118〕「格」，至也，大學「格物」之道，即是實踐，「凡國家天下五倫之事，无不當以身親至其處而履之，以止於至善

〔註 112〕陳榮捷，〈論朱子仁說〉（《史學評論》，第 9 期，頁 200，〈陳榮捷先生近年出版關於宋明理學的新著〉），以朱子仁說主要命題即「心之理，愛之德」六字，乃朱子所創新義。

〔註 113〕《揅經室一集》，卷 8，頁 172，〈論語論仁論〉。

〔註 114〕《揅經室再續集》，卷 1，頁 2，〈釋眞〉。

〔註 115〕《揅經室一集》，卷 2，頁 33～34，〈太極乾坤說〉。胡渭《易圖明辨》卷 1 已論云：「竊意所謂太極者，一而已矣。命筮之初，奇偶未形，即是太極」，說明太極無本體之意。阮元指出宋元疇人所稱太極、天元等名，「皆用假判眞，借虛課實，以為先後彼此地位之分別耳。非如道家言，確有太極天地之道貫乎其中」，證明太極、天元等不是虛詞。（《揅經室再續集》，卷 2，頁 3～4，〈續疇人傳序〉）

〔註 116〕《揅經室續集》，卷 1，頁 33，〈釋敬〉。

〔註 117〕《揅經室一集》，卷 2，頁 46，〈論語一貫說〉：「故以行事訓貫，則聖賢之道歸於儒；以通徹訓貫，則聖賢之道近於禪矣。」

〔註 118〕《揅經室一集》，卷 1，頁 24～25，〈釋達〉。

也」，亦非宋人參以虛意所謂的心靈窮理。〔註 119〕「己」乃指自身，並非私欲，「克己」即是約身，修己以敬，而非戰勝一己的私欲。〔註 120〕他以古書所講的「禮」皆指表現在器物儀節等實際事物之上，禮學乃務實之學，例如愼獨即屬禮之一事，於〈四知樓說〉區別聖賢禮學的愼獨與宋儒理學的愼獨云：

> 聖賢之學，皆就庸近樸實處言之行之，故漢楊震四知之說亦慎獨之學。漢學去古未遠也，若後人務高者則必曰：我自天理流行而無欲耳，何至以婦人會廧陰做也，我自塵埃不染而自潔耳，不必以天地人我四知懼也，此造詣豈不更高於曾子、楊震乎？然而古中庸禮學，戒慎恐懼，不如此也。故曾子但畏十目十手之嚴，亦即禮學之慎獨也。禮學與理學異也。至於後代高僧禪學，則色相皆空，靜而無欲，乞食之外，不挂一絲，面壁之時，云見本性，豈不高而更高，遠勝於曾楊乎？然而聖賢中庸，理學不如此也。〔註 121〕

阮氏以爲「佛」的本義爲見不審，毛詩、論語等古籍中的佛字皆無西域神人之說。西域神人在西晉以前皆稱「佛圖」、「佛佗」或「浮圖」，單稱「佛」字始於《後漢書・西域傳》，范曄以晉宋的恆言改漢的舊語，乃是譯語的簡化，中國的「佛」字，並無「覺」義。〔註 122〕總之，阮元極力從字的起源及本義說明理學爲虛玄，雖然有些解釋未盡合宜，例如認爲儒家經典有意迴避眞字，應由經典當時使用此字的必要性來立論，較能得其眞義，比引用段玉裁的說法爲妥；但是他闡明敬、達等字的實質本義，自寓有倡導實學實行，以學術經世的積極用意。

三、影響與評論

阮元以推明古訓，求得哲學名詞的初義和實義，消極作用在於駁斥宋明理學的空疏，積極作用則爲藉以闡明實學實行的漢學家義理。由於他以顯宦兼學者的身分，及門弟子及私淑者不計其數，多能繼承他以訓詁求義理的衣鉢，闡揚他的反理學思想，影響相當深遠。例如：洪頤煊撰〈曾氏一貫論〉，闡發阮元的實學思想；〔註 123〕黃式三指出「阮公集以〈仁論〉、〈性命古訓〉諸作，所得

〔註 119〕《揅經室一集》，卷 2，頁 47～48，〈大學格物說〉。
〔註 120〕《揅經室一集》，卷 8，頁 161～164，〈論語論仁論〉。
〔註 121〕《揅經室再續集》，卷 3，頁 9～10，〈四知樓說〉。
〔註 122〕《揅經室三集》，卷 4，頁 627～628，〈浮圖說〉。
〔註 123〕洪頤煊，《筠軒文集》，卷 5，頁 1～2，〈曾氏一貫論〉：「論語一貫之旨兩見於

爲大」，〔註124〕其子以周遵循阮元作〈性命古訓〉之法，推廣爲廿四目，撰《經訓比義》三卷；〔註125〕陳澧肯定阮元在〈性命古訓〉據向書解「性」爲度性、節性，是節制性之中味、色、聲、臭、安佚等欲望，「眞古訓也」；〔註126〕李慈銘也說：「論語論仁論、孟子論仁論、性命古訓、論語一貫說諸篇，卓識精裁，獨出千古，固足俟聖人而不惑者也。」〔註127〕王國維稱揚阮元哲學：「使吾人得明認三代與唐宋以後之說之所以異，其功固不可沒也」，〔註128〕並肯定阮元在復活先秦古學且賦予新解釋的貢獻。楊向奎討論阮元所論的仁與格物很正確，〔註129〕張舜徽認爲這些肯定阮元所論義理的批評，皆頗公允。〔註130〕

但是對阮元推明古訓的考據文章，反對者也不少。在清代主要反對聲浪來自篤守程朱學說，懷疑「由訓詁以明義理」命題可能性的宋學家。例如夏炯即嚴厲批判戴震的孟子字義疏證、凌廷堪的復禮論、阮元的論語論仁論等，皆爲偏戾害道，〔註131〕其兄夏炘在〈與友人論論語論仁論書〉中，以宋儒心

經，宋儒謂一貫爲孔門不傳之祕，惟曾氏得其眞詮，端木氏次之，其餘不可得而聞此，其說非也。按爾雅釋詁云：『貫，事也』，又云：『貫，習也』。古人解貫字皆屬行說，即孔子所謂道也。曾氏以忠恕解一貫，忠即是恕，即是貫。恕非忠不立，忠非恕不行，此即一貫之義，非忠恕之外別有一貫之用也。……宋儒好言玄妙，幾若孔門一貫別有一物，得其傳即可超凡入聖，孔子祕不示人者。此禪家頓悟法容或有之，以此而語聖人之道，恐遠之矣。」

〔註124〕黃式三，《儆居集》，經說五，頁20，〈阮氏仁論說〉。

〔註125〕黃以周，《經訓比義》，〈弁言〉：「昔阮文達病儒先之高談，多經外之支辭，作性命古訓，以挽其流弊。以周幼嗜斯書，長而有作，廣爲廿四目，勒成三卷。」卷上：命、性、才、情、欲、心、意；卷中：道、理、仁、禮、智、義、性；卷下：忠、恕、靜、敬、剛、中、權、誠、聖、鬼神。

〔註126〕陳澧，《東塾讀書記》，卷5，頁6。

〔註127〕李慈銘，《越縵堂讀書記》，頁832。

〔註128〕王國維，《觀堂集林》，頁1670，〈國朝漢學派戴阮二家之哲學說〉。

〔註129〕楊向奎，《中國古代社會與古代思想研究》，頁191、205。

〔註130〕張舜徽，《清代揚州學記》，頁163。

〔註131〕夏炯，《夏仲子集》，卷6，頁26，〈與方植之丈書〉：「邇來訓詁之家，咬文嚼字，何益身心？何裨國家？好爲無用之辨，徒長虛驕之氣而已。其始也，如毛西河肆口詆罵，不過如蚍蜉之撼大樹，於朱子何傷？臧玉林、惠定宇出，終日搜求古義，競炫新奇，已漸能錮蔽聰明之耳目；至戴東原、錢竹汀等，謬爲狂言，謂非訓詁則不能通義理，一時學者從而和之。凌次仲之復禮、程易田之論學、阮芸台之論語論仁，遂竟以訓詁爲義理之所出，而居之不疑，天下聰穎特達之士，盡爲訓詁所牢籠而不覺。使清獻楊園生于今日，亦未有不末減陸王之罪，而先救目前之失者也。炯三十以前狃于聲音文字之習，翻然覺悟，乃思有所發明，以衛正道于萬一，得大箸讀之，幸同心有人，益得堅其所志矣。」

學所釋的仁字來反駁阮元用鄭玄注相人偶所訓之仁，謂鄭注「人也，讀如相人偶之人」，蓋「讀如」僅表其音，不取其義，因此鄭玄未嘗以相人偶訓人，更何況「仁」？再者如必曰相人偶，則顏子三月不違仁、君子無終食之間違仁、求仁而得仁等。豈必有二人而仁乃見之理？〔註 132〕曹元弼也以經傳之性僅有情性與德性之說，反對阮元所附會的節性之說。〔註 133〕雙方各執其理，顯然是有門戶之見的漢宋爭議戰場所在。

綜觀代表阮元揅經室集中的訓詁義理諸文，確如侯外廬等人所主張，不合乎嚴格定義下的哲學思想體系，但此正爲傳統中國學者治學常例，不足深責。阮元不失其能指導一代學術方向者，在能突破傳統漢學家株守訓詁的限制，以訓詁爲手段，義理爲目標，藉訓詁發明文字本義，分析各字在不同時代的涵義，以闡揚漢學家思想，建立自成一格的特色。儘管屢受理學家的批判，然而他在訓詁考據的新見解和影響，仍是值得探究與重視的。

第三節　由考據而經世——漢學的推廣

清代純爲學問研究的漢學家常因專注於考據訓詁工作，而長於追求文獻知識，忽略或無機會將其學識推廣爲政治社會之用。阮元則不然，此固由於他身處鴉片戰爭發生之前，中國社會危機已經日深的時代，自易富有經世思想；主要係因歷任疆臣，負責政務，有機緣將其學術研究精神及心得推廣至行政工作領域。他主張「經世之務，必由於學」，「欲論經濟，舍經史莫由也」，〔註 134〕即以學術爲事功的基礎。他的許多事功即得力於學術，經世精神也自然表露在他的著述中。故而陳壽祺稱揅經室集各文，「其鉅者皆明道經世之大業，其小者猶足以通百物而利民」。〔註 135〕阮元的事功方面甚多，一如其學術，

〔註 132〕夏炘，《景紫堂文集》，卷 11，頁 19～21，〈與友人論論語論仁書〉。

〔註 133〕曹元弼，《復禮堂文集》，卷 6，頁 32。

〔註 134〕阮元，〈京師慈善寺西新立顧亭林先生祠堂記〉云：「夫經世之務，必由於學。……先生之經濟，皆學術爲之。……余願論先生之經濟者，一皆推源於博學。有此二端，則欲論經濟，舍經史莫由也。」（《左盦題跋》，頁 11～12）阮元特別景仰顧氏，於〈肇域志跋〉云：「亭林生長離亂，奔走戎馬，閱書數萬卷，手不輟錄。觀此帙密行細書，無一筆率略，始歎古人精力過人，志趣遠大。世之習科條而無學術，守章句而無經世之具者，皆未足與於此也。」（《揅經室三集》，卷 4，頁 627）

〔註 135〕陳壽祺，《左海文集》，卷 4 下，頁 28，〈答儀徵公書〉。

本節僅論他運用學術於事功的成果。

道光時期究心經世致用的先驅學者魏源，編輯清代朝章奏議及私人論著中，關係救時濟世者，爲《皇朝經世文編》120 卷，共收錄 702 人，2253 篇文章，分別列於學術、治體、吏政、戶政、禮政、兵政、刑政、工政八綱之下，標示著清初至中葉的經世思想內涵。其中阮元之文 16 篇，遠高於該書所錄作者文章的平均數 3.2 篇；其內容屬戶禮兵工之政者 14 篇，可見魏源對阮元經世思想及其成效的重視。〔註 136〕另一與魏源並世齊名，也主張改革的經今文家龔自珍於〈阮尚書年譜第一敘〉中，列舉阮元在察吏、撫字、訓迪、武事、治賦、治漕的六大事功，〔註 137〕均表現阮元多方面的經世事業。茲就惠民育士、武備工政、漕運鹽課諸項言之：

一、惠民育士

阮元歷任多省學政及督撫等高層地方長官，均能表現才華，施展抱負。他一向廉潔自持，爲政務崇大體，認爲察吏所以安民，〔註 138〕因此所到之處，必定嚴格要求僚屬勿苛擾人民，頒布告誡命令或有關吏治之書於屬吏，以爲勗勉。〔註 139〕他無論任官何處，都是盡忠職守，留心農桑，了解民情，施政

〔註 136〕魏源於《皇朝經世文編》所選阮元 16 篇文章的篇名與在書中的卷次如下：
學術：〈國史儒林傳序〉（2）、〈文言說〉（3）
户政：〈硤西煮賑圖後跋〉（42）、〈糧船量米捷法說〉（46）、〈海運考跋〉（48）、〈海運考上〉、〈海運考下〉（48）、〈吉蘭泰鹽池客難〉（50）
禮政：〈商周銅器說〉（56）、〈商周兵器量權說〉（56）
兵政：〈廣州大虎山新建礮台碑銘〉（83）、〈記任昭才〉（83）、〈瀛舟筆記序〉（85）
工政：〈邳宿運河宜增二閘疏〉（104）、〈荊州窖金洲考〉（117）、〈致杭嘉湖道李坦書〉（120）
（說明：除海運考上下、商周兵器權量說、邳宿運河宜增二閘疏外，其餘 12 篇都收入揅經室集。）
此 16 篇如與王昶輯《湖海文傳》所錄阮元之文 14 篇相比，（〈明堂論〉、〈封泰山論〉、〈論語一貫說〉、〈商周銅器說〉、〈漢讀考周禮序〉、〈大戴禮記補注序〉、〈群經宮室圖序〉、〈三統術衍序〉、〈十駕齋養新錄序〉、〈西湖詁經精舍記〉、〈石刻孝經論語記〉、〈重修會稽大禹陵廟碑〉、〈胡西琴先生墓志銘〉、〈金承安重刻唐萬歲通天史承節撰後漢大司農鄭公碑跋〉），二書僅〈商周銅器說〉爲共同選錄的。由於著眼點不同，選錄之文迥異，魏源偏重具有經世致用功效之文，王昶留心學術考證方面，代表典型乾嘉學者的選文標準。

〔註 137〕龔自珍，《龔自珍全集》第三輯，頁 228～229，〈阮尚書年譜第一敘〉。

〔註 138〕《揅經室二集》，卷 8，頁 529～530，〈己未會試策問〉。

〔註 139〕例如阮元將在浙省的命令輯爲《治浙成規》，於道光十二年刊印。又，《揅經室

務求實惠及民。例如在浙江辦理賑務，深知清中葉的水旱災情較清初相同程度的災情爲嚴重，因爲「昔之八口食十畝者，今數十口食之矣；今之六分災，敵昔之十分災也」，〔註 140〕於是確立賑務的首要原則在於防止貪官污吏劣紳作弊，其次是須相時地之宜，通常以賑粥較接濟錢米爲可行，同時採取平糶、蠲租、緩徵、預借種子等補救措施，以減輕災情至最低程度，並期望存留有關奏摺及煮粥散發籌畫各章程，俾後人有所考。〔註 141〕廣東一省米不足用，他奏請朝廷開放洋米進口，免其入口船米之稅，但仍徵出口船貨之稅，自此米船來者踴躍，粵民可獲半價之米，水旱不饑，且增稅收；〔註 142〕又推定南海縣西南的西樵山，古必居海潮中，經數千年泥沙淤積，漸連成田，北宋起始圍以隄，名桑園圍，察知下游之田既多，上游之水難速洩，以至隄防易潰，及歲修資少，屢修無效，遂籌款於險處建石隄禦水患，以衛民生。〔註 143〕他爲長江上下濟渡救生之用而造的紅船，迅速平穩，也是一項功德無量的善政。〔註 144〕此外，他曾奏設卹嫠局，以照顧弱勢婦女。

阮元體認爲國得士的重要，極爲注意獎掖人才。但在人才主要來自科舉的限制下，僅能作有限度的改革，例如提出得士之法在於司衡文校士者的命題方向，「務隱僻則困英士，偏一體則棄眾才」，〔註 145〕閱卷態度須能兼容並包，如

二集》，卷 3，頁 411，〈循吏汪輝祖傳〉，論曰：「余讀學治臆說、佐治藥言，未嘗不掩卷太息，願有司之治若汪君也。余撫浙，嘗行其書于有司；權撫河南，復刊布之。士人初領州縣，持此以爲治，雖愚必明，雖柔必強。是故學與仕合，濟於實用，其道易知，其迹易由，其事盡人能之，而其業亦終身莫能竟。」

〔註 140〕《揅經室二集》，卷 8，頁 539，〈硤西煮賑圖後跋〉。

〔註 141〕《揅經室二集》，卷 8，頁 539，〈硤西煮賑圖後跋〉；阮亨，《瀛舟筆談》，卷 4、5，記兩浙前後被災情事及一切奏摺，由於阮元洞悉利弊，惠愛在人，而獲「萬家生佛」匾額。

〔註 142〕《揅經室續集》，卷 6，頁 198，〈西洋米船初到〉（阮福注：以前關使者慮短稅不肯行，家大人力行之）：「西洋夷船來，氈毳可衣服。其餘多奇巧，價貴甚珠玉。持貨示貧民，其貨非所欲。田少粵民多，價貴在稻穀。西洋米頗賤，曷不運連軸。夷曰船稅多，不贏利反縮。免稅乞帝恩，米舶來頗速。以我茶樹枝，易彼島中粟。彼價本常平，我歲或少熟。米貴彼更來，政豈在督促。苟能常使通，民足稅亦足。」

〔註 143〕《揅經室三集》，卷 5，頁 651～653，〈新建南海縣桑園圍石工碑記〉。

〔註 144〕《揅經室四集》，卷 11，頁 913，〈宗舫〉，自注：「予舊造紅船，取宗慤長風之義，名曰宗舫，爲金山上下濟渡救生諸用。三面使風，最爲穩速。十數年來創使遠行，竟往來湖北江西等地，而江西蕪湖等處，亦仿造之，爲救生之用，所救皆多。」

〔註 145〕《揅經室二集》，卷 8，頁 528，〈試浙江優行生員策問〉。

此才能掄取眞才，由他任考官時所出的策試題目，可見他好以經史實學爲命題範圍，錄用多方面的人才，不限一格。〔註 146〕他以經書求士，尤重三場策問；〔註 147〕總裁會試，必合校二、三場文策，績學之士，多從此出。〔註 148〕他厭惡八股制藝的俗學，因其弊在導致士子庸陋譾僿，不足治學，空疏雜濫，無裨於世。爲矯正一般書院淪爲士子準備科舉場所的趨勢，乃於杭州立詁經精舍，奉祀許愼、鄭玄，延聘孫星衍、王昶等知名學者擔任講席；又複製詁經精舍的經驗，在廣州設學海堂，首創學長制。二處均以古學課士命題，擴大課程範圍於經史、小學、詞章、天文、地理、算法等。所到之處，皆從事刻書、藏書等項文教活動，培育許多人才，形成此後許多省新成立書院所效法的典型，使詁經精舍及學海堂的學風與精神一直延續到清季。〔註 149〕此外，還有修建貢院號舍、書院，奏請增加學額等有利文教的措施。其惠民仁政顯係源自儒家經世濟民的傳統思想，興學教士的方向與他的學術主張有極密切的關係。

二、武備工政

阮元出身將門之後，曾習戰陣謀略，又熟讀儒家典籍，因而文武兼資，足勝繁劇。宦浙期間，目睹海盜猖獗，於是以治寇在於猛、弭盜寄於軍政爲方針，訓練水師及團練鄉勇，嚴行保甲，仿安南大船建戰鬥力強的霆艇，造殺傷力大

〔註 146〕阮亨，《瀛舟筆談》，卷 7，頁 15～16，記錄阮元任己未會試總裁，隨筆衡文瑣言一則云：「鄉試之題，須兼容並包，……若徒偏於一家，則有棄材。譬如飲食須備五味，耳目須備五音五色。若主試者唯嗜酸聽商愛白，其餘味色聲音一概不取，在士子則不能各盡其長，在主司適以形其學問之淺陋固執而已。……聚萬人之心力，積三年之攻苦，欲自試於一朝，而徒以一人偏卑之學識蹂躪之，其危害豈淺鮮哉？」袁鈞稱阮元取士，「不循一格，經生常業外，如天文律曆步算諸術以及詞章書畫之倫，苟有一長，無不錄也。」（《瞻袞堂文集》，卷 4，頁 1，〈送浙江學使阮元還朝敘〉）。阮元所出課士或策試題目，散見於《揅經室集》、《詁經精舍文集》、《學海堂集》之中。

〔註 147〕《瀛舟筆談》，卷 7，頁 15。

〔註 148〕支偉成，《清代樸學大師列傳》，頁 632。

〔註 149〕劉成禺，《世載堂雜憶》，頁 14：「自阮雲台總督兩廣，創建學海堂，課士人以經史百家之學，士人始知八股試帖之外，尚有樸學，非以時藝試帖取科名爲學也。陳蘭甫創菊坡精舍繼之，浙江俞蔭甫掌詁經書院。及南陂督學湖北，創經心書院；後督鄂，創兩湖書院；督學四川，創尊經書院；督兩廣，創廣雅書院。於是湖南有校經堂、江蘇有南菁書院、蘇州有學古堂、河北有問津書院等，皆研求樸學，陶鑄學人之地。」其他如上海之詁經精舍、龍門書院等，澤溉全國。（《詁經精舍志初稿》）

的銅礮，運籌帷幄，保薦李長庚爲統一指揮閩浙水師的提督，在他的全力支持下，終於平定出沒閩浙水域多年的海盜，戰績輝煌，聲望驟增，《瀛舟筆談》第二、三卷即詳載勦滅洋匪海盜的經過。〔註150〕對於陸上的治安，他在江西、河南境內也力行保甲，平定圖謀建立兼具反清與反滿性質的「後明」而起事的秘密社會首領朱毛俚、胡秉耀等人。在廣州貿易體制時代，兩廣總督爲中國處理俄國及朝貢國以外國家貿易和交涉的最高層級官員。阮元在粵督任內，秉持謹慎的態度，基於國家安全和控制外人的原則，一方面根據實地勘測，決定在廣州大虎山新建獵德、大黃諸礮台，置大礮三十座，爲進入廣州的第三、第四門戶，以固海防，〔註151〕並經常巡閱水陸師，充實防禦力量；一方面認識對外貿易之利，對於有裨實用的外來物品，主張可通有無，兼惠商民，〔註152〕鴉片有害當禁，但因了解英人恃強桀驁，性復貪利，爲顧內在隱憂，認爲不可輕言絕交，須暫時羈縻，徐圖禁絕。〔註153〕雖然其後鴉片輸入量增加，中外之間爲司法案件屢起衝突，阮元的處理方式延續了上國天朝觀念下的廣州貿易體制。

〔註150〕《揅經室二集》，卷8，頁521～522，〈瀛舟書院記序〉。

〔註151〕《揅經室二集》，卷7，頁512，〈廣州大虎山新建礮台碑銘〉：「方今海宇澄平，無事於此。此台之建，聊復爾耳。然安知數十年後不有懼此台而陰弭其計者，數百年後不有過此台而遽取其敗者。」顯示阮元重視海防，建造礮台，是有憂患意識的措施。

〔註152〕例如主張以茶易米、以糖易棉花，見《揅經室續集》，卷6，頁202，〈蔗林〉：「高蔗若蘆林，霜譜甘且白。海外多棉花，有無正相易」。自注：「兩粵不種棉花，棉花皆自西洋來，而蔗田糖霜出海者甚多，交易相等。」

〔註153〕嘉慶廿三年，阮元密陳豫防英夷事宜，主張英人一旦擅入內洋，即予懲創，一則停止貿易，一則斷其食用買辦，一則開砲火攻。（《國史館傳稿》，1089號）但隨著對英人了解的增加，態度由強硬轉爲謹慎。梁廷枏，《夷氛記聞》，卷1，頁4，稱「當阮元官總督時，知流毒日深，終必決裂，而內地商民資以求食，欲拔其本而無從也，則密奏暫事羈縻，徐爲之計。」楚，〈程侍郎雜著輯錄〉（《中和月刊論文選集》第五輯）頁3，道光十六年九月十七日程恩澤錄阮元之言：「英吉利陸戰則弱，然以舟師疲，中國守禦，則優爲之。此際有匪徒乘釁而起，則成大患，故不敢動云絕交也。」又，於道光廿一年致書伊里布，建議施惠美商，牽制英人：「素知在粵通市各國，暎咭唎之外，惟咪唎㘔國最爲強大。其國平地多米，暎夷仰其接濟，不敢觸犯，而咪夷在粵向屬安靜，非若暎夷之頑梗。若優待咪夷，免其貨稅，又將暎夷之貿易，移給咪夷，則咪夷必感荷天恩，力與暎夷對抗。且暎夷之船礮，多向海外各國租賃裹脅而來，若咪夷爲我所用，則各國聞之，無難瓦解。」（《道光朝籌辦夷務始末》，卷21，頁21～22）又於是年一首七律之「嶺南早令嚴夷夏」句自注：「余在粵每事多裁抑暎夷，教誡粵商，預防其亂，防在數十年後，不虞其如此之速。」（《揅經室再續集》，卷6，頁2）由其計劃及策略，可見憂深思遠。

工政方面，主要是水利建設。阮元權任湖廣總督時，因乾隆五十三年荊州大隄潰決，水入江陵城，大學士阿桂來此相度江勢，認爲江陵縣南門外大江中的窖金洲阻遏江流，以至隄潰，乃於江隄外築石磯，挑江流而南，以攻其洲之沙，不意三十年間沙量倍增，時人紛謀對策。阮元根據水經注，考證窖金洲即古之枚迴洲，自古已有，人力不能攻，主張順水之性，只要堅峻兩岸隄防即可，毋需更張。〔註154〕他了解沙洲之用，曾致書杭嘉湖道李坦，說明杭城以東及海寧城東皆有護沙，僅中間數十里受頂衝，險工只此一段，而不諳塘工水性者惡此護沙，捷而直之，使杭城外全受江水和潮水沖擊，塘外桑田，盡爲滄海，經阮元調劑數年，護沙復生，特告以此護沙的重要性；〔註155〕浙江海塘工程關係蘇松常杭嘉湖六府的民田廬舍，阮元命陳壽祺撰《海塘志》，以供後人參考。未及梓行，後經刪葺爲《海塘擥要》，以修築工程爲主，考古次之，並撰序說明此書編纂經過。〔註156〕阮元也曾捐廉倡修杭州水利，設閘及鍤版，視西湖水位，增減啓閘，又疏濬西湖，於湖心積封成堆，杭人稱之爲「阮公墩」，植樹其上。〔註157〕阮元了解黃河、長江中上游均挾帶大量泥沙淤積在下游，使河身日高，海口日遠，田廬愈低，隄防愈險，撰文以勾股弦之理來解釋此種現象。〔註158〕也許因不在其位，而未定計策。他接篆漕運總督後，曾據虛心體察，博訪輿情，奏請在邳宿運河匯澤閘的上下添建二閘，完工後可使全漕早出江境，卹養丁力，以保米色米數，節省河工正帑，及因添閘束水而收攻沙之益，可謂一舉數得。〔註159〕

總之，阮元平定海盜、預防外患、建議興修各項水利設施，實皆以安民爲目標。

三、漕運鹽課

漕運、鹽政、河工號稱清代三項大政，也是財政積弊的根由，往往造成

〔註154〕《揅經室二集》，卷7，頁510～512，〈荊州窖金洲考〉。

〔註155〕《揅經室二集》，卷8，頁537～538，〈致杭嘉湖道李坦書〉。

〔註156〕《揅經室二集》，卷8，頁532～533，〈海塘擥要序〉。

〔註157〕《揅經室三集》，卷4，頁618～619，〈嘉慶九年重濬杭城水利記〉。

〔註158〕《揅經室續集》，卷2，頁55，〈黃河海口日遠運口日高圖說〉；頁57，〈陝州以東河流合勾股弦說〉；《揅經室二集》，卷7，頁511～512，〈江隄說〉。

〔註159〕阮元，〈邳宿運河宜增二閘疏〉（嘉慶18年），見《皇朝經世文編》，卷104，頁11～12。

地方財政虧空，影響國庫收支。阮元於漕鹽二政皆有改革措施，於整頓浙江、江西倉庫錢糧的虧空，均有績效。由於清代須歲由江南經運河轉送漕米四百萬石至北京，而運河水淺，又常受河患影響，須以盤壩接駁，所費人力物力尤多，加以運丁勒索、州縣浮徵、倉吏中飽等弊端，成爲糜帑病民的弊政，因而海運之議屢起。嘉慶八年阮元奉命籌議海運，與僚屬悉心集議，由考據肇始於元代的海運，以及調查實際運作情形，分析海運與河運的利弊得失，撰〈海運考〉，主張應可試行籌備海運，或二者並行，以防因驟然全行海運導致船民失業問題，可謂兼顧國計與民生，〔註 160〕試行海運的主張在道光朝終於付諸實行。他知悉漕弊緣由之一是稽核不便，八省漕船五千，每船十餘艙，所載米數不等，書吏持珠盤根據營將所報寬、長、深而得米數，又以寬一丈、長一尺、深二寸五分合一石，須將所得米數除以四，方爲石斗升合之數，如此將長寬深三個數字相乘再除以四的「三乘四因法」甚爲遲緊，阮元任漕運總督時，改用筆算的「鋪地錦法」，先立一石米爲六面相同之立方形，定其一面之長爲一尺，每尺一升，先將長寬之數相乘，再乘以深數，制定表格，填上丈尺寸分數目，即可得艙中米數。此一算法在桐城人方中通的《度數衍》內已有，阮元首創應用於稱量漕米，既較舊法捷省一半，而且簡便易曉，利於抽查，使營衛軍吏不敢作弊，又可推廣於核算糧倉穀物。〔註 161〕正因阮元留意清除漕政弊端，而得以七次辦理浙江漕務，相安無事；〔註 162〕在兩年漕運總督任內，順利完成監督四千餘艘船，運送六百餘萬石粟的工作。〔註 163〕

〔註 160〕阮元，〈海運考〉上下，見《皇朝經世文編》，卷 48，頁 1～4。

〔註 161〕《揅經室三集》，卷 2，頁 572～575，〈糧船量米捷法説〉。又，《揅經室四集》，卷 9，頁 875，〈仿鑄漢建初銅尺歌和翁覃溪先生〉：「古今度數無二理，適於世用斯爲便。測量粟米刱捷法，一尺算遍船五千。」

〔註 162〕阮亨，《瀛舟筆談》，卷 4，頁 16，稱「浙江漕務，收兑最難。州縣橫徵暴斂，一弊也；旗丁索費留難，二弊也；生監包漕挾持，三弊也；州縣虧空倉庫，四弊也。余兄辦浙漕先後七次起運，於四弊皆預爲調劑防閑，而持其平得其中，是以州縣無因漕虧空之事，且民無過重之累，丁無不給之時，七年中亦無相激而生之大案，州縣運弁無一人爲漕被劾者，紳士無因漕斥革，百姓無因漕問徒流者。」

〔註 163〕辛從益，〈覆阮芸台中丞書〉云：「又聞近來催漕委弁，多至百餘，需索土儀，所在爲患。江浙幫丁來京者，皆言阮部堂督漕時，所委不過數十，無擾累，而漕行甚速。即此一端，足見要束簡嚴，實澤被人矣。」（《寄思齋存稿》，卷 4，頁 3）；《揅經室三集》，卷 2，頁 571～572，〈江鄉籌運圖跋〉，敘述嘉慶十八年督漕經過。

清代實行的官鹽專賣制，由於官吏中飽蠹蝕，積久弊生，國課虧損，民受其害。阮元對於鹽的產銷，主張自由放任，促進競爭，例如奉命往山西查辦蒙古阿拉善、吉蘭泰等鹽池，認爲吉蘭泰鹽性重味佳，不愁銷路，應廢除舊制的獨占權，任由一般商人自運自銷，並且不應固定鹽額，以免因賠課洒派而累商及民，〔註164〕奏請准許於皇甫川增加河東鹽課六萬餘引，以使二鹽因競爭而價平。他在雲南整頓井鹽，清除官吏因緣爲奸以至額課短虧之弊，結果每年溢課十萬兩，以一半留供邊事之用，既安定地方，又實惠及民。〔註165〕雖然他主修的《兩浙鹽法志》和《兩廣鹽法志》是檄飭運司採輯編纂，內容多率由舊章，但他改革官鹽專賣弊端的措施，當爲日後經世派革新鹽政的先例。

學術研究有觸類旁通之益，應用於政事，可促進政務之合理化。阮元強調稽古有助於政事之用，說明二者的重點與關係云：

> 稽古之學，必確得古人之義例，執其正，窮其變，而後其說之也不誣。政事之學，必審知利弊之所從生，與後日所終極而立之法，使其弊不勝利，可持久不變。蓋未有不精於稽古，而能精於政事者也。〔註166〕

阮元的施政即基於稽古與利多於弊的原則，以期所立法度能持久而富前瞻性。由上所述，可見他在有關養民、教民、衛民方面的建樹，皆源自充分運用漢學知識及漢學家的徵實精神，重視歷史經驗，根據實地勘察，發揮儒者經世意識，了解民情需要，而得因人因時因地制宜的辦法，並且付諸實行。他的治績足爲他主張由精於稽古而能精於政事的注腳。

《揅經室一集》與《揅經室續集》卷一之文，是表現阮元考據學成果的主要地方。他繼承顧炎武、戴震等人的學術傳統，運用廣博的古學知識及歸納、圖解、歷史發展等方法，考據辨明古代的文物制度等，經由訓詁闡明性命、仁、敬等字詞的原義，皆屬平實質樸。對阮元而言，訓詁考據本身即平實而合實用的學術，具有經世價值，加上他以擔任高官機會，發揮影響力，闡揚古學的實用功能，配合實地考察及行政才華，因而得以完成多方面的事功。

〔註164〕《揅經室二集》，卷8，頁536～537，〈吉蘭泰鹽池客難〉，阮元於嘉慶十六年制定〈吉蘭泰鹽務章程〉（《雷塘庵主弟子記》，卷3，頁1）。
〔註165〕《揅經室續集》，卷2之下，頁107，〈雲南井鹽記〉。
〔註166〕《揅經室一集》，卷11，頁218，〈漢讀考周禮六卷序〉。

第四章　阮元在考據學上的外部成就

考據學是阮元學術的重心，他除了對訓詁名物典章制度的研究，發揮見解，表現個人獨力完成的成果之外，還借重許多幕僚門生之力，編纂、校勘或注釋古代典籍，從事大規模的整理古典之工作，一方面發揚古學，一方面嘉惠後學，擴大並延展了漢學的影響力，因此被認爲是弘揚清代漢學的大護法和大宗師。

清初康雍乾盛世之時，朝廷爲示稽古右文，籠絡知識份子，經常編纂大部叢書或類書，其中以乾隆朝所編四庫全書規模最大。但是嘉道以還，財政拮据，社會已呈不安現象，朝廷不復能措意推展文化事業，此種工作乃轉移到熱心提倡學術的封疆大吏手中。阮元即當時名位最顯著的一位學者型官員，他積極策畫主持多項編纂、校勘及注釋古代典籍的工作，編纂之大部頭者如《皇清經解》1400 卷，其次有《經籍纂詁》106 卷，均由眾人合力編成，最小的是《詩書古訓》6 卷，僅一位助手校補；校勘之書有《十三經注疏》及《十三經注疏校勘記》；注釋之書有《曾子十篇注釋》。這些關係考據之書雖多由他人協助完成，應可視爲他在考據學方面的外部成就。誠如夏炯所云：

> 數十年來，書行之多，无過於儀徵阮氏。其十三經注疏校勘記，則爲魯魚亥豕起見也；其經籍纂詁，則爲聲音訓詁悉力也；其考工記車制圖解，則爲制度名物究心也；其皇朝經解，則皆講漢學而專門考訂者也；其疇人傳，則薈萃天文算學諸家也；其山左金石志，則搜羅碑版鐘鼎之作也；其詁經精舍集及自編揅經室文集，篇帙富有，則皆不外以上諸事也。著書如此，可謂博矣。刻書如此，可謂勤矣。〔註1〕

〔註 1〕 夏炯，《夏仲子集》，卷 3，頁 17，〈書儀徵阮氏各種後〉。

可見當時學者對於阮元在考據學上的編纂、校勘工作的看法。

第一節　編纂之書

一、皇清經解——清代經學之大結集

清代學術昌明，乾嘉兩朝經學考據著作尤富，而從康熙年間納蘭性德編纂《通志堂經解》以後，迄無彙刻經解之舉。阮元爲恐「他年各家所著之書，或不盡傳，奧義單辭，淪替可惜，若之何哉？」〔註2〕乃有志繼《通志堂經解》編輯清儒說經的著作。

1、構想及編纂經過

陳壽祺於嘉慶九年爲阮元立經郛義例十條：探源本、鉤微旨、綜大義、備古禮、存漢學、證傳注、通互詮、弁剿說、正謬解、廣異文，〔註3〕全然是漢學家實事求是精神和方法的具體表現。他曾於嘉慶十六年完成《經郛》一百餘卷，惜因「采擇未周，艱於補遺，是以未刊」。〔註4〕十三經經郛雖未能問世，而其架構即阮元編《皇清經解》的最初構想。阮元說：

> 元又嘗思國朝諸儒說經之書甚多，以及文集、説部，皆有可采。竊欲析縷分條，加以翦截，引系於群經各章句之下。譬如休寧戴氏解尚書光被四表爲橫被，則繫之堯典；寶應劉氏解論語哀而不傷，即詩惟以不永傷之傷，則繫之論語八佾篇，而互見周南。如此勒成一書，名曰大清經解。徒以學力日荒，政事無暇，而能總此事，審是非，定去取者，海内學友惟江君暨顧君千里二三人。他年各家所著之書，或不盡傳，奧義單辭，淪替可惜，若之何哉！〔註5〕

可見阮元對皇清經解體例的最初構想是蒐采當代說經之書，選其精當，臚其美富，用集解方式，彙集各家說經之義，歸於各經各篇之下，略同於十三經

〔註2〕《揅經室一集》，卷11，頁225，〈國朝漢學師承記序〉。

〔註3〕《清儒學案》，卷130，頁9。

〔註4〕桂文燦，《經學博采錄》，卷1，頁5：「阮文達已輯之書，惟經郛百餘卷未刻。其書之義例，詳閩中陳恭甫左海文集中。文燦自幼讀陳集，恨未見之，積疑十年。壬子之夏，晤晉江陳頌南侍御於京師，侍御爲恭甫編修入室弟子，言道光壬辰癸巳間，阮文達欲館侍御於家，俾校正經郛叢稿。侍御彼時初通籍，牽於人事未果，終身恨之。近詢之阮氏公子，聞已散佚云。」

〔註5〕《揅經室一集》，卷11，頁224～225，〈國朝漢學師承記序〉。

經郛。與經郛不同者，經郛採錄古書說法爲注，詮釋經義，經解則以清儒說經文字爲注，以顯現一代經學盛況與成就。其後經解改採匯刻諸家成書，按作者時代先後爲序的排列方式，與最初擬用集解的方式，大相逕庭，實由此法易於鳩集，在有限度的財力範圍內，亦較爲經濟可行也。推動阮元將皇清經解由計劃而付諸實現者是劉逢祿，劉氏行狀中稱：

> 嘗爲阮公宮保言重雕宋本十三經注疏，又彙刊本朝說經之書爲皇朝經解，以幸士林，阮公從之。〔註6〕

可見易大清經解爲皇朝經解，變更集解體例爲彙刻成書的方式，皆與劉氏的建議有關。

由於皇清經解的編纂和刊刻工作皆在廣州學海堂進行，此書又稱《學海堂經解》。經解編纂工作的執行者是精於校勘的浙江錢塘人嚴杰，〔註7〕阮元還聘請浙江仁和人顧廣圻、江蘇甘泉人江藩等來廣州主持，網羅順治到乾嘉時期儒者說經之作，共收錄73人之178種著述，計1400卷，道光六年編成，未及付梓，阮元調任雲貴總督，善後工作由嚴杰和督糧道夏修恕負責。著作的刊刻與否，悉以書信與阮元商訂，至道光九年刻竣。由於完工後，又增補嘉興馮登府的《石經考異》6卷、《三家詩異文疏證》2卷，全書共收作者74人，著作180種，1408卷。版片存於學海堂，絕大部分在咸豐七年十二月爲英法聯軍砲擊廣州時燒燬，完整者僅十種。由於此書甚受官方與學人重視，咸豐十年起即有補刻之議，翌年兩廣總督勞崇光和廣州官紳合力出資進行補刊，同治元年完成。此書編纂始末，阮元未作序言，但他對此書期盼至殷，至晚年猶企望有傑出之作，以補其不足，〔註8〕並希冀此書能充分發揮嘉惠後

〔註6〕劉逢祿，《劉禮部集》，行狀。

〔註7〕嚴杰是詁經精舍高材生，與阮家關係密切，其弟子張熙因嘉慶廿五年偕師到廣州見阮元，嚴杰爲媒，得娶阮元之女安（《揅經室二集》，卷6，〈女婿張熙女安合葬墓碣〉）。阮元曾爲嚴杰的六至八代祖作傳（《揅經室二集》，卷5，頁449～451，〈嚴忍公子餐方貽傳〉），爲其四、五代祖在京城永定門外祖墓圖作記（《揅經室三集》，卷4，頁626～627，〈錢塘嚴氏京邸祖墓圖記〉）。

〔註8〕《揅經室再續集》，卷1，頁1，〈鎮江柳孝廉春秋穀梁傳學序〉（道光廿年撰）：「余整齊百家，爲皇清經解千五百卷，于左氏公羊皆有專家，于穀梁無之，心每欿然。道光十六年始聞有鎮江柳氏學穀梁之事，二十年夏，柳氏（興恩）挾其書渡江來，始得讀之。知其專從善于經入手，而善經則以屬辭比事爲據，事與辭則以春秋日月等各例定之，發憤沉思，久乃卒業。余甚惜見之之晚也，亟望禮堂寫定，授之梓人，補學海之闕文，與海內學者共之，是余老年之一快也。」

學的正面功能，不至於淪爲考官任意從中出題，反而戕害士子的工具。〔註 9〕

2、收錄標準分析——地緣與學派

皇清經解收錄清代（至纂書時的道光初年）許多重要學者的文章，幾乎網羅阮元所修國史儒林傳中漢學人物主要經學著述。按作者生年之先後排列，始自顧炎武，終於馮登府，諸儒出生於明季者有六人，其餘皆生於順康雍乾四朝，以乾隆年間出生者爲最多，共 31 人，達 43%，他們在全書所錄著作中，無論質量均占重要地位，顯現乾嘉漢學的研究取向與盛況。

此書性質可由收錄作者的地緣關係及隸屬學派加以判定。茲先由地緣言之，經解所錄作者籍貫分布情形如下表：〔註 10〕

省　別	山東	河南	山西	江蘇	浙江	安徽	福建	廣東	雲南	合計
人　數	2	1	1	37	22	8	1	1	1	74
百分比	2.7	1.4	1.4	50	29.7	10.8	1.4	1.4	1.4	100

顯然可見經解的主要撰者籍貫是江浙皖地區，共 67 人，占總數 90.5%。清代長江下游的江浙皖地區經濟發展，人文薈萃，經學家人數眾多，確係反映眞實現象。然詳考所錄作者的地理分布殊不均衡的原因之一是有以人取文的偏向。這些省分與阮元有密切關係，江蘇是阮元籍貫所在，山東、河南、浙江、廣東、雲南諸省皆阮元曾任學政或督撫之地，阮元任官之處無人入選者僅直隸與江西二地。至於江蘇 37 人之中，揚州人士即居 14，占全省 38%，盛況猶超過文風鼎盛的蘇、常二州，固然相當表現揚州學派的活躍情形，但以入選揚州學者的學術地位及文章品質言，實不能謂阮元全無偏袒同鄉人士、幕友及門下士之嫌。〔註 11〕以文風尚未興起的雲南猶有王崧之文可選，

〔註 9〕《揅經室再續集》，卷 3，頁 11，〈論策問〉：「皇清經解予裒刻成矣，惟慮後之試官，不以大義問士，而任拈此煙海中三五事以問士，則余非有惠於士，反有害於士矣。」

〔註 10〕藤塚明直，「皇清經解の編纂とその影響」（一），《東洋文化》復刊第 46 號，1979，頁 28～30，所統計浙、皖人數與總數有誤，因將錢塘人方觀旭（嘉慶 16 年進士）誤作桐城人，多萬斯同，缺毛奇齡、孫志祖、馮登府三人，而得安徽 9 人，浙江 19 人，總數 72 人，其他錯誤尚有將洪震煊誤爲洪頤煊。

〔註 11〕在《皇清經解》所收錄著作的作者中，與阮元有前輩之誼者有段玉裁、王念孫、錢大昕、王鳴盛、邵晉涵、任大椿、盧文弨、程瑤田、金榜、莊存與、劉台拱等人，屬同輩者有凌廷堪、孔廣森、朱彬、孫志祖、孫星衍、汪中、李惇、錢塘、莊述祖、趙坦、劉逢祿、許宗彥、馬宗璉、江藩、武億等人，屬於後輩者有臧庸、凌曙、阮福、郝懿行、洪震煊、王引之、陳壽祺、張惠

而京師首善所在的直隸竟無一可選之學者著述，此種特殊現象除因經解只錄取純漢學系統、純考證學的著作外，尚有因與阮元缺乏密切的個人關係而被排斥的可能。由另一角度觀之，如王崧、陳壽祺、嚴杰、趙坦、洪頤煊、阮福等阮元門生幕客家人文章的入選，也可說是阮元提拔不少與他有個人關係的學界新秀。雖然本書所錄乾嘉時期的學者幾以他個人關係爲紐帶，仍不失其爲網羅此一時期重要學者解經代表著作的特色。

經解所收各作者著作的件數多寡不一，以阮元自己的 18 種爲最多，其次爲程瑤田的 13 種、焦循的 10 種，其餘皆在 10 種以下。篇幅也以阮元的 272 卷爲最多，幾占全書 1/5，毛奇齡、段玉裁的均占 100 卷居次，再次爲焦循的 89 卷、惠棟的 45 卷、孫星衍的 40 卷、孔廣森、王引之的各 38 卷、翟灝的 36 卷、王鳴盛的 35 卷、陳啓源、張惠言、嚴杰各 30 卷，其餘皆在 30 卷以下。阮元在此書中占如此重的分量，恐係阮元好名與幕客阿私所致。

對經書的考據校勘是乾嘉學者最關切之事，阮元是漢學的大護法，因而經解的主要選擇標準即在於發揮漢學精神與運用漢學方法之作。加以清代經學著作宏富，無法全錄，許多著作僅節錄其要而刊載。在此嚴格的限制下，舉凡闡揚宋學義理、反駁馬融、鄭玄之說，或非深於漢學卻有心得之作，縱係解經之文，一概不取。例如姚鼐《九經說》雖有家法，因屬宋學義理，即被摒斥；林喬蔭撰《三禮陳數求義》30 卷，以經解經，融會諸說，但因多駁馬鄭，與漢學主張不相容，而置之不錄；〔註 12〕阮元仰慕莊存與學有本原，博雅精審，但經解僅收其《春秋正辭》一種，其外孫劉逢祿所寄其餘諸書俱未錄用，即因取乎其專家，不取其大義；〔註 13〕即使對漢學家的著作也是有所選擇：例如閻若璩的《四書釋地》、《孟子生卒年月考》、《潛邱箚記》均被節錄，而《古文尚書疏證》被判定爲性情佻薄，肆意詆毀前人而未予收錄；〔註 14〕翁方綱深於金石之學，也有經學著作，阮氏以說經非其所長，而未錄其作品於經解之中。〔註 15〕阮氏一概不取發揮義理的解經之文，固可使全書體例

言、王崧、嚴杰、李黼平等人，幾占總數一半。

〔註 12〕梁章鉅，《退庵隨筆》，卷 14，頁 21。

〔註 13〕孫海波，〈莊方耕學記〉，載於周康燮編，《中國近三百年學術思想論集》，1971，頁 127。

〔註 14〕文廷式，《純常子枝語》，頁 705；汪喜孫，《尚友記》（無頁碼，收於《邃雅堂叢書》）。

〔註 15〕望溪盧主人，〈復初齋集の佚文を讀みて〉，載於《支那學》，第 4 卷第 2 號，頁 147。

單純，但已是明顯地豎立漢學旗幟，張大漢學門戶，而有加深當時漢宋學術論爭壁壘的作用。總之，由於經解所選作者係以漢學立場爲主，故此書乃是彙輯清代漢學家說經之作的專集。

3、評論與影響

江藩撰《國朝漢學師承記》，明白揭櫫漢學旗號，龔自珍讀後，指出此書名目有「十不安」，若改爲《國朝經學師承記》，則無語弊矣。〔註 16〕而阮元序此書，支持江藩的主張云：「獨此可知漢世儒林家法之承授，國朝學者經學之淵源，大義微言，不乖不絕，而二氏之說，不攻自破矣。」〔註 17〕《皇清經解》編纂之時，桐城派健將方東樹乃撰《漢學商兌》，站在擁護宋學的立場，以爲對抗，〔註 18〕導致清代中期漢宋之爭的白熱化，也開啓許多學者對經解的反省與批判。

《碑傳集》作者錢儀吉不以嘉道之際治經之士愛好大張漢學旗幟爲然，乃彙刻《經苑》（一名《大梁書院經解》），以補《通志堂經解》之闕，救《學海堂經解》之偏。〔註 19〕錢氏《經苑》列書目 41 種，最終僅刻 25 種，是以實際行動表現對《皇清經解》的不滿。光緒十四年扶經室主人編《清儒五經彙解》，所採以漢學爲宗，兼及阮元未收之作，是對《皇清經解》的若干補充。桐城派殿軍吳汝綸病《皇清經解》門戶之見太深，到後來更變本加厲，使得海內學者專搜細碎，不復涵泳本經，究通文法，在其〈與王先謙論刻讀經解札〉中，剴切言之，希望能於續經解中補救經解重考據所生強大影響力造成的偏失。〔註 20〕主張調和漢宋之學的粵儒朱次琦也非難經解偏重漢學的立場。〔註 21〕即使漢學家本身對經解的形式和內容也不乏批評之語，例如汪喜孫除指出經解未刻閻若璩《古文尚書疏證》、缺胡渭《易圖明解》、《洪範正論》、惠棟《易漢學》（按：收入續編）、戴震《孟子字義疏證》等重要著作，這些

〔註 16〕《龔自珍全集》，第五輯，頁 347，〈與江子屏牋〉。

〔註 17〕《揅經室一集》，卷 11，頁 224，〈國朝漢學師承記序〉。

〔註 18〕濱口富士雄，〈方東樹の漢學批判について〉，《日本中國學會報》，第 30 集，1978，強調方氏由關心經世爲批判漢學的出發點。

〔註 19〕錢儀吉，《衎石齋記事稿續稿》，卷 6，〈刻經苑緣起〉。

〔註 20〕吳汝綸，《桐城吳先生尺牘》，卷 1，頁 50。

〔註 21〕簡朝亮，《朱九江先生年譜》，頁 28：「先生曰：皇清經解阮文達之所詒也，殆裨於經矣，雖然何偏之甚也。顧亭林之學不分於漢宋也，今采其說，尊宋者芟焉（如日知錄於易謂不有程傳，大誼何繇而明庳之類，今不采）。書以國朝爲目，當時之儒非皆漢學也，若方靈皋者流，廼一言之不錄也。」

就算可解釋為不合阮元選文標準而被遺珠，但以韻學論，重視聲韻訓詁的阮元，選錄顧炎武的《音學五書》、戴震的《聲均表》、《聲韻考》，而竟無江永的《古韻標準》、王念孫的《古音譜》、《古韻廿一部表》、江有誥的《群經韻讀》等，實為「有祖無禰」、「有父無子」，使讀者不可能由所選錄著作了解當時聲韻學研究發展的進步軌跡，再則所刻《音學五書》等，因經刪削，略而不全，學者亦無由「得其會通」，因此他希望「有好事者補刊經解，豈非千秋盛事乎？」〔註22〕馮登府門生徐時棟肯切地批評經解的十二項缺點如下：

1. 次序未當：經解不比叢書，自當從經，而依時代先後為序，故不及《通志堂經解》之分類為當。
2. 搜羅未備：如閻若璩的《古文尚書疏證》、姜炳璋的《讀左補義》、余蕭客的《古經解鉤沉》、江永的《古韻標準》等精博之書，皆付闕如。
3. 甄錄欠審：如毛奇齡的《仲氏易》，號稱仇兄之作，而為先輩非議，劉逢祿的《論語述何》，以意揣測之作，卻予選用。
4. 去取未公：阮元的《十三經校勘記》固為傑作，然只須多蓄古本，稍假時日，即可成書，卻在已有專本，附刻經疏之後，又全錄於經解之中，餖飣之學幾占全書十分之二，《揅經室集》中又有十三篇校刊之序，實屬疊床架屋，去取不公。
5. 抉擇未精：《經籍纂詁》亦阮元之作，雖有少許舛誤，不失學者津梁，卻舍纂詁，取校勘，是為抉擇未精。
6. 錄題未審：音論、日知錄、潛邱劄記、解春集等，皆非全書，宜附加鈔刪諸字，以與全本有別，免致混淆。
7. 名號不一：如觀象授時為五禮通考篇題，非類書叢書之一種，標為書目，已乖體例，劉台拱的論語駢枝在劉氏遺書內，不以駢枝為名，而稱遺書，是名號不一。
8. 位置未宜：說部多條者遴一條，文集多篇者選一篇，別為叢鈔，並無不可，而如洪頤煊的禮經宮室答問、孔子三朝記為全書，亦列入叢鈔，實為位置未宜。
9. 抄錄未善：箋注全經，得失互見，而說部文集中偶及經義者，每多心得特識，故不得已編叢鈔，但當以經為次，說明出處、異同、是非，聽學者自擇，先列專經之書，後附旁見之義，不應率意收入，漫無統緒。

〔註22〕汪喜孫，《尚友記》（無頁碼，收於《邃雅堂叢書》）。

10. 校讎未工：各卷之終既具校者姓名，即當精審再三，以免貽誤，竟脫錯良多，如《春秋毛氏傳》因首卷缺一頁而難卒讀。
11. 名稱紛歧：對作者或稱官銜（官名兼用古代稱呼），或稱科名，或稱處士、徵君，雖無關宏旨，亦正名之學之一端。
12. 未附小傳：著作諸儒，顯晦各異，孟子云「頌其詩，讀其書，不知其人，可乎？」編者固應搜訪生平，略爲小傳附之。

徐氏認爲其中最重要的缺失在於次序未當，因而建議重組，將各文分別繫於易、書、詩、周禮、儀禮、禮記、大戴禮、三禮、春秋、孝經、論語、孟子、四書、爾雅、群經、筆記、文集、小學訓詁、小學字書、小學韻書、天文算法廿一類之下。〔註23〕實則此項建議正類似經解最初構想的體例。

勞崇光在〈補刻皇清經解後序〉中，稱阮元領導一代儒宗，刊刻一代經說，堪稱偉業。此一清儒說經之彙編，雖因受本身是漢學家立場的限制和諸多缺點而倍受批評，並不能掩蓋其對學術的貢獻。《皇清經解》嘉惠士子至多，略舉數例，以見梗概。李元度云：「嘗論讀書難，其在今日轉易，何者？經學至國朝諸儒實能洞闢奧窔，盡發前人之覆，今既有皇清經解一書，又得欽定四庫全書提要，類聚條分，以辨讀書之門徑，學者即二書求之，思過半矣！」〔註24〕李慈銘云：「迨得讀學海堂經解，始知經義中有宏深美奧，探索不窮如此者，遂稍稍讀甲部書，自漢及明，粗得涯略。」〔註25〕張澍於〈上阮芸台制府師書〉云：「又諭澍購買皇清經解，以擴見聞。澍於客歲向盧厚山同年乞得全部，披閱數四，沾溉良多。」〔註26〕曾國藩勸其子弟讀高郵王氏之書，而家中無其書，即指示「皇清經解內有之，爾可試取一閱。」〔註27〕孫詒讓於《箚迻》敘云：「年十六七，讀江子屏漢學師承記及阮文達所集刊經解，始知國朝通儒治經史小學家法。」〔註28〕董作賓記載羅振玉於十七歲鄉試畢，得其父所購經解，如獲至寶，以一歲之力，讀之三遍，自謂得讀書之門徑，即植基於此時。〔註29〕足見搜羅宏富的《皇清經解》，可使士子由之得讀書門徑，或依其需要單獨研究查閱某一部分，

〔註23〕徐時棟，《煙嶼樓文集》，卷36，頁1～6，〈分類重編學海堂經解贊〉廿一首并序。
〔註24〕李元度，《天岳山館文鈔》，卷27，頁15，〈重刻輶軒語書目答問序〉。
〔註25〕李慈銘，《越縵堂文集》，卷4，頁11，〈復桂浩亭書〉。
〔註26〕張澍，《養素堂文集》，《張介侯所著書》（聯經），頁602，〈上阮芸台制府師書〉。
〔註27〕曾國藩，《曾文正公集》，《家訓》，頁7。
〔註28〕轉引朱芳圃編，《孫仲容先生詒讓年譜》，頁10。
〔註29〕董作賓，〈羅雪堂先生傳略〉，《羅雪堂先生全集初編》，第一冊，頁1。

至爲便利，甚至日後成爲學者專家，裨益甚大。

清代三部主要經解分別爲康熙時期納蘭性德編的《通志堂經解》、道光時期阮元編的《皇清經解》，以及光緒時期王先謙編的《續皇清經解》，實代表清代經學的三個階段，亦與清學發展情形若合符節。《通志堂經解》收錄宋元明學者，尤其是以宋人爲主的重要解經之作，雖有門戶之見，非程朱一派者，削而不錄，仍是一部集宋元經解之大成，也可見宋元經學家治學方法是由博返約，由通群經開始著手，以治一經，更表現清初官方倡導程朱義理的趨向。由《皇清經解》所彙集清儒說經之作，可見清代經學家的方法較宋元經學家爲進步與專精，持由字以通詞，由詞以通義的信念，對每個字詞作細密分析，充分代表漢學家精勤考據古典文獻的治學精神，不僅集清代經學考據校勘的大成，也是清代經學發展及於高峰時期著述中的精髓。《續皇清經解》搜集嘉道以後儒者解經之作，由於受到內亂外患的影響，同時學問趨向紛歧，除漢學派外，還有其他學派，已非典型清學，但《續皇清經解》同樣地反映當時學風，以至內容駁雜，不如阮刻純粹，惟在形式上仍爲《皇清經解》的延續。

藤塚明直比喻《皇清經解》爲當時的百科全書，〔註 30〕實則其範圍須加限定，蓋百科全書的內容乃包羅萬象，而乾嘉學術則以經學爲中心，《皇清經解》係以經學爲主，非全部的學問，可謂經學的叢書，不僅嘉惠本國士子，久已家藏戶徧，〔註 31〕而且透過文化交流管道，澤及日韓等地學人，影響這些地方的學風。〔註 32〕因此，由於阮元對經學的關心與倡導，個人的經學著作爲其學術成就的重要部分，領導幕客門生所編的《皇清經解》自然是他在考據學上最重要的外部成就。

二、經籍籑詁——訓詁淵藪的工具書

傳統學術中，以經部之書最受注重，也最難解。經書不易理解的主要原因在於歷時久遠，其文字的形、音、義變化甚大，須透過傳注訓詁，才能了

〔註 30〕藤塚明直，前引文（二），頁 23。

〔註 31〕葉德輝，《書林餘話》，卷下，頁 40。清代主管一省的學政也有捐廉購置皇清經解，以利荒僻州縣士子學習，並廣流傳，見徐琪，《粵軺集》，卷 2，頁 23，「壽蘅師（徐樹銘）在吾浙以經訓啓迪後進，至今學派猶守師承。……且於荒僻州縣捐廉置十三經、皇清經解等書，俾士子知所程法。」按：徐樹銘（1824～1900），字壽蘅，湖南長沙人，同治 6 年（1867）督浙江學政。

〔註 32〕藤塚明直，前引文（三），《東洋文化》復刊第 48 號，1981，頁 30～36。

解。阮元曾謂：

> 古書之最重者，莫逾於經。經自漢晉以及唐宋，固全賴古儒解注之力，然其間未發明而沿舊誤者尚多，皆由於聲音文字假借轉注未能通徹之故。〔註33〕

因而極爲重視訓詁對了解經書的重要性。吾國訓詁之書，發達雖早，但是古代傳注，散見群籍，檢閱不便，唐陸德明乃廣搜漢魏六朝音切，兼採諸儒訓詁，考證各本異同，撰成《經典釋文》卅卷，開創專門集釋經典字書之例。阮元承此傳統，應當代經學發達的需要，乃編纂《經籍纂詁》。

1、編纂經過與內容

編輯一部完善的解釋經義的工具書，戴震和朱筠都曾有此計畫，但均未成功。〔註34〕阮元任職館閣時，也曾與同僚孫星衍、朱錫賡、馬宗槤等人相約，分工纂抄撮錄群經，由於人手不足，亦未成編。〔註35〕直到他任浙江學政時，嘉慶元年始結合人力物力，從事輯錄、分韻等工作，是書卷首〈經籍纂詁姓氏〉特意表彰45名參與者，歷時三年，經過艱辛的編纂過程，才編成《經籍纂詁》106卷，嘉慶四年刊刻印行。

《經籍纂詁》係阮元首先遴選浙省經生若干人，分類訓纂，依韻歸字，復以親手寫定的〈凡例〉，交代參與其事者爲工作準則，最後選擇諸生中程度最好的十位，每二人彙編一聲，整理校對，摒除個人雜務，不顧暑夜汗流蚊襲，進行校對，謹慎從事，往復辨難，終於成書。參與此書工作者，總纂爲武進臧庸及其弟禮堂，總校係歙人方起謙及詁經精舍諸生何元錫，分纂爲洪頤煊、洪震煊、陳鱣、周中孚、朱爲弼、趙坦、宋咸熙、張鑑、嚴杰等人，各人負責所熟習經典或古籍有關部分，按《佩文韻府》106 韻纂輯，每韻一卷，分平上去入四部分，至於《佩文韻府》未收之字，則據《廣韻》和《集韻》增補。《經籍纂詁》搜羅宏富，卷帙浩繁，旁徵博引，薈集誠爲不易，吉川幸次郎編《臧在東先生年譜》，認爲臧庸雖是總纂，而此一「經典之統宗，訓詁之淵藪」的工具書得以問世，實爲阮元提倡創導和諸多浙江士子集體合作的成果。〔註36〕

阮元手訂本書凡例，決定其體例。廿八條凡例中，以有關訓詁的規定爲

〔註33〕《揅經室一集》，卷5，頁104，〈王伯申經義述聞序〉。
〔註34〕《經籍纂詁》，〈王引之序〉及〈錢大昕序〉。
〔註35〕錢大昕，〈經籍纂詁序〉。
〔註36〕吉川幸次郎，《臧在東先生年譜》，《東方學報》，京都，第六冊，1936，頁307。

多。例如：經傳本文有訓詁者，詳爲採入，表示承認這些都應納入訓詁歷史和成績之中的意思；以訓詁代正文者，一併纂入；同一詁而文有詳略者，俱仍其舊；訓詁依本義、引申義、名物象數的次序排列；引用群經及注疏亦有先後次序；概括歸納古籍字詞注釋的術語等，〔註 37〕可謂相當細密。依此架構編纂，故能達到「展一韻而眾字畢備，檢一字而諸訓皆存，握六藝之鈐鍵，廓九流之潭奧。」

《經籍纂詁》所收爲單字，但注釋中也包括雙音詞，薈萃約一百種古書中訓詁之義而成，〔註 38〕兼具字典與詞書的功能。

《經籍纂詁》取材的範圍包括：

甲、古代經典和諸子百家書籍文本中的訓詁，所收子書迄於顏之推的《顏氏家訓》。

乙、群經舊注以十三經古注爲主，補以後人所輯古佚注及唐人義疏。

丙、古史及諸子舊注，如國語韋注、戰國策、呂氏春秋、淮南子高誘注等。

丁、史部、集部舊注，如四史舊注、楚辭王逸注、文選李善注等。

戊、字書，如爾雅、方言、說文解字、廣雅、釋名、小爾雅以及後人所輯古小學佚書。〔註 39〕

阮元編《經籍纂詁》的主旨，曾在其〈答友人書〉中云：

> 悉以造此訓詁之人時代爲先後，如此則凡一字一詁，皆有以考其始自何人，從源至流，某人用某人之說，某人承某人之誤，數千載盤結如指掌，不亦快哉！〔註 40〕

《經籍纂詁》確是依此構想而編，爲阮元在訓詁考據方面的一項外部成就。《揅經室集》中若干文章即有他對某些特定字詞的訓詁，表現他個人的見識；《經籍纂詁》是集眾人之力完成的清代樸學巨構，〔註 41〕也是灌注有阮元所持漢學家思想和精神在其中的大作。誠如王引之所稱：

〔註 37〕《經籍纂詁》，凡例。

〔註 38〕鄧嗣禹、Biggerstaff，*An Annotated Bibliography of Selected Chinese Reference Works*，Vol. 2，Harvard University Press，1950，p.188。

〔註 39〕張舜徽，《清代揚州學記》，頁 150。

〔註 40〕《國粹學報》，第 29 期，撰錄，頁 1。

〔註 41〕陳鐵凡，〈王引之經籍纂詁序箋釋〉，《慶祝蔣慰堂先生七十榮慶論文集》，頁 177。

後之覽是書者，去鑿空妄談之病，而稽於古，取古人之傳注，得其聲音之理，以知其所以然，而傳注之未安者，又能博考前訓以正之，庶可傳古聖賢著書本旨，且不失吾師纂是書之意歟。〔註42〕

阮元所強調治經必通訓詁、稽古求是等主張，《經籍纂詁》即可作爲士子開門徑之書。

2、批評及影響

《經籍纂詁》成於眾手，傳寫多次，論斷及引文不免譌舛。羅汝懷批評其文字訓詁尚繁博，至如治絲愈棼，認爲應貴折衷群言，以歸一是。〔註43〕近人王力由同源字的理論指出《經籍纂詁》的某些錯誤。〔註44〕然而該書薈集古書字詞的訓詁，問世以後，頗受學者的推崇。焦循贊以：「訓詁之學，遂集大成，嘉惠學者，以牖群經」。〔註45〕俞樾也視之爲諸經訓詁之集大成。〔註46〕王先謙云：「余雅愛阮氏經籍纂詁，博而不雜，以爲雖不以韻書名，而於聲音訓詁，使人藉以會通音韻學之指歸，莫近乎是。惜卷帙繁重，傳習蓋寡。」〔註47〕郝懿行稱，購得《經籍纂詁》一書，「絕無檢書之勞，而有引書之樂。是書體例甚精，而又聚通人眾手所成，故能芳漱六藝，囊括百家，洵著述者之潭奧，學覽者之華苑，所謂懸諸日月不刊之書，而懿行於爾雅，幸得獵其豔詞，拾其香草，以攘臂振腕於其間者也。」〔註48〕而朱駿聲的《說文通訓定聲》亦取以爲資而撰成。〔註49〕戴鈞衡撰《書傳補商》17卷，也採擇及於《經籍纂詁》。〔註50〕

〔註42〕王引之，〈經籍纂詁序〉。

〔註43〕羅汝懷，《綠漪草堂文集》，卷8，頁1～2，〈書《經籍纂詁》後〉：「是書網羅散失，實足爲饋貧之糧，而以言爲益經學，則猶有可商者。蓋訓詁不尚繁博，而貴折衷，方能袪糾紛而歸一是，否則愈繁愈棼，適成爲群言淆亂而已。……要之訓詁之道，須用字之本義，本義不行即用引申之義。觀於許君解字，惟說本義，閒引二三義者，爲數無多，而後來傳注家則爲說繁矣。……然則博引傳注以詁字，亦徒爲治絲之棼矣。」

〔註44〕王力，〈同源字論〉，《中國語文》，復刊號第一期，1978，頁32，如認爲旁與溥、普同源，本義爲普遍，傍與溥、普不同源，本義爲依傍，而《經籍纂詁》在傍字下云「亦作旁」，將廣大等義放在傍字條，完全錯誤。

〔註45〕焦循，《雕菰樓集》，卷6，頁87。

〔註46〕俞樾，《春在堂雜文續編》，卷2，頁19。

〔註47〕王先謙，《虛受堂文集》，卷3，頁31，〈試韻舉隅序〉。

〔註48〕郝懿行，《曬書堂文集》，卷2，頁13，〈再奉雲台先生論爾雅書〉。

〔註49〕張舜徽，《清人文集別錄》，頁423：「其書取材不越《經籍纂詁》，使無纂詁一書，則是編亦不能徒作」。

〔註50〕古國順，《清代尚書學》，頁25。

《經籍纂詁》不僅對清代學者治學甚爲有功，也提供民國以來編纂《中華大詞典》、《辭源》、《辭海》等應用甚爲普及字書收集字義、訓釋等方面的許多素材，〔註 51〕對後來的辭典，甚至東瀛的《漢和大辭典》的編纂，也作了鋪路工作。1987 年，安徽六所大學編纂《續經籍纂詁》，即賡續阮元所編《經籍纂詁》，補充唐以後舊注，特別是清人訓詁成果，嘉惠後學。〔註 52〕這些辭典在今日仍普遍使用，亦即《經籍纂詁》之作，對今日的工具書仍有間接的貢獻。

戴震倡導七經小記、朱筠提議傳注集訓等計劃，均未能付諸實現，而阮元在浙江學政與兩廣總督任內分別完成《經籍纂詁》和《皇清經解》的編纂，不僅達成他所私淑和提拔他的一代經學大師們的願望，也是學者型官員中以大吏身分倡導學術成功的典型。這些大規模纂輯歷代訓詁、網羅當代經師名作的集體合作成果，是阮元對嘉惠後學、發展漢學所作的具體貢獻。

三、《詩書古訓》——十三經經郛的代表作

阮元主張儒家的道理在於儒家經籍之中，而經籍是時代愈古者，其意義愈正確，因而儒家眞理須由古代典籍中去找尋。他在〈西湖詁經精舍記〉裡自述治學歷程：「元少爲學，自宋人始，由宋而求唐、求晉魏、求漢，乃愈得其實。」〔註 53〕然而他明白漢儒說經亦非最古之義，僅是比魏晉唐宋爲近古而已。儒家思想與經典有其更早的淵源，就文獻言，可溯自商周，甚至虞夏。因此說：

> 後儒說經，每不如前儒之確，何者？前儒去古未遠，得其眞也。故孔賈雖深於經疏，要不如毛鄭說經之確；毛鄭縱深於詩禮，更不若游夏之親見聞於聖人矣。予謂易書詩皆有古學，古學者何？商周之卿大夫、魯鄒之諸聖賢、秦漢之諸儒是也。〔註 54〕

阮元的視野乃超越漢魏，他由重視古學，而有遍及群經，編成十三經經郛的構想。由〈經郛條例〉可見其規模之大：

> 經郛薈萃經說，本末兼賅，源流俱備，闡許鄭之閎眇，補孔賈之闕遺。上自周秦，下迄隋唐，網羅眾家，理大物博。漢魏以前之籍，搜采尤勤，凡涉經義，不遺一字。〔註 55〕

〔註 51〕吳小如、莊銘權，《中國文史工具資料書舉要》，頁 190。
〔註 52〕王章濤，《阮元傳》，頁 263～264。
〔註 53〕《揅經室二集》，卷 7，頁 505，〈西湖詁經精舍記〉。
〔註 54〕阮元，《小滄浪筆談》，卷 4，頁 123。
〔註 55〕《清儒學案》，卷 130，頁 9，〈經郛條例〉。

此項工作由弟子陳壽祺擔任，陳氏有〈上儀徵夫子請定經郛義例書〉說明義例綱領，但此書成稿後，因卷帙浩繁，採擇未周，艱於補遺，並未付梓。阮元乃縮小規模，而有《詩書古訓》之纂輯。

阮元重視各經古訓，平日已留意搜集資料，曾說：「余向有易、書、詩三經之學之輯，惜尚未成，少暇，當補成之。」〔註56〕此一計畫直到道光十六年才輯錄成《詩書古訓》六卷。此書收錄者，以論語、孝經、孟子、禮記、大戴禮、春秋三傳、國語、爾雅十經爲主，而以晉以前的子史諸書爲輔，凡經書中徵引詩經、書經的詞句並加以詮釋者，即分別繫於二經各篇、各句之下，具有工具書的性質。《續修四庫全書提要》稱此書或成於賓客之手，〔註57〕實則未必盡然。阮元固然好名，然於書之成於賓客門生者，必在其書序言或凡例之中，稱引其名，未有掠美之舉。其子阮福、阮祜識以：

> 昔家大人撰集十三經經郛，一時所采之書未得詳盡，且抄胥遺錯，不能付刊，久藏於篋。道光十五、六年在京師，欲撰詩書古訓，將詩書二經提出，錄成六卷，付門下士畢韞齋光琦校定之，刪節之，增補之，遂爲完書。〔註58〕

阮元自稱：

> 光琦乃蕭山湯相國督學時所取佳士，爲余門下生門下士也。歲乙未余入內閣，每宿集賢院，在經郛中錄出詩書二經爲詩書古訓六卷，尚須校正刪補，蕭山言光琦可任之，歸里晤言，知其經學明敏，閱三年而校刻成書。〔註59〕

故此書原稿實出阮元之手，光琦僅作增刪校刊而已。阮氏之所以輯此書者，蓋以：

> 萬世之學，以孔孟爲宗；孔孟之學，以詩書爲宗。學不宗孔孟，必入於異端。孔孟之學所以不雜者，守商周以來詩書古訓以爲據也。〔註60〕

他期望讀者「若伏而讀之，訓而行之，引申觸類，章句正極多矣！」〔註61〕

〔註56〕阮元，《小滄浪筆談》，卷4，頁123。
〔註57〕《續修四庫全書提要》，頁1021。
〔註58〕阮元，〈詩書古訓序〉，頁2，阮福、阮祜序。
〔註59〕《揅經室再續集》，卷2，頁34，〈畢韞齋母郭孺人墓志銘〉。
〔註60〕阮元，〈詩書古訓序〉。
〔註61〕阮元，〈詩書古訓序〉

經由阮元的提倡，遂開闢了新的研究途徑。例如主持經郛編纂事宜的陳壽祺及子喬樅對三家詩遺說考及今文派尙書說的研究，即係搜羅增輯整理詩書古訓之作，阮元評爲「析前人所未析」，論者亦評以：「惠氏傳三氏易，高郵王氏明小學，不得與陳氏父子對抗。」〔註62〕

學者對於《詩書古訓》的批評，如江瀚稱：「博徵古訓，不加論贊，以俟讀者自得焉。較之惠棟九經古義，非曲徇古人，不免拘執，即參以臆說，失之傅會，實事半而效倍之矣。」〔註63〕劉錦藻也指出其特色：「凡二經之外，經子史漢有可以證明經義者，皆採摭於經文之後，不加案斷。讀者苟能實事求是，則治一經即可以通群經矣。」〔註 64〕當然此書也不免有瑕疵，俞樾指出其書只重發明義理，未論文字異同，尤其未引用碑版文字，是一大缺憾。〔註 65〕由於其重點不在校勘，未用漢碑，無須苛責。惟如就所舉例證或闡明義理而言，確有闕略，因此清季新寧黃朝桂著有《詩書古訓補遺》，爲詩書古訓拾遺補缺，頗見精博，〔註66〕亦有必要。

《皇清經解》、《經籍纂詁》與《詩書古訓》皆爲阮元編輯之研究經學的工具書，使學者得依之而能作高深研究，嘉惠後學甚大。

第二節　校勘與注釋之書

一、《十三經注疏》及其《校勘記》

校勘學是乾嘉學術的重要成就之一，許多古籍經過學者的校勘，才得大致恢復舊貌，具有可讀性。阮元重視校勘的功用，認爲工欲善其事，必先利其器，校勘須有舊版古籍爲底本，故善本古書是校勘古籍不可或缺的要件。但是他反對惠棟、盧文弨、顧廣圻、段玉裁等著名乾嘉學者好以己意刪改古書的習氣，〔註67〕認爲如此「活校」，實有害古書。經書是傳統時代知識份子

〔註62〕《武內義雄全集》，第 10 卷，清儒之學，頁 66；又，支偉成，《清代樸學大師列傳》，頁 123。

〔註63〕《續修四庫全書提要》，頁 1021。

〔註64〕劉錦藻，《清朝續文獻通考》，卷 259，頁 10043。

〔註65〕俞樾，《春在堂雜文》六編，卷 7，頁 19，〈朱午橋漢碑徵經序〉。

〔註66〕俞樾，《春在堂雜文》五編，卷 7，頁 30，〈黃朝槐荀子詩說箋序〉。

〔註67〕如《揅經室一集》，卷 11，頁 229，〈十三經注疏校勘記序〉，周易：「國朝之治周易者，未有過於徵士惠棟者也，而其校刊雅雨堂李鼎祚周易集解，與自著周

研究學問及準備科舉考試的必要憑藉，有唐宋人撰的經典釋文、諸經義疏等解釋之書。經與注原各分行，至南宋時書賈始合注疏釋文爲一，使得經疏文字，迴互改易，卷帙分合，繁簡無定，加以版本甚多，於是牴牾舛謬，引起學者的惶惑。清代經學昌明，乾嘉之際，儒者咸盼有精校的注疏爲定本。盧文弨有志遍校群經，纂成一書，但僅完成部分，且未問世。阮元在浙時，即從事此項工作，延聘段玉裁、顧廣圻等人校刊經疏。由於彼此意見不同，如同水火，直到嘉慶廿年段氏卒，阮元任江西巡撫，才開始刊刻十三經注疏。他重視宋本的搜集，欲據以校出最完善的《十三經注疏》，以供士子研讀，對有疑問的字，則保留原字，僅在其旁加圈，於各卷之後的校勘記內附以己意，〔註 68〕充分表現他一貫實事求是，尊重古籍的謹愼作風。

1、《十三經注疏》的刻印

阮元校刻《十三經注疏》，先發凡起例，愼選版本，周易、尙書、毛詩、周禮、禮記、左傳、公羊傳、穀梁傳、論語、孟子十經是以宋版十行本爲據，孝經以翻宋本爲據，儀禮、爾雅均以北宋時刊之單疏本爲據，旁及閩本、監本、毛本、日本的足利本，以及清儒的研究成果等資料，詳載與當時通行的其他版本異同之處，舉正其謬誤，繼立「十三經局」，在紫陽書院構校書亭，〔註 69〕由江浙經生分校之後，復加親勘，定其是非。〔註 70〕可惜他在江西巡撫任期很短，不久調撫河南，乃將已校經疏匆忙付梓，自然有些舛誤，竟有董其事者不能辨別古書眞僞，時引錯訛的毛本以改善冊十行本中的非訛字，甚或毛本監本不誤，而阮刻本反誤者，以至阮元本人甚不滿意。〔註 71〕儘管

易逑，其改字多有似是而非者。蓋經典相沿已久之本，無庸突爲擅易，況師說之不同，他書之引用，未便據以改久沿之本也，但當錄其說於考證而已。臣元於周易注疏舊有校正各本，今更取唐宋元明經本、經注本、單疏本、經注疏合本，讎校各刻同異，屬元和生員李銳筆之，爲書九卷，別校略例一卷，陸氏釋文一卷，而不取他書妄改經文，以還王弼、孔穎達、陸德明之舊。」

〔註 68〕《揅經室三集》，卷 2，頁 580，〈江西校刻宋本十三經注疏書後〉：「刻書者最患以臆見改古書。今重刻宋板，凡有明知宋板之誤字，亦不使輕改，但加圈於誤字之旁，而別據校勘記擇其說附載於每卷之末，俾後之學者不疑于古籍之不可據，愼之至也。」

〔註 69〕阮亨，《瀛舟筆談》，卷 7，頁 41：「紫陽書院在吳山之麓，地最清曠，城市中有山林之意，即其地上構校書亭，招臧在東鏞堂、顧千里廣圻校定十三經。」

〔註 70〕《皇清經解》，卷 807，頁 13，宋本十三經注疏：并經典釋文校刊記凡例。

〔註 71〕《揅經室三集》，卷 2，頁 581，〈江西校刻宋本十三經注疏書後〉附阮福案語：「此書尚未刻校完竣，家大人即奉命移撫河南，校書之人，不能如家大

如此，因注疏校勘搜集各版本之故，仍有保存古經注疏之功，劉秉璋序即稱咸豐年間受戰火摧殘，古經注疏，賴以保存。〔註 75〕葉德輝即深以一代大儒阮元校刻諸經未遂其志爲憾，並悲觀地認爲「自今以往，欲求如當日之薈萃諸善本從事校勘，益無後望矣。」〔註 73〕再者，這部當時的新十三經注疏雖有訛誤，仍被認爲是諸多刻本中最足信據者，〔註 74〕故爲士林所重。張之洞《書目答問》經部中盛稱《十三經注疏》以阮刻本對學者最有益，因而迄今最通行的《十三經注疏》版本仍是阮刻本。其澤惠後學，可謂既深且遠。

2、《十三經注疏校勘記》的撰著

《十三經注疏》的校刻，有一重要產品，即《十三經注疏校勘記》。其重點在於比較經疏版本異同，校正其譌誤脫漏，增刪移改之處，是項巨著，包括《孟子音義校勘記》1 卷、《經典釋文校勘記》25 卷，共 248 卷，全部收錄於《皇清經解》中。至於《十三經注疏》各卷末的校勘記卻已經盧宣旬節錄，並非全貌。

本書原名《十三經注疏考證》，後來更名爲《十三經注疏校勘記》。〔註 75〕阮元撰校勘記，自稱師法東漢鄭玄，尤其是唐陸德明作《經典釋文》之意。他於嘉慶廿一年〈恭進十三經注疏校勘記摺子〉云：

> 昔唐國子博士陸德明慮籍舊散失，撰經典釋文一書。凡漢晉以來各本之異同，師承之源委，莫不兼收並載。凡唐以前諸經舊本，賴以不墜。臣撰是書，竊仿其意。〔註 76〕

同時又受乾隆時期校勘學家盧文弨的啓發，盧氏精小學，於宋元善本暨海外舊冊多摭拾排核，也受臧庸、錢大昕、段玉裁等人暢論經書校勘問題的影響。因此阮元編纂《十三經注疏校勘記》，實是承受前人餘緒。他自稱幼年習經時，已留意「校理注疏，綜核經義，於諸本之異同，見相沿之舛誤，每多訂正。」

人在江西時細心，其中錯字甚多，有監本毛本不錯而今反錯者，要在善讀書人參觀而得益矣。校勘記去取亦不盡善，故家大人頗不以此刻本爲善也。」

〔註 75〕劉秉璋，〈十三經注疏校勘記識語序〉，頁 2：「然自咸豐庚申以後，東南書籍，半遭淪燬，古經注疏，實賴此本之存。」

〔註 73〕葉德輝，《書林清話》，卷 9，頁 247。

〔註 74〕淨雨，《清代印刷史小記》，頁 7（載於《書林雜話》）。

〔註 75〕汪紹楹，〈阮氏重刻宋本十三經注疏考〉，《文史》，第三輯，1963，頁 27，注 2。

〔註 76〕《揅經室二集》，卷 8，頁 541，〈恭進十三經注疏校勘記摺子〉。

〔註 77〕乾隆五十六年任職翰林時，獲得機會分校石經，得以唐石經及宋版悉心校勘，比幼時校勘的根據更為詳備可信，出任封疆後，又得聚漢唐宋石刻及諸宋元版本，乃以段玉裁主其事，選江浙長於校經之士何元錫、臧庸、徐養原、顧廣圻、嚴杰、李銳、洪震煊、孫同元等人分任其事，固已集一時之選。由阮元自敘此書編撰過程，知其由蘊釀至成書，歷時長達二十餘年。

《十三經注疏校勘記》版本甚多，有嘉慶廿年南昌府學開雕本、道光六年重訂本、光緒三年江西書局刊本、十三年上海脈望仙館石印本、十八年寶慶務本書局刊本、廿四年上海點石齋石印本、民國十五年上海錦章書局縮影本（在三、四十年代很普及）、十九年北平景山書社排印本，及台北世界書局縮印本、文化圖書公司影印本（1960）、藝文印書館影印本（1955 年據文選樓版影印、1965 年據南昌府學版影印，1989 年第 11 版）、新文豐書局縮影本（1977）、大化書局（1989）、台中藍燈文化事業公司影印本、北京中華書局本（1980）、上海古籍出版社（影印文選樓刻本，1995）等。〔註 78〕由其在不同時間及地點皆有刊本的情形，可見此書應用之普遍，迄今仍是經書的範本。

3、批評及影響

由於《十三經注疏校勘記》是以宋刊十行本注疏為主要依據，十行本雖是後出的閩本、監本、毛本的始祖，但存在許多缺點，諸如分卷與經注本不合、行款標目失當、在標題上移後，未刪大題，以至重複疊出、釋文注疏迴互改易，更失其眞、刊刻有錯誤及遺漏等，舛訛滋多，甚至不如元刊本，因此汪紹楹指出阮刻本最大缺點在於名實不符，號稱《重刊宋本十三經注疏》，而所據版本有唐、宋、元、明各代版本，不明宋刻十行本並非最古或最佳之本，徒見佞宋而已。〔註 79〕實則阮元在各經校勘記序中都明言所據歷代各種版本，廣搜博採各代說法，雖以宋刻十行本為主，正可見他並非全然佞宋。近人劉承幹亦云：「阮元校訂注疏時，未知單疏本海內尚存，亦未見兩宋刻，譌誤良多。」〔註 80〕然而阮元編書時已儘量利用當時所有的單疏本，訛誤多的主要原因在於倉促付梓，校勘不精，多所漏略，甚至新生錯誤。夏炯認為參與校勘記者是高才博洽

〔註 77〕《揅經室二集》，卷 8，頁 541，〈恭進十三經注疏校勘記摺子〉。

〔註 78〕《叢書子目類編》，（台北：中國學典館復館籌備處，1967），頁 181，以及搜尋網路相關資料。

〔註 79〕汪紹楹，前引書，頁 33。

〔註 80〕劉承幹，〈十三經注疏校勘記跋〉。

之士，竟荒疏至未能以本節之注疏本節之經，以本節之疏校本節之注，及以他經注疏校本經注疏，以至有舛錯訛謬，顛倒錯亂，不可卒讀的現象，〔註81〕此一批評甚爲有力，但亦係由於倉促付梓所致。阮刻本《十三經注疏校勘記》雖有諸多缺失，然其功用與貢獻不宜因小訛而一筆抹煞。

焦循即認爲「群經之刻，譌缺不明」，而此書「校以眾本，審訂獨精，於說經者，饋以法程」。〔註82〕張之洞對阮元之校勘記評價極高，稱「阮本最於學者有益，凡有關校勘處旁有一圈，依圈檢之，精妙全在於此。」〔註83〕沈豫亦認爲其勘誤可「還胚胎之舊觀，足垂示於來哲，斯亦四庫之離婁，群儒所頫首也矣。」「非特孔孟之功臣，抑亦鄭孔之諍友」。〔註84〕龍啓瑞提及爾雅經注集注時稱：「校正文字，以盧、阮之書爲最備。」〔註85〕林柏桐指出：「讀阮宮保十三經注疏校勘記，精深廣大，三禮會通，本末具詳，折衷一是，尊其所聞，固治禮者之幸也。」〔註86〕俞樾稱此校勘記「羅列諸家異同，使人讀一本如徧讀各本。」〔註87〕連清季批評阮元學術的宋學家曹元弼也肯定校勘記的成就云：「綜合諸家校勘，……集群儒之大成，視唐陸氏釋文、賈氏疏，非但無不及而已。」〔註88〕另一著名宋學家夏炯亦云：「十三經注疏卷帙既多，能讀者遂少，又注文古奧，疏義冗繁，多刻一次即多錯一次，故明監本毛本雖屬廣行於世，而沿訛踵謬，改正殊難。儀徵阮氏就宋刊本爲校勘記，諸經注疏，從此易讀，其功非淺，顯矣！」〔註89〕皆係相當客觀的論斷。大體而言，稱頌阮刻十三經注疏及校勘記者，比求全責備者爲多。

《十三經注疏》及《校勘記》的普及，有帶動士子注重注疏的作用。陳澧即特別提倡研讀注疏，鄭獻甫曾取阮元的校勘記，字字著錄於書眉，〔註90〕

〔註81〕夏炯，《夏仲子集》，卷4，頁37，〈跋十三經注疏校勘記〉。

〔註82〕焦循，《雕菰樓集》，卷6，頁87，〈讀書三二贊〉。

〔註83〕張之洞編，范希曾補正，《書目答問補正》，卷1，頁1，〈經部〉，正經正注第一，十三經注疏。

〔註84〕沈豫，《皇清經解提要》，卷下，頁10。

〔註85〕龍啓瑞，《經德堂文別集》，冊9，頁1，〈爾雅經注集注〉：「唐宋以降，其學漸微。國朝諸儒，潛心經學，始復表章此書，其中箋疏文義，以邵郝之學爲尤精，訂正文字，以盧阮之書爲最備。」

〔註86〕林伯桐，《脩本堂稿》，卷5，頁13。

〔註87〕俞樾，《春在堂雜文》第四編第六集，頁26，〈照印十三經小字本序〉。

〔註88〕曹元弼，《復禮堂文集》，卷4，頁39。

〔註89〕夏炯，《夏仲子集》，卷4，頁37。

〔註90〕《清史列傳》，卷73，頁40，鄭獻甫傳。

直到清季，史學家柯紹忞猶稱阮元所撰《十三經注疏校勘記》242卷「爲讀注者之圭臬」。〔註91〕諸位知名學者的心得皆說明此部《十三經注疏校勘記》雖非盡善盡美，但以其能提供後學者以較完善的經書注疏讀本的貢獻，故得爲學者所樂於稱道。

二、《曾子十篇》的注釋與《孝經》的提倡

儒家學說以仁爲最高的道德境界，達到此一境界的途徑爲孝弟。在孔門弟子中，相傳以曾子最能盡孝道。阮元既持儒家學說以愈原始愈古老者愈接近眞實愈可貴的理論，故認爲：

> 竊以曾子所學，較後儒爲博，而其行較後儒爲庸。……竊謂從事孔子之學者，當自曾子始。〔註92〕

曾子的著述，《漢書・藝文志》稱曾子十八篇，因時代久遠，多已散佚，但在大戴禮第49～58有曾子曰十篇。阮元對大戴禮頗有研究，〔註93〕以爲此十篇即曾子之遺，乃根據北周盧辯的版本，考察清代盧文弨、段玉裁、孔廣森、王念孫、汪中、朱筠、丁杰、張惠言、馬宗璉諸人的校本或說法，〔註94〕參以己意，逐句注釋，撰成《曾子十篇注釋》四卷，嘉慶三年完成於浙江使院揅經室，由門生劉文淇、王翼鳳同校，版藏揚州福壽庭，道光廿三年毀於火，廿五年重刊，仍是單行本。

阮元主張此「曾子十篇，儒言純粹，在孟子之上。」〔註95〕蓋阮氏以爲曾子親侍孔子，足以代表先秦儒家的思想；同時孟子的心性之論最爲後世理學家所樂於援引，易流於空談心性之途，而曾子所講的忠恕、一貫、孝道、博學等，皆爲切於日用的實學實行，無此流弊，合乎漢學家所謂實學的理論，

〔註91〕《續修四庫全書提要》，頁73。

〔註92〕《揅經室一集》，卷2，頁40，〈曾子十篇注釋序〉。又，林伯桐，《脩本堂考》，卷1，頁20，〈釋儒〉:「大戴禮記曾子十篇，義廣辭微，阮宮保實尊信而表章之，謂當與論語同。又謂從事孔子之學者，當自曾子始，言儒術者有所依據矣。」

〔註93〕《國粹學報》，第29期，〈撰錄〉，頁1。

〔註94〕《揅經室一集》，卷11，頁222，〈王實齋大戴禮記解詁序〉:「王君書成，屬序於元。元更出元素校大戴本付王君，王君或以己所校者衡量之，加以弃取，別爲大戴記作釋文數卷，不更善乎？」同前，頁225，〈孔檢討廣森大戴禮記補注序〉:「元鄉亦曾治是經，有注有釋，鄙陋之見，與編修間有異同。今編修書先行，元寫定後，再以質之當世治經者。」

〔註95〕《揅經室一集》，卷11，頁225，〈孔檢討廣森大戴禮記補注序〉。

因而特予推崇，彰顯其學。

阮元注釋《曾子十篇》，博考群籍，嚴杰評論其特色云：「正諸家之得失，辨文字之異同，可謂第一善冊。師於中西天算，考覈尤深，天員一篇，更非他人所能及也。」〔註 96〕周寅清也於〈讀曾子〉一文稱阮注「博極群書，辨正文字。……使數千年微言大義，昭垂天壤，厥功甚偉！」〔註 97〕阮亨認爲《曾子十篇注釋》是阮元最重要的撰著，凡三易稿，發明孔曾實學，無門戶之見，多前儒所未及之論。〔註 98〕總括諸氏的評論，皆肯定其能盡博綜群書之事，發明實學之功，吾人由阮元此書所採注釋，及其相互討論之人，俱爲漢學家，故內容全係發揮漢學家實學實行之理，可確定其爲漢學色彩極爲鮮明的著作，非無門戶之見者也。

在經書中，與曾子關係最密切者爲孝經，此書分量不多，文辭簡明，往往爲經學家所忽略，阮元卻特別留意提倡。因他深信孔子以孝經授曾子，與《曾子十篇》自是互爲表裏，既提倡曾子，自然主張治其學者須讀孝經；再則因孝經與春秋同爲表現至聖的微言，孔子曾說：「吾志在春秋，行在孝經」，因二者同具「維持君臣，安輯家邦」的政治作用。〔註 99〕阮元又認爲孝經文詞雖淺，卻是庸言之謹，與論語的教誨同樣可以見諸實行，破除宋學空疏之弊，因而以二者並論：

> 孝經論語之學，窮極性與天道，而不涉於虛，推極帝王治法，而皆用乎中，詳論子臣弟友之庸行，而皆歸於實。所以周秦以來，子家各流，皆不能及，而爲萬世之極則也。……然則今之孝經論語，儒者終身學之不盡，太極之有無，良知之是非，何暇論之？〔註 100〕

孝經既足以表現漢學家義理，阮元遂屢屢以之課士，如〈詁經精舍策問〉即有一道相關題目是：

> 惟考列國時，孔曾游夏諸聖賢及各國君卿大夫之德行名言，載在三傳、國語、孝經、論語者，皆爲處世接物之庸行，非如禪家遁于虛無也。即如仁義、禮讓、孝弟、忠順等語，與孝經各章，事事相通，語語相合。孔子曰：吾志在春秋，行在孝經，此二語實

〔註 96〕《皇清經解》，卷 806，頁 13。
〔註 97〕周寅清，《典三賸稿》，卷 6，頁 10。
〔註 98〕阮亨，《瀛舟筆談》，卷 7，頁 1。
〔註 99〕《揅經室一集》，卷 2，頁 41，〈孝經解〉。
〔註 100〕《揅經室一集》，卷 11，頁 215～216，〈石刻孝經論語記〉。

為聖門微言。蓋春秋時學行，惟孝經、春秋最為切實正傳，近時學者發明三代書數等事，遠過古人，於春秋學行，尚未大為發明。本部院拙識所及，首為提倡。諸生如不鄙其庸近，試發明之，以成精舍學業焉。〔註 101〕

〈學海堂策問〉也有類似的要士子發揮孝經與其他先秦經典所論實學實行關係之考題：

鲁孔子時，顏曾諸賢之儒行，所尊尚者何等事？所講習者何等事？其大指何在？當細繹魯國聖賢言行，在孝經、論語、大小戴禮記、諸經經文內者，以求儒之正本大原而釋之。至於荀、揚及漢唐宋各家之說，且不必涉及，不必辨論。〔註 102〕

在他的刻意提倡孝經下，孝經頗受重視。如陳澧撰《東塾讀書記》，甚至將孝經冠於群經之首。〔註 103〕阮元雖未有闡釋孝經的專著，曾命其子阮福撰《孝經義疏補》十卷，其中多有阮元自己的說法，如阮元論孝經的郊祀即召誥的用牲於郊、宗祀即洛誥的宗禮宗功等，阮福皆沿用之，並備引各經，推明其義；又於「以順天下」的順字，即引阮元的〈釋順〉之旨，「敬親者不敢慢於人」的敬字，即引阮元的〈釋敬〉之解。

阮元對曾子與孝經的提倡，不僅是他闡明漢學家義理，崇尚庸行實踐的一環，也是他在考據學上一項外部成就。

《皇清經解》、《經籍纂詁》、《十三經注疏校勘記》等書，雖多成於眾人之手，因是阮元主持，充分表現漢學家的治學特色。由於期望速成，剋期竣工，難免有體例不精、徵引舛譌、校勘疏忽等弊病，但由另一角度言，正因求速，才能免去延宕而難於成書的情況。曾國藩就清代宏儒碩士的治學動機，分為「為己者」與「為人者」兩類，將阮元歸於「為人者」類。〔註 104〕曾氏

〔註 101〕《揅經室一集》，卷 11，頁 215，〈詁經精舍策問〉。

〔註 102〕《揅經室續集》，卷 3，頁 128～129，〈學海堂策問〉。

〔註 103〕陳澧，《東塾讀書記》，卷 1，〈孝經〉，頁 1，引鄭康成《六藝論》云：「孔子以六藝題目不同，指意殊別，恐道離散，後世莫知根源，故作《孝經》以總會之。」澧案：「《六藝論》已佚，而幸存此數言，學者得以知《孝經》為道之根源，六藝之總會。此微言未絕，大義未乖者矣」。

〔註 104〕曾國藩，《曾國藩家書．家訓．日記》，日記：問學（北京古籍出版社，1997）頁 493：「凡讀書，有為人為己之分。」（癸巳二月）；頁 497：「本朝博學之家，頗多宏儒碩士，而其中為人者多，為己者少。……紀曉嵐、阮芸台則不免人之見者存。」（戊午十一月）

以爲「爲人者」乃爲名利而從事學問，較「爲己者」的層次爲低。實則在考據成風的環境下，阮元治經的志趣奠基於尚未發達之時，他雖是好名，但在考據學上的成就，無論爲己爲人，皆有所成，不全是博取聲名而已。對阮元而言，「爲人者」或可指爲爲他人服務，因他倡導編纂多種工具書，使士子得藉以作進一步研究。

阮元在考據學上的外部成就甚多，頗能發揚光大漢學門庭，但也爲門戶之見侷限。以所編纂之書而言，因受體例限制，僅是資料的排比羅列，使這些書只是經學的工具書。以乾嘉學者治學工夫言，雖比宋學家空談心性爲實在，但易流於瑣碎，在再沒有如阮元一般機遇與才華的漢學家繼起領導下，樸學乃趨於勢衰。阮氏居學界領導地位，由於過度崇尚漢學，只能作爲總結乾嘉學術的最後重鎮。

第五章　阮元在考據學以外的工作（一）史學

吾國傳統學術分經史子集四大範疇，阮元《揅經室集》所收文章亦按經史子集性質分類順序排列，例如〈擬國史儒林傳序〉論經學的發展，師儒的分途，置於一集經學部門；〈國史儒林傳凡例〉記此一合傳的體例，則列於二集史學部門。但因學術本身發展，其分類必然趨於複雜化，如史部早先附麗於經部，魏晉之時才獨立爲專家之學；清初編四庫全書時，將小學列於經部，金石列於史部，到清季張之洞撰《書目答問》時已經另立門類，蓋均由於研究者眾，致使附庸蔚成獨立大國，顯示學術進步的軌跡。阮元是學識淵博的通儒，其學術工作雖以經學爲主，卻並不受經學侷限，復旁及史學、文學部門。同時，每位學者的治學精神與方法常有內在的一致性，其一貫精神不因門類不同而途徑有異。在阮元的著述中，經史是相通的，其經學中以歷史的方法考證文字本義，說明字義流變，尤其是研究典章制度，均與史學有密切關係，而其史學著述中，亦充滿實事求是的精神。

章學誠云：「整輯排比，謂之史纂；參求搜討，謂之史考，皆非史學。」阮元有關史部之作，不似章學誠、錢大昕諸人有專門精深的史學撰述，因爲他志在保存文獻，多屬整輯排比的史纂工作，雖不及其經學著作出色，惟其乙部之作亦有創見，且包含經世思想，所用方法與實事求是的治經精神相呼應，因而仍爲值得探討的部門。

阮元任職浙江學政期間，編纂《疇人傳》，爲吾國第一部科學家傳記；任翰林院編修時，創編《國史儒林文苑傳稿》，是清史最早的儒林文苑傳底稿，皆屬自撰，由之可見他對學術史的觀念。他主持編纂的書，領域很廣，方志有《廣東通志》、《雲南通志稿》；足與其經學並論的金石學方面有《山左金石志》、《兩浙金石志》、《積古齋鐘鼎彝器款識》；圖書目錄方面則有刊刻並庋藏當代著述，督促重編天一閣書目，收錄宛委別藏等事蹟。本書根據四部分類法，傳記、方志、金石、目錄等有關人物、地方、文物、書籍等項歷史均列於史部，因而將阮氏此類著作一併於本章討論。

第一節　自撰之作

吾國史學發展甚早，史部體例愈來愈精，分類愈來愈細。構成國史主體的正史以紀傳體爲主，阮元的《國史儒林傳稿》即清代翼守儒家之道的學者類傳；《疇人傳》是中國曆算家合傳，阮元作此二傳，皆有其特殊意義。茲先述《疇人傳》。

一、疇人傳

乾嘉學者研究領域廣，曆算學即其中一門。在雍正以還西學輸入中斷後，漢學家的曆算學遂受復古主義影響，偏重傳統舊學的研究與古典算書的輯佚。阮元以經學家身分，受徽州學派重視曆算學研究的傳統及揚州商業繁榮地區算學發達的影響，體認曆算學的重要，任浙江學政時，即倡導編纂《疇人傳》。

1、編纂動機與體例

《疇人傳》是集合當時幾位精於曆算學者的力量編纂的，〔註1〕其體例及論贊等部分，出於阮元之手。阮元早歲研經，略涉曆算，對「中西異同，今古沿改，三統四分之術，小輪橢圓之法，旁稽載籍，博問通人」，〔註2〕而略有了解。嘉慶四年，奉旨管理國子監算學，後來由於宦轍忙碌和治學興趣廣博，而未能在曆算學理論方面繼續深究，造詣自不能與王錫闡、梅文鼎等有成一家之言的專門著作者相比，但他留意曆算學在治學與實務上的應用，例如撰有〈詩十月之交四篇屬幽王說〉，即執曆學之理證明某些舊說歸於厲王之

〔註1〕編纂之初，焦循、李銳皆是主力，也得專精天文與數學的周治平參校之力，書成之後，阮元特別高興，贈以詩曰：「中法原居西法先，何人能測九重天。誰知處士中山下，獨閉空齋畫大圓。」

〔註2〕阮元，《疇人傳》，序。

非，應屬幽王爲是；〔註3〕〈糧船量米捷法說〉、〈黃河海口日遠運口日高圖說〉、〈陝州以東河流合勾股弦說〉等篇，皆爲應用曆算之學以研究解決問題的論述，不僅發揮漢學家實事求是的精神，同時因應實際需要，含有濃厚的經世思想。

當時倡導學術有功的學者型官員頗不乏人，但多侷限於經史方面，獨有阮元特別留意及於曆算學，實緣自他對曆算學的認識。他稱推步之術是「效法乾象，布宣庶績，帝王之要道也。」〔註4〕強調數之大用：「數爲六藝之一，而廣其用則天地之綱紀，群倫之統系也。天與星辰之高遠，非數無以效其靈；地域之廣輪，非數無以步其極；世事之糾紛繁賾，非數無以提其要。通天地人之道曰儒，孰謂儒者而可以不知數乎？」〔註5〕肯定曆算學之用爲「數術窮天地，制作侔造化。儒者之學，斯爲大矣。」〔註6〕然而這門如此重要的學問，漢隋間凡在儒林的學者，多能爲算，後世竟由於俗儒保守迷信，有司不重實測，以至流於虛妄戲謏的占星術，或空談性命的玄說，至明代而趨於極衰。他基於對曆算學重要性和發展趨勢的體認，亟欲對兩千年來曆算學成就作一總結，以策勵將來，因此於乾隆六十年至嘉慶四年間，「綴拾群書，薈萃群籍，甄而錄之，以爲列傳」，〔註7〕編成《疇人傳》46卷。

阮元手訂〈疇人傳凡例〉18條，制定此書體例，其要點爲：本書是由黃帝至清代的曆算學家列傳；疇人指家業世傳的專門之裔；本書專取步算一家；詳錄古代六種宇宙論；注重曆數儀器，強調實測；算術爲治曆之基礎，通算者亦收錄之；各傳之末，皆注出處；各傳內容以有關曆算爲主；詳載各人著述；刪除預言之事；記載各代曆法沿革，以見進步情形；記載各家計算過程；謹慎改正古書錯誤；仿正史外國傳之例，將古今西人通曆算者列於本國人之後；列舉西洋曆算諸說，以資博考；西法竊取自中國，後來居上，吾人應融

〔註3〕《揅經室一集》，卷4，頁73～75，〈詩十月之交四篇屬幽王說〉。魯詩申培公、鄭玄詩箋皆主十月之交四篇屬厲王，子夏詩序、大毛公詩傳主屬幽王，阮元除考證此詩中災異、人物皆在幽王之時，最主要的論證是根據推定及史志記載幽王六年（西元前776年）十月有日蝕。阮元此說，宋人逸齋詩補傳已言之，且合符節，文廷式以爲：「國朝人不喜宋元人經學，故未檢爾。」（《純常子枝語》，頁241）

〔註4〕阮元，《疇人傳》，序。

〔註5〕《揅經室三集》，卷5，頁633，〈里堂學算記序〉。

〔註6〕阮元，《疇人傳》，序。

〔註7〕阮元，《疇人傳》，序。

會中西，歸於一是；本書由李銳、周治平協助校錄，錢大昕、凌廷堪、談泰、焦循參訂。由此凡例說明《疇人傳》是部以曆學家為主，算學家為副的曆算學家傳記。他排斥占候圖讖預言等玄想迷信，只取合乎科學的推步，注重儀器，強調實測，注明資料來源，謹慎修訂古書明顯錯誤，詳錄古代六種宇宙理論，兼收西洋曆算學家事蹟，資料來源不限正史，旁及曆算專書、方志、家譜、類書、文集等，皆超越當時學者的視野。

《疇人傳》編者大體上遵守凡例來撰寫，但仍不免有些出入。例如：阮元、錢大昕、談泰等人既界定「疇人」為家業世傳的專門之裔，但世傳之業甚多，《疇人傳》僅限於明曆算且有成者，與是否為世傳之業無多大關係，因此章炳麟認為阮元以父子世業通稱的疇人來專指曆算家，是名之不正，且據 J. Porter 研究，毋寧說這些疇人的師生業緣關係遠重於家學傳承。〔註 8〕至於各傳內容充實與否，與傳主的重要性和資料多寡有關，無法盡符凡例所訂的理想，因此有些合傳中人物資料簡略至無由見出他們在曆算學史上的地位。

《疇人傳》的分卷，採用朝代區分法，就數量言，唐以前各代人數均不多，宋代以降，人數增加；〔註 9〕就素質言，則相當表現阮元認為漢隋之間曆算學發達，唐宋以降稍衰，明代降至極低，清代又復興的看法。明代曆算家人數雖比宋元稍多而水準遠遜；清代疇人為數超過歷代，乾嘉時期的曆算家居其半，固因當代資料搜羅較易，也與乾嘉學者公認曆算學為實學，是了解經典的基礎知識，因而群加研治有關。以疇人的地理分布言，中國疇人 243 位，西洋疇人 37 位，前者的分布情形隨歷代文化中心的轉移而有不同，文風興盛，經濟發達的人文薈萃之地，著名的曆算學家較多。《疇人傳》仿正史體例，將西洋曆算家列於最後數卷，各卷之下且注明「附」字，猶如正史以外國載記殿後的慣例；列傳之後，多有「論曰」，表現阮元的見解或是他同意錢大昕、焦循等人的論點。

總之，《疇人傳》是部模仿正史列傳體例，收羅歷代精於曆算的人物，依阮元手訂凡例為準則而編定的一部中國曆算學家合傳。

〔註 8〕章炳麟，《近史商略》（《檢論》，卷 8，頁 15）：「疇人本父子專業之稱，非徒曆算。阮元荒陋，強作專名。借令清世算人皆家授，借為題識，如或可通，而又不見斯事，如文鼎瑴成者，其與幾何？名之不正，未有過是者也。」J. Porter，"The Scientific Community in Early Modern China"，*ISIS*，Vol. 73，No. 269，1982，pp.539～542。

〔註 9〕《疇人傳》所錄歷代疇人之數如下：上古 17、漢 25、三國 10、晉 8、南朝 9、北朝 18、隋 9、唐 15、五代 2、宋 25、遼金 7、元 13、明 35、清 51。

2、論點與影響

阮元倡導實學，《疇人傳》最能表現他的實學思想與對中西曆算學的觀念，其主要論點有三：

（1）強調曆算學的客觀性與進步性

曆算學有其客觀性，阮元在〈里堂學算記序〉中云：「然元嘗稽考算氏之遺文，泛覽歐邏之述作，而知夫中之與西，枝條雖分，而本榦則一也。」〔註 10〕儘管中西曆算有名異實同之處，道理既通，即不必彊分畛域，力求精確有效才是標的。因此他稱贊蔡邕云：「步算之道，惟其有效而已。……使不效於今，即合於古，無益也；苟有效於今，即不合於古，無傷也。」〔註 11〕可見阮元是在不違礙經義或政治禁忌的情況下，重視求是與求用在於求古之上，毫不排拒西方新事物。〔註 12〕理論上，後代曆算學因建立在前人觀察研究所得之累積基礎上，故高於前代，阮元肯定這種進步性。例如論楊偉的推算交會月蝕、虧之多少、方向等，都比從前精密。於王孝通傳論云：「蓋算數之理，愈推愈密，孝通緝古，實後來立天元術之所本也。」〔註 13〕西法由古疏而至今密，亦由積漸而成，甚至後來居上，因此於默冬（Meton）傳論曰：「以是知西法之密合天行，亦以漸而臻，非能一蹴幾也。」〔註 14〕喀西尼（Cassini）傳亦云：「橢圓之法善矣，此與郭若思（守敬）以垛積招差法求盈縮疾遲差數，同爲巧算，而今法爲尤密耳。」〔註 15〕

阮元指出曆算學的進步是由於努力觀測、注重儀器、精益求精所致，空談義理，迷信虛妄，徒然阻礙進步。他說：「步算之要在測驗而已」，認爲王錫闡的成就所以高於當時南王北薛並稱的薛鳳祚，即因王氏能「貫通中西之術，而又頻年實測，得之目驗，故於湯羅新法諸書，能取其精華，而去其糟粕。」而薛氏則「謹守穆尼閣成法，依數推衍，隨人步趨而已，未能有深得也。」〔註 16〕阮元一向強調爲學貴有心得獨創，曆算學尤其如此，他譏諷邢雲路的著述（《古

〔註 10〕《揅經室三集》卷 5，頁 634，〈里堂學算記序〉。

〔註 11〕《疇人傳》，卷 4，頁 49。

〔註 12〕阮元對有裨國計民生實用的西洋物品，如望遠鏡、眼鏡、銅燈、銅砲、鐘錶、牛痘、棉花、洋米等，都很歡迎，在《揅經室集》、《文選樓詩存》中屢有詩篇加以歌詠。

〔註 13〕《疇人傳》，卷 13，頁 157。

〔註 14〕《疇人傳》，卷 43，頁 549。

〔註 15〕《疇人傳》，卷 46，頁 599。

〔註 16〕《疇人傳》，卷 36，頁 449～450。

今律曆考》72 卷）只務卷帙多：「著作等身，而一無心得，亦何益哉？」〔註 17〕他了解西方曆法進步原因之一是觀測儀器的改進：「蓋儀象精審，則測量眞確，則推步密合，西方之有驗於天，實儀象有以先之也。」〔註 18〕又云：「西人以機巧相尙，殫精畢慮於此，故所爲自行諸器，千奇萬狀，迥非西域諸國所能及。於此可見人心之靈，日用日出，雖小道必有可觀。」〔註 19〕可見他對曆算學的客觀性與進步性認識相當清晰，對進步原因的探索頗爲合理，尤其難得者，在濃厚的尙古思想環境裡，能提倡進步的觀念，在俗儒只尙科舉之業的時代，能體認「器」的重要性，對傳統思想的藩籬是一項突破。

（2）評論中國曆算學成就

曆法方面，阮元認爲明以前諸曆法中，劉焯的皇極曆、一行的大衍曆、徐昂的宣明曆、張奎的崇天曆、楊忠輔的統天曆、郭守敬的授時曆等，都是比前代進步的曆法。進步的指標是精密，正由於製曆者在計算方面的研究和改進，有所創獲，才使新法「屢變而加精，漸能符合天象。」〔註 20〕他也批評某些古曆失於附會疏舛，〔註 21〕但自己卻不免受經義束縛，反對不合經義的新說，例如對沈括欲以立春爲孟春一日，驚蟄爲仲春一日的構想，認爲是「與羲和置閏之舊，顯相違戾，徒騁臆知而不合經義，蓋未免賢者之過矣。」〔註 22〕

阮元認爲明清兩代曆算學的發展呈明顯對比，他指出有明士大夫以空疏相尙，習算者少，以至曆算水準低落，曆法則沿襲舊貫，憚於改作，甚至以意氣相勝，悠謬妄誕；〔註 23〕算學亦多舛誤，甚至不知宋元固有的算學，以至如借方根等術直到西學輸入中國後，才被清初學者發現爲固有之術，而稱頌清代曆算學發達，能集古今之大成，錄中西之要術，兼容並蓄，成就遠邁

〔註 17〕《疇人傳》，卷 31，頁 382。
〔註 18〕《疇人傳》，卷 45，頁 595。
〔註 19〕《疇人傳》，卷 44，頁 579。
〔註 20〕《疇人傳》，卷 29，頁 349。
〔註 21〕例如大衍曆相當進步，由於一行好推本易象，以至不免附會（《疇人傳》，卷 16，頁 206）；吳昭素的乾元術推算朔實數據，過於疏舛（《疇人傳》，卷 19，頁 223）。
〔註 22〕《疇人傳》，卷 20，頁 242。
〔註 23〕彭德清傳論曰：「晝夜漏刻，九服各殊。唐宋術家，言之甚詳。德清奏改用順天之率，是也。景帝未審厥故，復用應天舊法，當時日官不能執爭，其推步之疏，亦可見矣。」（《疇人傳》，卷 29，頁 351）。

前代。〔註 24〕吾人以爲清代疇人人數多於前代，研究割圜術、開方法等多在西學輸入中國後獨立進行，水準確實高於明代，〔註 25〕但阮元對於當代疇人的成就，亦有稱揚過當者。例如他忽略劉徽、祖沖之研究圓周率的卓越成果，竟對錢塘、談泰等人所求得的$\sqrt{10}$（約等於 3.16）爲與秦九韶所求相同，是「闇合古人，當不可易。」〔註 26〕他對當代疇人惟一有微詞的是專申西說以難梅氏的江永，認爲不足爲定論，〔註 27〕而對潛心研究古典曆算的王錫闡、梅文鼎、錢大昕、戴震諸氏是極力稱贊，實則清代曆算學趨向於古典的研究，多偏重文獻上的實事求是，與前述注重實測、儀器、精益求精等進步方法與觀念迥異，此種內在矛盾實顯示經學家的曆算學深受經義尚古思想束縛，以至於難有創新發展的格局。

（3）主張西學源出中國說

明清之際，西學東漸，有些學者提出西學源出中國說，用以解釋西學進步，中學落後之因。例如全祖望稱黃宗羲「嘗言勾股之術乃周公商高之遺，而後人失之，使西人得以竊其傳。」〔註 28〕阮元對於此說，極力鼓吹。吾人由《疇人傳》各篇「論曰」，可清理出他對此說由肯定到申衍的推論過程。首先，他認爲中西曆算之術有些是名異實同，如「乾象謂之過周分，即今西人所謂月最高行也」；「乾象謂之兼數，即今西人所謂黃白距緯也。」〔註 29〕他承認中西二法有理同法異之處，歸納許多西法在中國是早已有之，而得西學起初皆源出中國的結論。例如於大章、豎亥傳論曰：「所謂指青邱北者，當如後世輿地圖之類，指而算其相距之里差耳。西洋人以地球經緯求里差，謂中法之所未有，豈知我三古時已有其術哉？」〔註 30〕又如郗萌傳論曰：「今西人言日月五星，各居一天，

〔註 24〕羲和傳論曰：「迨至本朝時憲書，而後推步之術乃至密焉。」（《疇人傳》，卷 1，頁 1）；湯若望傳論曰：「夫歐羅巴極西之小國也，若望小國之陪臣也，而其術誠驗於天，即錄而用之。我國家聖聖相傳，用人行政，惟求其是，而不設成心，即是一端，可以仰見如天之度量矣。」（《疇人傳》，卷 45，頁 589）

〔註 25〕三上義夫，〈支那數學の特色〉，《東洋學報》，第 15 卷第 4 號，1926，頁 450；又，〈清明時代の割圜術の發達に關する考察〉，《東洋學報》，第 18 卷第 3、4 號，1930，頁 482～489。

〔註 26〕《疇人傳》，卷 42，頁 528。阮元認爲祖沖之造微術最爲精密的論斷，見《疇人傳》，卷 8，頁 104。

〔註 27〕《疇人傳》，卷 42，頁 545。

〔註 28〕全祖望，《鮚埼亭集》，卷 11，頁 133，〈黎洲先生神道碑文〉。

〔註 29〕《疇人傳》，卷 4，頁 46。

〔註 30〕《疇人傳》，卷 1，頁 3。

俱在恆星天之下，即不綴附天體之謂，意其說或出于宣夜與？」〔註31〕榮方、陳子傳論曰：「歐邏巴測天專恃三角八線。所謂三角，即古之句股也。……論者謂今法古法不同，殊不知原自中國，流傳西土，毋庸歧視。」〔註32〕杜德美（Pierre Jartoux）傳論曰：「綴術一書，亦當如立天元術之流入彼中，吾中土亡之，而彼反得之矣。」〔註33〕湯若望（Schall von Bell）傳「論曰」中，更肯定西洋新法絕非彼方人士所能獨創，並指出地圓、太陽高卑、蒙氣有差、諸曜異天等法，「安知非出於中國，如借根方之本爲東來法乎？」〔註34〕

阮元所以認爲西方的天文、算學，甚至刻漏、牛痘等學藝皆源自中國，〔註35〕其推論邏輯是：任何學術的進步皆是由疏而密，其來有自，而西法今密，優於中法，必有所因，這些優越的西法既然在中國是古已有之，即證明中國古法優於西洋古法，因之西法後來居上必因中法西傳，西人接受後精益求精所致。如此推論之主要問題在於阮元既否定、忽略或未思考西人自創曆法的可能性，但又未由史實中找尋中法於何時經何途徑爲西方接受之過程的確實證據，他也未留意或不清楚印度、阿拉伯等文明所扮演的中介角色，故「西法源出中國說」的前提是建立在臆想上的。再者，他批判地動說，見西法屢變，不僅不深究其何以屢變，只懷疑其可靠性，〔註36〕面對西方推陳出新的學說時，反而樂觀地認爲最好是遵守經義，以不變應萬變，如中國人一向只知其然而不知其所以然，即可「終古無弊」。〔註37〕這種劃地自限的保守態度

〔註31〕《疇人傳》，卷4，頁52。
〔註32〕《疇人傳》，卷1，頁7。
〔註33〕《疇人傳》，卷46，頁601。
〔註34〕《疇人傳》，卷45，頁589。
〔註35〕《揅經室三集》，卷5，頁650，〈自鳴鐘說〉：「自鳴鐘來自西洋，其制出於古之刻漏。……此制乃古刻漏之遺，非西洋所能刱也。」阮元等纂，《廣東通志》，卷331，頁5684：「廣中近時有邱氏熺引種牛痘方，其效甚捷，其法來自外洋。……是中國人已發其端，而外洋人遂觸類引伸耳。」
〔註36〕《疇人傳》，卷46，頁610，阮元批評地動說是「上下易位，動靜倒置，則離經叛道，不可爲訓」。《疇人傳》，卷43，頁554，歌白尼傳論曰：「蔣友仁言歌白尼論諸曜，謂太陽靜，地球動，恆星天常靜不動。西士精求天文者，皆主其說，與湯若望術法西傳所稱迥異。據若望言，歌白尼有天動以圜解，又求太陽最遠點及太陽躔度。夫既曰天動以圓，而太陽又有遠近有躔度，則天與太陽皆動而不靜矣。同一西人，何其說之互相違背如此耶？」但阮元在道光時已能接受地動說，《揅經室四集》，卷11，頁914～915有嘉慶25年撰之〈望遠鏡中望月歌〉爲證。
〔註37〕《疇人傳》，卷45，頁589。

與前述他對曆算學的進步觀相矛盾，可見他在古典經義、政治義理或民族感情與西方科學發生衝突之際，即放棄實事求是的準則，選擇前者，充分表現漢學家思想受傳統觀念和時代環境的限制。此外，他以爲西學雖密，仍有缺點，中國學者不可輕視中法，盲目擁護西法，因而特別提高王、梅、戴、錢諸人地位，以加強國人自信，並指出挽救學術劣勢的途徑是「學者苟能綜二千年來相傳之步算諸書，一一取而研究之，則知吾中土之法之精微深妙，有非西人所能及者。」〔註 38〕他斷言：「西術之密，亦密於今耳，必不能將來永用，無復差忒」，期望本土曆算學者能「精益求精，期於至當，則其造詣當必有出於西人之上者。……精算之士，當知所自立矣。」〔註 39〕實可概見阮元提倡中學批判西學的深意，他殷切期盼中國的曆算學者能自立自強，將來成就在西人之上。

《疇人傳》收錄人物只到乾嘉之際爲止，於乾嘉以前的曆算家不免掛漏，乾嘉以來，曆算學者輩出，又爲阮書所未收，後來乃有《疇人傳續編》、《疇人傳三編》、《疇人傳四編》等作問世。《疇人傳》及《疇人傳四編》分別是敘述及補錄由黃帝到清代的曆算家，都以清代疇人爲多；《疇人傳續編》與《疇人傳三編》則幾全以清代疇人爲主，旨在彰顯清代曆算學成就。三部續編的作者分別是羅士琳、諸可寶、黃鍾駿，完全遵循阮元所訂體例，並承繼西學源出中國說，表彰清代曆算學發達等《疇人傳》一貫思想，可說是完全在阮元曆算思想籠罩下的著作。

清學的精神是復古，就乾嘉時期曆算學發展而言，其趨向於古典研究，正表現漢學家崇尚古典的態度，《疇人傳》爲此種學風下的產物，而阮元注意吾國曆算學史的發展，纂成此書，就傳統學術方向言，實是創舉，雖受漢學家所持觀念和所用方法的限制，諸如仿照正史列傳體裁，未能以專題方式處理；對清代學術的自信，過於抑明揚清；基於民族本位而闡揚西學源出中國說，高估傳統中學成就，排拒不合經義的西方新說等，自有損實事求是的原則。然而吾人在了解《疇人傳》編者必然受經學家思想背景和時代環境的束縛後，更宜重視阮元認識曆算學的客觀性和進步性，以及他由實學經世思想引發而爲倡導曆算研究的用心，與對中國曆算學者努力以求超越西人的期望，才可對此書有更確切的認識與評價。

〔註 38〕《疇人傳》，卷 44，頁 568。
〔註 39〕《疇人傳》，卷 45，頁 589。

二、《國史儒林傳稿》

司馬遷撰《史記》，創立〈儒林傳〉，以誌品類高潔，有功經學之儒，此種類傳爲後來正史所仿傚。《後漢書》又分立〈文苑傳〉，以誌有文采之人。宋代理學大盛，《宋史》特闢〈道學傳〉，其發展過程顯示傳統學術領域的擴大與學人群體的成長。洎清初修《明史》，由於學術風氣丕變，對於明代學人分類法有兩派意見：甲、明史館總裁及宋學家等人主張沿襲宋史體例，分儒林、道學、文苑傳；〔註 40〕乙、絕大多數學者主張合道學於儒林。如黃宗羲即強調冶儒林、道學、文苑於一傳，以矯治學術空疏之弊；〔註 41〕錢謙益云：「儒林與道學分，而古今撰注箋解義疏之學轉相轉述者，無復遺種」；〔註 42〕朱彝尊於〈上史館總裁論明史體例第五書〉專論儒林道學必須合一，〔註 43〕成爲日後明史取消道學傳最得力的依據。錢大昕、翁方綱、焦循等人皆不以宋史別立道學傳爲然，〔註 44〕說明學者多主張合正史的儒林傳、道學傳，甚

〔註 40〕夏炯，《夏仲子集》，卷 1，頁 36～37，〈明史不立道學論〉，可代表宋學家的看法。其論云：「前之作史者既有道學儒林之分，則道學傳實不可少。……修宋史者見以前儒林一傳，但錄箸述之家，無復賢否之別，故不得不別立道學傳。在當時雖爲創例，在後世則實不可易之常例也。若統列一儒林，則設有博通經史，著作宏富，而心地險僻，行止乖違，亦得與躬行心得之儒，並坐一堂一室，非史家褒善貶惡之意也。」

〔註 41〕黃宗羲，《南雷文定》，卷 4，頁 66，〈移史館論不宜立理學傳書〉：「周程諸子，道德雖盛，以視孔子，則猶然在弟子之列，入之儒林，至爲允當，今無故而出之爲道學，在周程未必加重，而於大一統之義乖矣。……某竊謂道學所當去也，一切總爲儒林，則學術之異同，皆可無論，以待後之學者，擇而取之。」他又於《南雷文定》，卷 1，頁 16，〈留別海昌同學序〉云：「吾觀諸子之在今日，舉實爲秋，摛藻爲春，將以抵夫文苑也。鑽研服鄭，函雅正，通古今，將以造夫儒林也。由是而斂於身心之際，不塞其自然流行之體，則發之爲文章，皆載道也，垂之爲傳注，皆經術也。將見裂之爲四者，不自諸子復之而爲一乎？」郭紹虞稱之爲文學道三位一體論。(《中國文學批評新論》，頁 411)

〔註 42〕錢謙益，《初學集》，卷 28，頁 10，〈新刻十三經注疏序〉。

〔註 43〕朱彝尊，〈史館上總裁第五書〉(《曝書亭集》，卷 32，頁 277）云：「儒林足以包道學，道學不可以統儒林。……明之諸儒講洛閩之學者，河東薛文清公而外，寥寥數人。薛公立傳當在宰輔之列，今取餘子標爲道學，上不足擬周程張朱，下不敵儒林之盛，則莫若合爲一。」全祖望，《鮚埼亭集》，卷 42，頁 1299，〈移明史館帖子五〉云：「宋史分道學於儒林，臨川禮部若士非之。國朝修明史，黃徵君梨洲移書史局，復申其說，而朱檢討竹垞因合并之，可謂不易之論」。

〔註 44〕錢大昕云：「宋史乃剏爲道學傳，列於儒林之前，以尊周二程張邵朱六子，而程朱之門人附見焉，去取予奪之例，可謂嚴矣。愚讀之而不能無疑，以爲周程張朱五子宜合爲一傳，而於論贊中著其直接聖賢之宗旨，不必別之曰道學也。

至文苑傳爲一。阮元承此學術風尚，又援引周官師儒兼備，孔子道藝相合諸論，編纂《國史儒林傳》，實現道學與儒林二傳合一的主張。

歷代纂修正史傳統，一方面修前朝史，一方面也編當代史。乾隆三十年九月十五日曾詔修國史，滿漢大臣傳陸續完成，惟儒林傳、文苑傳由於無所依據而無法進行。此一困境直到阮元任國史館總纂，才有突破。嘉慶十四年，阮元因浙江學政劉鳳翰案牽連，而由浙江巡撫降爲翰林院編修，翌年遷侍講，兼國史館總纂，主持纂修國史儒林文苑傳事宜。當時總裁以無官書爲證尼之，阮元答以私家傳志，本書敘例，即爲證據，〔註 45〕採全祖望文內集句成篇之法，總裁允之，奏明開辦。阮元主持編纂，曾博諮廣詢，如焦循有〈國史儒林文苑傳議〉一文，即答覆阮元所問儒苑傳事者，列舉徵實、長編、兼收、鑒別、詳載、公論、附見七項修史原則，〔註 46〕張鑑〈答阮侍郎師書〉建議阮元：「吾師表章絕學，自必取其原書，沈潛反覆，一一摭其大旨，勿僅拾取提要一二，庶幾爲後學者得以有所考見」；〔註 47〕臧庸於嘉慶十六年〈上阮芸台侍講書〉中詢問盧文弨、王鳴盛、錢大昕、江聲、錢塘、劉台拱、淩廷堪、汪中等人是否著錄，並提及常思念邵晉涵、任大椿、孔廣森等人，意欲阮元列諸人入儒林傳。〔註 48〕阮元決定以群書爲撰稿依據，各傳皆採集句方式，各句之下皆以雙行註明資料來源，以示語語有據。先撰成《國史儒林傳稿》，以顧棟高爲首，〔註 49〕其他一百餘人則以年分相次，於嘉慶十七年八月遷漕

自五子而外，則入之儒林可矣。」（《潛研堂文集》，卷 28，頁 434，〈跋宋史〉）翁方綱云：「訓詁之學與義理之學，本是一理，無所庸歧視也。然此事原委，後人析而二之，宋史立道學傳之目，竟若漢唐著述與宋儒分派者，此最於正學有害也。」（轉引自望漢廬主人，〈復初齋集の佚文を讀みて〉，頁 137）焦循云：「宋史分道學於儒林，然蔡元定即考亭之徒，陸九淵倡心性之說，宋之儒林，不外道學，分之實無可分也。……國史儒林文苑兩傳，誠未可以漢宋唐明爲例。」（《雕菰樓集》，卷 12，頁 181～182，〈國史儒林文苑傳議〉）

〔註 45〕《揅經室一集》，卷 2，頁 33，〈擬國史儒林傳序〉，阮福注：「因館中修史，例必有據。儒林無案據，故百餘年來，人不能措手。家大人謂群書即案據也，故史館賴以進呈。」

〔註 46〕焦循，《雕菰樓集》，卷 12，頁 182～185，〈國史儒林文苑傳議〉。

〔註 47〕張鑑，《冬青館甲集》，卷 5，頁 6，〈答阮侍郎師書〉，告以遠法漢書儒林傳之例，近取杭世駿、錢大昕、戴震之法。

〔註 48〕臧庸，《拜經堂文集》，卷 2，無頁次，〈上阮芸台侍講書〉。

〔註 49〕阮元在《儒林傳稿》卷 1〈顧棟高傳〉，說明以顧棟高爲首之因，係乾隆詔諭曰：「且如儒林亦史傳之所必及，果其經明學粹，雖韋布不遺，又豈可拘於品位，使近日如顧棟高輩，終於淹沒無聞耶？諸臣其悉心參考，按次編纂，以備一代

運總督時交出此稿。至於文苑傳，於嘉慶十六年已著手編寫，〔註 50〕旋遷漕督，故未就緒。因此阮元所修國史傳實以儒林傳爲主。他原呈的儒林傳計正傳 44、附傳著目者 57，文中提及者 70，經後人刪訂者稍異原呈稿本，正傳減至 36，附傳 57，並刪去各傳資料來源，改以顧炎武居首。惟所刪之傳，今皆可於《揅經室集》中見之，由此仍可見其原稿面貌以及他的編纂構想。

阮元力主儒林、道學二者不必分歧，〈擬儒林傳稿凡例〉第一條即宣稱：

> 史漢始記儒林，宋史別出道學。其實講經者豈可不立品行，講學者豈可不治經史，強爲分別，殊爲褊狹。國朝修明史，混而一之，總名儒林，誠爲盛軌。故今理學各家與經學並重，一併同列，不必分歧，致有軒輊。〔註 51〕

儒林傳主的採擇標準，一向是學行兼優。今由阮元選錄者觀之，大致是「學重於德」，學則尤重漢學，因此如毛奇齡、閻若璩等在清代學者心目中德行品評不高但有考據著述者，亦得入儒林傳。阮元對毛氏的學問至爲欽佩，認爲其功即在興起實學，於〈毛西河檢討全集後序〉云：「余曩喜觀是集，得力頗多，惟願諸生共置案頭讀之，足勝名師十輩矣。」〔註 52〕其後因定稿者觀點不同，毛被移入文苑傳，閻仍留於儒林傳。就各傳敘述內容言，則是強調漢學，如王夫之傳著重其「言必徵實，義必切理」、「名物訓詁，確有依據」；王懋竑傳著重其治朱子學的實事求是態度，「考訂精詳」、「考證允當」等。就引證載籍言，不少是出於四庫全書總目提要，而四庫全書編輯群即漢學家大本營，提要本身即表現漢學家觀點。儒林傳稿取材範圍偏向居於漢學家立場的資料，清人平步青以爲此稿以江藩《漢學師承記》、《宋學淵源記》爲藍本，〔註 53〕實則傳稿成於二記之前，阮、江立場一致，以致傳稿內容與二記不謀而合。再就人數言，經刪訂後的儒林傳定本正傳 36 人，合乎儒林人物標準者，僅有 14 人，〔註 54〕原稿被刪者絕大多數爲漢學中人，〔註 55〕依附漢學的聖賢後裔諸孔與諸顏全被刪除，

信史。」乾隆僅是舉例，阮元卻希旨而違史法，後人不滿，而改以顧炎武爲首。

〔註 50〕張鑑等，《雷塘庵主弟子記》，卷 1，頁 6。

〔註 51〕《揅經室續集》，卷 2，頁 57，〈擬儒林傳稿凡例〉。

〔註 52〕《揅經室二集》，卷 7，頁 502，〈毛西河檢討全集後序〉。

〔註 53〕平步青，《霞外攟屑》，卷 1，頁 32。

〔註 54〕此十四人爲孫奇逢、李顒、王夫之、謝文洊、高愈、范鎬鼎、應撝謙、陸世儀、王懋竑、李光坡、曹本榮、潘天成、李塨、邵廷采。

〔註 55〕阮元所撰儒林傳稿被刪者（括弧內者爲附傳者）如下：毛奇齡（陸邦烈）、沈國模（史孝威、韓孔當、邵曾可、勞史、桑調元、汪鑒、談泰、桂馥）、

表示這部以漢學家爲主的傳稿，後人並不十分同意其選錄標準。總之，由阮元主編之《國史儒林傳稿》中，儒林道學二傳合一以融宋學家群於漢學家群之內，撰述原則與方法強調引證案據，內容著重表彰漢學成就，人物選擇以漢學家居絕對多數等情形，顯然可見《國史儒林傳稿》濃厚的漢學氣息，以及阮元一貫所持漢學家標準的自然流露，故侯外廬認爲阮元在儒林傳稿凡例中標榜公正的漢宋兼採之調和態度，乃官樣格式，〔註 56〕自有中肯之處。

阮元所修《國史儒林傳稿》，在清代事屬首創，不免疏漏。反對專尚考據的漢學家翁方綱認爲應守「寧慎取，勿濫收」的原則，孫奇逢與陸隴其應列爲清初儒林之首，毛奇齡與朱彝尊、錢澄之與查初白，不得一入儒林，一入文苑；朱筠、周書昌無撰述、江聲尚書注疏是自己另外作注，自行校刊，均不應入儒林。〔註 57〕其後李慈銘於《孟學齋日記》曾就專傳附傳、學術異同、時代先後等史法方面，對儒林傳稿多所批評：

甲、邵晉涵、王鳴盛、汪中等人宜立專傳；惠氏、萬氏之學應以惠棟、萬斯同爲主，各附以周惕、士奇、斯大；李塨可附毛奇齡傳、薛鳳祚可附梅文鼎傳、錢澄之可附王夫之或黃宗羲傳。

乙、馬驌、張爾岐、武億學術不同，應予分傳；劉源淥可附張爾岐傳、武億可附朱筠傳、邵念魯可附黃宗羲傳，學術相同故也。任啓運的經學成就遠過徐文靖，應改爲以徐附任。

丙、不應以顧棟高爲首，以致先後倒置，有違史法。〔註 58〕

儒林傳稿修訂時，採納李氏部分觀點，例如傳主按時代先後順序排列，不以乾隆帝隨意舉例的顧棟高置於最前，至於定本各傳分合自依修訂時的判定標準。鼓吹反清的章炳麟嚴厲批評阮元所編清史儒林傳，稱其「說經先顧棟高諸賤儒，講學亦錄諸顯貴人，仁鄙僩陋，溷淆無序，顧下於兩記遠甚。」〔註 59〕

錢澄之、方中通（方中履）、臧庸（臧禮堂、金榜）、王鳴盛、丁杰、任大椿（李惇、劉台拱、汪中）、孔廣森、張惠言、孔興燮（孔毓圻、孔傳鐸、孔廣棨、孔昭煥、孔憲培）、孔繼涵、顏光猷（顏光敏、顏光斆）。除毛奇齡被移入文苑傳外，共計被刪的正傳 11 人，附傳 23 人，僅立陸邦烈至汪鑒 8 人爲宋學家。李慈銘，《越縵堂讀書記》，頁 831，於張惠言、任大椿、王鳴盛、孔廣森、金榜、桂馥等亟宜表彰者之被刪，甚不以爲然。

〔註 56〕侯外廬，《近代中國思想學說史》，頁 538。

〔註 57〕翁方綱，《復初齋文集》，卷 11，頁 1～4，〈與曹中堂論儒林傳目書〉。

〔註 58〕平步青，《霞外攟屑》，卷 1，頁 32～33。

〔註 59〕章炳麟，〈說林下〉，《太炎文錄初編》（林慶彰主編，民國文集叢刊，第一編，帶有強烈的反滿情緒，不免失之過苛。

吾人如將阮元主修的儒林傳稿與日後《清史列傳》、《碑傳集》、《清史稿》、《清史》等官修私撰諸史書的儒林傳部分相比，儒林傳稿的漢學色彩更形顯著。蓋道咸以後，漢學氣勢漸衰，漢宋門戶之見漸泯，各書所錄儒林中漢宋學家較為均衡，持論較為調和折衷。阮元創始的《國史儒林傳稿》雖受許多批評，經過多次續修，入選人物有增刪，次序經重編，但內容及體例仍多循阮元所撰傳稿及凡例，表示此一開山之作仍受尊崇。

第二節　倡導之業——方志、金石、叢書與目錄

阮元學術的重心雖在經學，他也重視方志、金石、叢書、目錄諸方面。他每到一地，即留意這些資料的搜集，倡導這些方面書籍的編纂刊刻，以備稽考。在他的熱心倡導下，對文教事業有重要的貢獻。

一、方　志

吾國地方志通常是以行政區域為範圍，進行分門別類的綜合紀錄，可溯源自周代小史掌管邦國之志和外史掌管四方之志。〔註 60〕但最早最好而又以「志」為名者，當推漢書地理志。〔註 61〕時代愈後，方志種類與數量愈多，體例與項目愈繁，也愈偏向文化地理和歷史地理的性質。方志的特徵有四：區域性、連續性、廣泛性和可靠性。〔註 62〕清代正值方志發展的全盛時期，除修纂《大清一統志》時，清廷嚴諭各省限期修志以提供資料外，還詔令各級行政單位至少六十年須一修方志。在地方大吏的倡導與士紳的支持下，方志的修纂遂蔚成風氣，有些方志不到六十年即重修。

在阮元所任封疆職務中，時間最長，治績最多的，是在浙江，計任學政、巡撫共十一年，在兩廣、雲貴任總督各九年。他在浙江、廣東兩地任官時，正值強仕之年，付出的精力尤多，也最受稱頌。〔註 63〕在修纂方志成風的環

79 冊，台中：文听閣圖書有限公司，2008 年），卷 1，頁 82。

〔註 60〕秋山元秀，〈中國方志論序說——吳の方志を通じて——〉，（《東方學報》，京都，第 52 冊，1980）

〔註 61〕陳正祥，〈方志的地理學價值〉，《中國文化地理》，頁 25。

〔註 62〕朱士嘉，〈中國地方志淺說〉，《文獻》，第 1 期，1979，頁 33。

〔註 63〕陸繼輅，《崇百藥齋文集》，卷 2，頁 9，〈司農來為阮撫部元〉：「司農來，士

境中，他主修過《廣東通志》和《雲南通志稿》。梁啓超曾誤以爲阮元在此二通志外，還編纂過嘉慶浙江通志。〔註64〕考察浙江通志在嘉道之前的修纂史，在明代有嘉靖年間薛應旂修，清代有康熙廿三年王安國等修、乾隆元年嵇曾筠等修三種，至於嘉慶十七年的刊本僅爲對乾隆元年刻本的修補重印本，儘管離乾隆元年重修已逾六十年，可以再修，但阮元於此書並無新猷。至於《廣東通志》和《雲南通志稿》則由阮氏倡修，《廣東通志》在清代是所修省志中有數的傑出之作，久爲學界所公認。〔註65〕

1、廣東通志

廣東是中國南疆之門戶，當海洋時代來臨後，在國史上尤居重要地位。其省志的編撰情形，阮元以前，有明世宗嘉靖五年（1526）戴璟的《廣東通志初稿》40 卷，其次爲嘉靖四十年（1561）黃佐的《廣東通志》70 卷，再次爲明神宗萬曆卅年（1602）郭棐的《廣東通志》22 卷；清代有康熙十二年（1673）劉秉權修的《廣東通志》20 卷、雍正九年（1731）郝玉麟修的《廣東通志》64 卷。〔註66〕到了嘉道之際，距上次修志已近百年，年代久遠，各志多已殘佚，惟黃志尚有存本，因此阮元重修《廣東通志》時，必須參考更多典籍，才能成書。

省志爲有關一省各項事蹟的記載，頭緒紛繁，因此體例的制定關係該志成功與否至大。阮元主編各書，通常皆自訂凡例，惟廣東、雲南兩志例外，主要原因是二者皆有現成範例可循。他修《廣東通志》時，選擇謝啓昆所制定的廣西通志體例，因兩廣在行政區上爲一體，謝氏既已有廣西通志體例，廣東自亦可適用。

得師，民得怙恃，官薄賦斂，盜賊知恥，詔授司農巡撫浙江都御史，公自戀闕民自喜，中一吳氏歎不止，恨與司農生同里。」王先謙，《虛受堂文集》，卷 13，頁 25，〈定香亭圖記〉：「浙人之愛敬文達，不後於召伯。」徐榮，《懷古田舍詩節抄》，卷 1，頁 74～75，〈寄送雲台宮保師移節滇黔〉：「回首襜帷駐十年，棠陰無恙記旬宣。門傳德清因留石，民以長生報請天。不信滄桑眞有數，從知旱潦本無權。君看萬里零丁水，都是南人續命田。（原注:西江歲爲廣肇兩府之患，公增修桑園圍禦之，又奏請夷船載米入口免稅，自是穀不可勝食矣。）風簷大庇路人知（道光四年增修貢院），羽扇談經又此時（建學海堂）。碧湧一堂收海色，涼浮萬卷閒花枝（方校刊皇清經解，存板於學海堂中）。」

〔註64〕梁啓超，《中國近三百年學術史》，頁 301。

〔註65〕梁啓超，《中國近三百年學術史》，頁 301、309。

〔註66〕阮元，〈纂修廣東通志摺〉。

嘉慶廿三年，阮元上〈纂修廣東通志摺〉，說明舊志已近九十年未修，其間因革損益甚多，且舊志體例未盡善，四庫提要稱其冗曼舛駁，應詳加訂正，以供史館採擇，並備本省掌故，因此設局延聘人員，籌措經費，重新編纂。阮元在〈廣東通志修撰緣起摺〉及〈廣東通志修竣摺〉中，均提及謝啓昆（1737～1802）所訂省志體例。謝氏任廣西巡撫時，撰〈廣西通志敘例〉廿三條，徧徵晉唐宋明諸舊志門類體例，捨短取長，說明因革之由，使廣西通志的體例成爲當時修纂方志的典範。清季宋學家陸心源及孫葆田對漢學家的著作頗多批評，而對謝啓昆所創省志體例以及阮元沿用其例，甚表推崇。陸氏云：

> 謝蘊山中丞修廣西通志，講求體例，以典代紀，以錄代世家，以略代志，阮文達公稱其載錄詳明，體例雅飭，因之修廣東通志，較舊志體例爲純。〔註 67〕

孫氏亦云：

> 自乾嘉以來，廣西則有謝志，廣東則有阮志，固皆近世所共推者也。〔註 68〕

阮元對廣西通志體例，奉之惟謹。茲將二者目錄排比於下，即可見其間關係之密切：

書名 目錄	嘉慶廣西通志（279 卷）	道光廣東通志（334 卷）	
	訓典	訓典	
四表	郡縣沿革表 職官表 選舉表 封建表	郡縣沿革表 職官表 選舉表 封建表	四表
九略	輿地略：疆域圖、分野、氣候、戶口、風俗、物產 山川略：山、川、水利 關隘略 建置略：城池、廨署、學校、壇廟、梁津	輿地略：疆域圖、晷度、分野、氣候、戶口、風俗、物產 山川略：山川、水利 關隘略 海防略 建置略：城池、廨署、學校、壇廟、梁津	十略

〔註 67〕 陸心源，《儀顧堂集》，卷 15，頁 19。

〔註 68〕 孫葆田，《校經室文集》，卷 3，頁 44。

	經政略：銓選、卹助經費、祿餉、卹政、田賦、鹽法、榷稅、積貯、祀典、土貢、安南入貢事例、學制、科舉經費、書院義學經費、鐸戶口糧、兵制、馬政、郵政、承審土司事件、口糧、鹽倉刑具、鼓鑄、陡河經費、船政 前事略 藝文略：經、史、子、集、傳記、事記、地記、雜記、志乘、奏疏、詩文 金石略 勝蹟略：城池、署宅、塚墓、寺觀	經政略：銓選、卹助經費、祿餉、郵政、田賦、鹽法、榷稅、積貯、祀典、土貢、諸夷入貢事例、學制、學田、科場經費、書院經費、兵制、馬政、郵政、鼓鑄、船政、市舶 前事略 藝文略：經、史、子、集 金石略 古蹟略：城址、署宅、塚墓、寺觀	
二錄	宦績錄 謫宦錄	宦績錄 謫宦錄	二錄
六傳	列傳：人物、土司、列女、流寓、仙釋、諸蠻	列傳：人物、列女、耆壽、方技、宦者、流寓、釋老、嶺蠻、外蕃	九傳
		雜錄	雜錄

說明：二書皆以目錄爲卷首，各一卷，廣西通志合卷首共280卷，廣東通志合卷首共335卷。

由表可見，阮編《廣東通志》在大綱上謹遵謝編《廣西通志》，僅因地制宜而多海防略與雜錄。細目方面，《廣東通志》〈輿地略〉較《廣西通志》〈輿地略〉多晷度；〈經政略〉差異最大，多學田、諸夷入貢事例、市舶等項，少安南入貢事例、鐸戶口糧、承審土司事件、口糧、鹽倉刑具、陡河經費等；〈列傳〉則多耆壽、方技、宦者、外蕃，少土司；〈藝文略〉的分類不似《廣西通志》之細。凡此差異，大多係因兩地政務重點有別，爲了因地制宜所致。二書不僅體例雷同，敘事原則也相仿。例如有關清初征服廣東及平定尚可喜諸重大事件、各地舉行的典禮如學校各禮儀，已載國史或會典者，即不重複記述。

《廣東通志》的編纂，由嘉慶廿三年開始籌備工作，到道光二年修竣，歷時四年。所以能如此快速成書，係由阮元招集幕僚門生分工合作的成果。負責實際編纂工作者爲江藩、方東樹、陳昌齊、何治運、劉彬華、謝蘭生等幕友，擔任分纂、校刊、採訪者多爲廣東士紳，其中不少爲肄業學海堂或任學海堂學長者，如吳蘭修、曾釗、吳應逵、熊景星、儀克中、譚瑩、陳澧等人，皆爲阮元門生，一時名宿，膺任得人，爲期寬裕，加以阮元藏書至富，足供稽考，故修成之後，深獲好評。續修四庫全書提要即綜論此書的成功，由於纂修得人，載錄詳明，體例雅飭，「不讓謝志專美於前也」。〔註 69〕就傳統編纂方式的省志言，此部《廣東通志》當之無愧。

阮元所修《廣東通志》的特點有六：

1、記載詳盡：橫的方面是廣東全省各府廳州縣當代事蹟的全盤記載，縱的方面起於秦漢，迄於清宣宗道光初年，遠比之前的戴志、黃志、郝志時間爲長，卷帙爲多，內容爲富，實是名副其實的通志，即使在清代所修各省通志中，也是最具規模者之一。

2、存留舊志，注明資料來源：方志裡注明資料來源，在宋代高似孫《剡錄》、潛氏《臨安志》已有其例，謝、阮二氏承此傳統，於通志中詳注資料來源，也與乾嘉考證學者一向具有實證精神有關。猶如阮元在嘉慶年間編纂的疇人傳、國史儒林傳稿等，皆附注資料來源，以示確實有據。再者，阮元強調修志須存留舊志，不可掩蔽前人，即須在前人已有的規模與基礎上，增添新事物，藉以保存舊文獻。因此，道光廣東通志所徵引資料中，最主要的是歷次所修廣東通志，其次是正史地理志、廣東各府州縣志及輿地廣記、讀史方輿紀要等地理書、檔冊、文集、實地採訪資料等，記錄準確，詳略適度，頗具方志應備的條件。

3、詳附案語：論贊爲正史體例之一，方志通常只是記錄事實，不加論斷，鮮有此例。而阮修《廣東通志》每卷之末皆附案語，相當於正史的論贊，且比論贊更爲詳細，廣徵博引，用以說明對不同記載的取捨原因，辨正錯誤，或者考古證今，敘述古今沿革，評論史料，對不知所據者甚至不予記載，〔註 70〕凡此皆係漢學家實事求是的態度與本色。其書寫方式，低於正文兩格，極易辨識，且爲其他方志所罕用，堪稱此書的重要特色。

4、重視輿圖：方志兼具歷史和地理的性質，其功用之一爲備國史或全國一統志的素材，所載各項事蹟務求翔實，因此輿圖甚爲重要。阮元序劉文淇

〔註 69〕《續修四庫全書提要》，頁 2380，據方東樹云，謝啓昆所修廣西通志、西魏書、小學考等，皆出幕友胡虔之手。（《儀衛軒文集》，卷 10，頁 12，〈先友記〉。

〔註 70〕如《廣東通志》，卷 63，頁 1069 上，「郝、黃、廣州先賢傳、太平御覽之誤，今並不書：不知所據，今不書。」

揚州水道記強調：「凡地理書，須以圖明之。此記當分繪古今多圖，孟瞻其更爲之，而付諸梓。」〔註71〕又主張由各縣最小的鄉里等單位開始，繪製詳圖，以合爲一郡一省的精確地圖。故修《廣東通志》時，即按各府州縣順序，詳繪輿圖 105 幅，每一府州縣的山川及港口形勢均有二頁之圖，其製作方法係採用當時最新的製圖法，繪有經緯線，使各處地理位置，一覽無遺，並有海防圖 21 幅，備載商夷出入要隘墪台港口以及風占沙線船械所宜，此爲舊志所無，正足以表現他具有經世意識與創新精神。

5、注意洋物：海洋時代到來，廣東首當其衝，隨著西方商人設立商行貿易，帶來許多新事物，在這部《廣東通志》裡，即有所反映。除了鴉片等物以外，還見到牛痘等西方先進科技知識經海路傳入廣東的記載。〔註 72〕或以爲此志無甚新穎，對外國認識模糊者，〔註73〕非眞知阮氏也。

6、特列雜錄：雖屬小事，亦富史料價値，甚至「百世可式」。例如記載珠江三角洲稻田多蟛蜞食禾蕊，農民養鴨專吃之，鴨糞可作肥料，明成化時兩廣總督韓雍不知此食物鍊之理，革去鴨埠，造成蟛蜞爲害，水稻欠收，鴨戶失去生計，起而反抗，官府恢復舊制才平息。〔註 74〕

2、《雲南通志稿》

雲南地處邊陲，山嶺阻隔，雖在漢代已入中國版圖，元代以降纔正式內地化，其文化發展遠較中原地區爲晚。雲南通志的編纂肇始於元代，有明計

〔註71〕《揅經室續集》，卷2，頁 114，〈揚州水道記序〉。

〔註72〕漢學家注意新異性，於地方掌故亦如此。如凌廷堪〈與阮伯元閣學論畫舫書〉，建議增補畫舫錄「鐘錶水銃鼻煙水煙之屬，及近日英吉利所製之洋燈風鎗，古之所無，而揚州皆有，宜詳詢耑家入錄。」（《校禮堂文集》，卷23，頁13）何況廣東一省尤爲首當西洋文物輸入之地。徐榮，《懷古田舍詩節抄》，卷1，頁15，〈寄送阮雲台宮保師移節滇黔〉，以阮元編纂廣東通志爲在廣東功業之一：「誰爲明都記典章，百年文獻不尋常。直教山水驚知己，猶有星辰待表彰。（原注:廣東通志增載南極以下星數百，皆古所未名者）籌海深心懸日月，授時良法在農桑。南方草木經品題，也識威名不易忘。」

〔註73〕Leung Man-kam, *Juan Yuan: The Life, Works, and Career of a Chinese Scholar-Bureaucrat*, p.225, "In the Kuangtung tungchih, compiled under his directorship and published in Canton in 1822, there was only a small chapter on foreign countries. As for descriptions of England and the United States, each country was assigned a small paragraph in the chapter on foreign countries, with many factual mistakes. Nowhere in his own collected work Yen-ching shih-chih did one find a discussion on foreign affairs, or even an expression of a desire to learn from abroad."

〔註74〕《〔道光〕廣東通志》，卷 331，雜錄 1。

修七部，內容均相當簡略。清初康雍之際，鄂爾泰命姚州知州靖道模據舊志增修爲 30 卷，乾隆元年告成，其後亦歷九十年未修。道光六年，阮元任雲貴總督，即刻延聘雲南浪穹的門人王崧主持總纂工作。惟在道光十五年大致編纂就緒時，阮元離滇入京，志局由巡撫伊里布主持，改由亦爲阮元所聘之李誠擔任總纂，〔註 75〕不久完稿，計 216 卷，首 3 卷。此外，尚有卷首、存疑及刊誤各一卷。

本書涵蓋的時間亦如《廣東通志》，上起秦漢，下迄當代；與之前的雲南通志相比，卷帙豐富，內容詳贍，是雲南第一部最詳盡的通志，也是光緒年間王文韶修、唐炯總纂的 194 卷《續雲南通志》的重要參考資料。《雲南通志稿》在考訂文獻、注明徵引資料、有案語解釋所錄事項、繪有經緯線的輿圖等方面，都與《廣東通志》相同。但是兩書的體例不同，《雲南通志稿》不分表、略、傳等體，與一般方志的體例類似，統名爲「志」，全書共 13 志，71 目：

天文志：分野、氣候、祥異

地理志：輿圖、疆域、山川、形勢、風俗

建置志：沿革、城池、官署、倉庫（善堂）、郵傳、關哨汛塘、津梁、水利

食貨志：戶口、田賦、積貯、課程、經費、物產、鹽法、礦廠（錢法）、蠲卹

學校志：廟學、學額（貢例）、書院、義學

祠祀志：典祀、俗祀、寺觀

武備志：兵制、戎事、邊防

秩官志：封爵、官制題名、使命、名宦、忠烈、循吏、土司

選舉志：徵辟、進士、舉人、科舉、恩蔭、難蔭

人物志：鄉賢、卓行、忠義、宦蹟、孝友、文學、列女、方伎、寓賢、仙釋

南蠻志：群蠻、邊裔、種人、貢獻、方言

藝文志：記載滇事之書、滇人著述之書、金石、雜著

雜　志：古蹟（臺榭勝蹟）、冢墓、軼事、異聞

近人有以爲此一體例出於阮元手訂者，〔註 76〕實際未必如此。由於阮元此時

〔註 75〕 王崧，《樂山集》，頁 2，〈敎授文林郎山西武鄉縣知縣樂山先生墓志銘〉。

〔註 76〕 方國瑜，〈清修雲南省志諸書概說〉，《雲南大學學報》，1981 年第 6 期，頁 57，

年近古稀，精力已衰，無意干預此書體例，遂概由王崧自行決定。同時也因清代雲南文風尚未發達，可資雲南通志稿編纂的憑藉較少，編輯陣容也不及廣東通志之堅強，一般而言，水準不及廣東通志。但此稿博洽有法，頗盡保存史料之功，在全國各省通志中，仍屬佼佼者。直到民國初年纂修省志，仍有沿用或奉行《雲南通志稿》之體例及書名者，如《續修陝西通志稿》即爲其例。該書凡例即稱：「自來修方志者，以體例謹嚴爲主。其書名有不可拘一例者，如阮文達公元有《雲南通志稿》，章進士學誠有《湖北通志稿》。……茲援阮、章兩氏所著滇鄂通志稿之例，定名曰《續修陝西通志稿》。」〔註77〕

3、對續修揚州方志的建議

方志無論官修私纂，範圍大小，都有保存地方史料的價值，其體例與內容都受阮元重視。嘉慶年間，揚州知府伊秉綬議修《揚州圖經》，未成離任；姚文田主纂的《重修揚州府志》、儀徵知縣顏希源修《嘉慶儀徵縣續志》、劉文淇纂修的《道光重修儀徵縣志》等桑梓志書時，皆曾向阮元請教。阮元皆主張實事求是，用舊志資料須注出處，省重複，精校刻，採訪傳著可有創新，詩文取捨以重要性爲準，特別重視圖之作用，以利輿地山川關隘鄉邑等項目之說明，建議增加事志、氏族表等。按照阮元之法，可存舊志，核舛錯，免重複與遺漏，增新事蹟，詳略合宜，省工省費，堪爲修纂地方續志的典範。

二、金　石

1、《山左金石志》與《兩浙金石志》

金石銘刻的分地記載，在清以前，僅三部書而已。〔註78〕清代金石學發達，各省、府、州、縣等方志中有〈金石志〉者，凡297部，其中爲清以前人所作者僅一部而已。〔註79〕專記一省的金石志，如畢沅的《中州金石記》、翁方綱的《粵東金石略》等，均負盛名。乾隆五十八年，畢沅任山東巡撫，與山東學政阮元合編《山左金石志》24卷。山左爲古代齊魯曹宋諸國之地，歷代金石遺留之富，甲於他處。畢沅此時由於年老政繁，金石志的實際編纂工作即交由正值

稱「是書體例，蓋出於阮元之手」。

〔註77〕《續修陝西通志稿》，〈凡例〉，頁1。又，光緒年間，王文韶等修《續雲南通志稿》194卷，卷首6卷。

〔註78〕朱劍心，《金石學》，頁39。

〔註79〕朱劍心，《金石學》，頁39。

盛年，熱心文教的姻親阮元擔任。其後畢沅調湖廣總督，忙於平定白蓮教亂，無暇過問此書進度。不過此書刊印後，仍以畢沅掛名爲主編。

佐助阮元編輯《山左金石志》者，不乏當時金石學界名人，如朱文藻、何元錫、武億、段松苓、黃易等。在諸人的勤於搜索下，成果相當豐碩。其資料來源，部分得之於徵集舊本，部分得自「搜訪摹搨，頗窮幽遠」的新獲拓本，計 1300 餘卷，約爲畢沅之前所編《關中金石志》與《中州金石志》總數的三倍。《山左金石志》詳細記錄所收各金石的銘文、形制、來歷、書法、存佚情形、摹刻拓本諸項，充滿漢學家實事求是的精神。

《兩浙金石志》係阮元任浙江巡撫時，得到對金石學極有興趣的趙魏、何元錫、許宗彥等人協助搜訪考證而成之書。本書專錄浙省自會稽秦石刻以迄元末的金石資料 658 種，體例亦如《山左金石志》，係以時代先後爲序，後附案語，較碑銘文字低兩格，詳載各金石所在地點、行數、字徑、書法，批判其內容與用字，多引用錢大昕、吳任臣等學者考證校刊的研究成果。

阮元編輯《山左金石志》與《兩浙金石志》二書之影響，不僅促進山東、兩浙地區金石學風的興盛，金石學專家輩出，形成以鑑賞與搜集金石資料爲主的山東學派，及以從事開創研究文字自由運用金石資料爲主的江南學派，〔註 80〕而且帶動其他省分及府縣編纂金石志的風氣。例如阮福編《滇南金石錄》、馮登府撰《閩中金石志》、陸心源輯《吳興金石記》、葉爲銘纂《歙縣金石志》等。其格式悉仿《兩浙金石志》，同時在文章中常引用阮元的解釋與論斷。金石志也成爲此後所修各級方志中不可或缺的項目，均是受了阮元所編兩省金石志的啓發與影響。

2、《積古齋鐘鼎彝器款識》

《積古齋鐘鼎彝器款識》係阮元主編，他自稱「積古」之名本係「稽古」的筆誤，〔註 81〕但由於他對鐘鼎等古器愛好殊深，積古一詞，更愜其意，遂將錯就錯地用以稱編纂《山左金石志》時的書齋。他鑑於公私所藏古器均易受兵燹毀壞，遭水土沉薶，或儈賈銷毀，而不得久；圖釋諸書，反得流傳，

〔註 80〕 代表山東學派（又稱北派）的金石資料搜集者如陳介祺（《簠齋吉金錄》）、吳式芬（《攈古錄》）、許瀚（《攀古小廬雜著》、編《濟州金石志》、助吳式芬編《攈古錄金文》中收許瀚考釋文字 108 篇）等。江南學派（又稱南派）的金石研究者如蘇州潘祖蔭（《攀古樓彝器款識》）、蘇州吳大澂（《說文古籀補》）、瑞安孫詒讓（《古籀拾遺》）等。

〔註 81〕 《揅經室三集》，卷 3，頁 605，〈積古齋記〉。

站在保存金石文獻的立場，遂先於嘉慶七年翻刻考釋宋王厚之的《復齋鐘鼎款識》共 59 種，嘉慶九年又將所藏及所見的古器摹勒成《積古齋鐘鼎彝器款識》一書。此書是阮元聚集同好金石及古學的朱爲弼、孫星衍、翁樹培、秦恩復、錢坫、何元錫、江藩、張廷濟、江德量、趙秉沖、宋葆淳等人和他自己所收藏摹搨的銘文共 550 件而成，是集諸家器物銘文爲專書之始。此書猶如山左、兩浙金石志，也記載各器的來源、收藏者生平、解釋其文字；並仿宋薛尚功所輯 493 器的《歷代鐘鼎款識法帖》體例，將各件器物按時代先後著錄，並附摹刻、考釋。所錄以周代之物最多，商次之，秦和魏晉皆少，以下即未著錄。其重點既在著錄銘文，不僅是繼薛書之後金文學第二次集大成之作，而且確立清代金文學的基本方向，成爲清代治金文學者的資料憑藉，如吳大澂、孫詒讓等，皆受其惠，在此基礎上對金文作進一步的研究補正工作。此書的影響範圍，一如《皇清經解》，不僅限於本國，朝鮮學人也有據以爲研究說文解字的主要資料，〔註 82〕其方向同於清代金文學。

由於清代學者多兼治金石文字，對《積古齋鐘鼎彝器款識》缺失的批評，可謂既多且厲。如俞樾認爲此書固爲具有筆削精意之作，比前此匯集古器銘文之書尤爲鉅觀，但因「止錄銘辭，不具形製」，僅作概括性的說明，無法使數千年古物如在目前，是「猶有所憾」；〔註 83〕黃彭年比較此書稿本與定本的異同，具體指出釋文摹文詳略補闕優劣之處，但也肯定可見朱爲弼「晉輯之眞面」以及阮元「筆削之精心」。〔註 84〕至於後人繼續指出其書不妥之處，有「清代書法第一」之稱的何紹基也在校定此書釋文時，列舉 154 則，評論其斷字、斷句、斷代諸多不當及臆斷附會之處。〔註 85〕阮元對其淩厲的攻勢，雖稱是「入室操戈」，不僅不以爲忤，且予以鼓勵，〔註 86〕足見其雅量。又如孫詒讓亦於《古籀拾遺》（初名《商周金識拾遺》）中卷，訂正阮元《積古齋鐘鼎彝器款識》達 30 條。〔註 87〕

〔註 82〕李慈銘，《越縵堂讀書記》，頁 536，〈論朝鮮朴瑄壽說文解字翼徵〉：「其所據者，薛氏鐘鼎款識之外，惟阮文達積古齋鐘鼎彝器款識」。
〔註 83〕俞樾，《春在堂雜文》，續 2，頁 22。
〔註 84〕黃彭年，《陶樓文鈔》（《續修四庫全書》集部·別集類，上海古籍出版社，2002 年），卷 10，頁 9，〈積古齋鐘鼎彝器款識藁跋〉。
〔註 85〕何紹基，《東洲草堂全集》，卷 7，頁 1～21，〈校定阮氏積古齋款識釋文〉。
〔註 86〕何紹基，《東洲草堂全集》，卷 7，頁 10，〈校定阮氏積古齋款識釋文〉。
〔註 87〕朱芳圃編，《孫仲容先生詒讓年譜》，頁 29。

三、圖書與目錄

阮元在刻書與藏書方面的業績甚多，分述如下：

1、當代圖書的刊刻——《文選樓叢書》等

阮元倡導學術的勳業之一即刊刻許多圖書，除前已述及的《皇清經解》、《經籍纂詁》、《兩浙金石志》、《積古齋鐘鼎彝器款識》等之外，還彙刻《文選樓叢書》。清人特別獎勵刻書，〔註88〕阮元也認爲刻書是「於人謂之有功，於己謂之有福」的事業，〔註89〕故對汲古閣毛氏刊刻古籍，至爲欽佩，並希望後人效法這種精神。他說：

> 昔元童時讀文選汲古閣本，每慨然慕毛氏之爲人。毛氏之名，今亦永垂藝苑，此毛氏之福也。毛氏有此名此福，而明於事者能效之，則今岑氏是也。揚州有力能刻古籍者甚多，而願者究少，則以此事亦須有讀書之性情嗜好與辦事之才識福分，談何易哉！〔註90〕

又稱贊知不足齋主鮑廷博「世衍書香，廣刊秘籍，亦藝林之勝事也。」「以進書受知，名聞當世，謂諸生無可報稱，乃多刻所藏古書善本，公諸海內。」〔註91〕他也特別頌揚家貧而好古多讀書的彭純甫出館穀刊刻惠棟禮說的貢獻。〔註92〕阮元刊刻《文選樓叢書》，即係發揚此種精神。

《文選樓叢書》共計32種，488卷，〔註93〕由阮元主持選編，他去世後，由阮亨主持完成。所選以經史考據之作爲主，除他自撰的《揅經室集》、《揅經室續集》、《儀禮石經校勘記》、《曾子十篇注釋》、《揅經室詩錄》、《淮海英靈集》、《定香亭筆談》、《小滄浪筆談》、《廣陵詩事》、《疇人傳》、《華山碑考》、《石渠隨筆》、編纂的《詁經精舍文集》、《積古齋鐘鼎彝器款識》、《八磚吟館刻燭集》；阮福撰的《孝經義疏補》、《小琅嬛叢記》（滇南古金石錄、文筆考）等外，尙輯有淩廷堪的《禮經釋例》、汪中的《述學》、焦循的《雕菰集》、焦

〔註88〕淨雨，〈清代印刷史小記〉，《書林雜話》，頁2～15。

〔註89〕《揅經室續集》，卷3，頁133，〈虞山張氏詒經堂記〉。又，阮元序錢熙祚輯刊之書守山閣叢書、指海珠叢別錄、素問、靈樞，凡數百種，稱其書「于人謂之有功，于己謂之有福。」（博潤等修，姚光發等纂，《松江府續志》，光緒九年刊本，卷24，頁59）

〔註90〕《揅經室再續集》，卷3，頁22，〈重刻舊唐書序〉。

〔註91〕《揅經室二集》，卷5，頁458，〈知不足齋鮑君傳〉。

〔註92〕《揅經室一集》，卷11，頁217，〈惠半農先生禮說序〉。

〔註93〕劉錦藻，《清朝續文獻通考》，卷272，頁10166。

廷琥的《密梅花館文錄》、山井鼎的《七經孟子考文并補遺》、孔廣森的《儀鄭堂文集》、羅士琳的《續疇人傳》、錢大昕的《恆言錄》、錢塘的《溉亭述古錄》、齊召南的《歷代帝王年表》、陸費墀的《帝王廟謚年諱譜》、蔣友仁的《地球圖說》、錢曾的《讀書敏求記》、張肇瑛的《愚溪叢稿》等，可見《文選樓叢書》以刊刻當代人有關考證的著述爲主。其校刻工作頗爲講究，因此葉德輝稱：「阮文達元文選樓叢書，則兼收藏、考訂、校讎之長者也。」〔註 94〕

至於阮元同時代人之著作，除了刻入文選樓叢書者外，尚有朱珪的《知足齋詩集》、王杰的《王文端公文集》、鍾褱的《菣崖考古錄》、張惠言的《周易虞氏易》、《虞氏消息》、《儀禮圖》、《易說》、郝懿行的《山海經箋注》、段玉裁的《說文解字注》、劉台拱的《劉端臨先生文集》、劉逢祿的《劉禮部集》、任大椿的《弁服釋例》、陳鱣的《續唐書》、臧庸的《拜經日記》、鐵保的《熙朝雅頌集》等，〔註 95〕皆由阮氏主持刊行。此外尚有在廣東時彙刻學海堂師生所作經史詞章的《學海堂集》。

由上列阮氏刊刻的當代著作，可見其作者絕大多數是阮元的師友學侶或同屬樸學之士。這群乾嘉學者大多是在艱困的物質環境下從事研究，其著作或遺著要公諸於世，並非易事，〔註 96〕阮元自稱了解諸人學行甚深，設法刊

〔註 94〕葉德輝，《書林清話》，卷 9，頁 251。

〔註 95〕阮元於〈知足齋詩集後序〉云：「元奉命巡撫浙江，師（朱珪）嘗以詩寄示，爰請於師，得授全集，將刊之於板。師復命元選訂之，元乃與及門陳編修壽祺等，共商刪存。」（《揅經室二集》，卷 7，頁 500）。〈王文端公文集校本跋〉云：「公（王杰）薨後，公子堉時，收羅雜稿，寄至江西，屬元編刻之。元乃手編爲葆淳堂集若干卷，又訂成年譜一卷，付之梓。」（《揅經室三集》，卷 5，頁 632。）〈菣崖考古錄序〉云：「余遂刊之於板，以付葵嘉，少暇當再錄其詩，續入英靈集。」（《揅經室二集》，卷 7，頁 501）。董士錫，《齊物論齋文集》，卷 1，頁 8，〈張氏易說後敘〉云：「阮公悲先生（張惠言）之身不獲行其所學，徵其遺書將刊木而傳之。先生固不藉汲汲以傳其書，然可以使天下皆知先生之學也。」（張氏少孤貧，時至乏炊，年 42 卒。）〈郝户部山海經牋疏序〉云：「今郝氏究心是經，加以牋疏，精而不鑿，博而不濫，燦然畢著，斐然成章。余覽而嘉之，爲之刊板以傳。」（《揅經室三集》，卷 5，頁 645）。《段玉裁年譜》，頁 82，轉載嘉慶十二年十月十五日召代經師手簡初集云說文解字注「獲阮公刻成一卷，一以爲倡」。《劉禮部集》，阮元及李兆洛爲梓行。《海昌備志》〈陳鱣擬傳〉載：「仲魚既沒，遺書散佚，相國（阮元）爲刊續唐書於粵東。」（《簡莊綴文》，擬傳，頁 1）。臧庸之子來粵東見阮元，元命採擇其要者代爲付刊，以《拜經日記》授梓。（《臧在東先生年譜》，頁 297）阮元刊鐵保輯《熙朝雅頌集》，見《揅經室二集》，卷 8，頁 517，〈奉敕撰熙朝雅頌集跋〉。

〔註 96〕例如，凌廷堪門生張其錦云：「吾師不朽之業，庶可流播海內矣。然非阮公之

行之，於學術文化的傳播與累積，厥功甚大。

除純學術的著作外，阮元在浙江、河南巡撫任內，還刊布過汪輝祖的《學治臆說》、《佐治藥言》等有關實際政務之書，〔註 97〕用以勗勉僚屬與胥吏，並期學與仕合，濟於實用，此亦表現他的關心吏治，是將經世思想付諸實現的具體例證。

2、書藏的建立

古今著作，難聚易散，阮元不僅致力刻書，也提倡公私藏書，以保存文獻。他的琅嬛僊館、積古齋、文選樓等處，既是讀書修業之處，也是著名的私人藏書所在。各處藏書性質不同，揚州的文選樓，藏書尤豐。他撰《文選樓藏書記》6 卷，記載所藏的二千餘部，三萬餘卷圖書的作者姓名、卷數、版本、內容大略等事項，以宋明版本爲最多，且多善本。每逢編纂大部頭書如十三經校勘記、廣東通志等，即提供他豐富的藏書，珍貴的版本，以利編纂工作的進行。〔註 98〕正由於他能體認圖書是公器，不應爲個人獨占，乃創建公共的圖書館——靈隱書藏與焦山書藏，以使保存的圖書得以被充分利用。位在杭州的靈隱書藏建於嘉慶十四年，鎮江的焦山書藏建於嘉慶十八年。

阮元在〈與顧宗泰、古廷慶等人集靈隱置書藏紀事詩〉云：

> 尚書未百篇，春秋疑斷爛。列史志藝文，分卷本億萬。傳之千百年，存世不及半。近代多書樓，難聚易分散。或者古名山，與俗隔崖岸。岧嶤靈隱峰，琳宮敞樓觀。共爲藏書來，藏室特修建。學人苦著書，難殺竹青汗。若非見著錄，何必弄柔翰？舟車易遺亡，水火爲患難。子孫重田園，棄此等塗炭。朋友諾黃金，文字任失竄。或以經覆瓿，或以詩投溷。當年無副本，佚後每長歎。豈如香山寺，全集不散亂。名家勒巨帙，精神本注貫。逸民老田閒，不見亦無悶。雖不待藏傳，得藏亦所願。我今立藏法，似定禪家案。諸友以書來，收藏持一卷。

表章碩學，篤念素交，夫豈易有此哉？」（《校禮堂文集》，目錄，頁 16）

〔註 97〕《揅經室二集》，卷 3，頁 411，〈循吏汪輝祖傳〉。

〔註 98〕張鑑，〈題楊忠愍手蹟卷〉：「丙寅夏，阮師葺忠愍祠於焦山，以家藏舊鈔宋元兩鎮江志及此置祠中。」（《冬青館甲集》二，頁 6）張聰咸，〈與阮侍郎論晉逸史例〉：「承示以唐魏徵群書治要所引晉書以下諸傳，皆貞觀以前之本，可備補遺。」（《經史質疑錄》，頁 33）。阮元藏書豐富，惜毀於火，以致重修儀徵縣志時，須參考阮元藏孤本嘉靖縣志，已無其書，劉文淇認爲使考古者深以爲憾。（《劉孟瞻年譜》，頁 49）

他年七十櫥，卷軸積無算。或有訪書人，伏閣細披看。古人好事心，試共後人論。即汎西湖舟，旋飽蔬筍飯。出志夕陽殘，鷲嶺風泉渙。〔註 99〕

說明他成立書藏的動機。張鑑於〈至靈隱觀書藏紀事〉云：「昔人思儒藏，徒作不了義」，〔註 100〕頗能表現阮元設此書藏的意義在於將周永年「儒藏說」的構想，付諸實踐的難能可貴。書藏立於寺院，是由於寺院有藏經石室，可遠火厄。由所訂藏書條例九項論其圖書管理方法，似不合科學精神。阮元甚至認為不須分部收藏，僅在書及簿冊上塡注經史子集，按得書次第分號藏於書櫥即可。由方丈秉公舉兩名謹愼知文字的守藏僧管理，讀者只准在閣內閱讀，圖書不得外借或塗損。焦山書藏的管理、編目、條例等規定，一如靈隱書藏，只添加一條煙燈不許近樓，係仿天一閣的規定。

太平天國之亂後，靈隱書藏遭遇浩劫，焦山書藏卻倖存。丁丙於光緒十七年撰〈焦山書藏記〉稱：「瑤函秘集，如在桃花源。不遭秦火，山僧尚守成規。簿錄管鑰，雖歷七八十年，流傳弗替，可謂難矣。」〔註 101〕遂檢視所藏及刊寫諸書，繕目贈藏其中，並希望能恪守成規，可見阮元這項收藏儒家之書於寺院以供公眾利用的措施，是受重視並有其意義的，深獲士林感激。儘管焦山書藏的藏書樓和珍藏古籍於 1937 年被日寇焚燒一空，這項舉措已奠定他創立公共圖書館的地位。〔註 102〕

3、督促《天一閣書目》的編纂

隨著時代的演進，圖書總量必然增加，而讀書人的精力有限，無法以有涯的生命，追逐無涯的知識，目錄學是學者步入學海的進路。關心學術的阮

〔註 99〕《揅經室四集》，卷 8，頁 849，〈四月十日同顧宗泰、古廷慶、石韞玉三院長暨朱為弼、蔣詩、華瑞潢、何元錫、王豫、項墉、張鑑諸君子集靈隱置書藏紀事〉。

〔註 100〕張鑑，《冬青館甲集》二，頁 14：「吾師領湖山，望古有深契。……會逢法與翁，哦詩具妙諦。千里寄書來，謂宜遵古例。即刻印一編，禪林有法嗣。……昔人思儒藏，徒作不了義。孰知名山緣，乃遜智者智。」石韞玉有〈靈隱書藏賦〉詠此盛舉：「心追白傅同千古，志在班生集九流。」（《石竹堂全集》，晚香樓集二，頁 1）。秦瀛有〈疾題靈隱寺書藏〉一首，表示他對書藏成立及自己詩文被度藏的感想：「前年中丞寄我書，索我詩文藏佛寺。無何中丞亦北來，今年示我書藏記。中丞博洽越前輩，偶以清暇舉勝事。……我集詎足當弃藏，或附一編慰公意。壁間公記并翁詩，千秋不磨傳福地。」（《小峴山人詩集》，卷 20，頁 8。）

〔註 101〕丁丙，〈焦山書藏記〉，《中國古代藏書與近代圖書館史料》，頁 84，錄自焦山書藏書目。

〔註 102〕王章濤，《阮元傳》，頁 145。

元自然注意治學途徑——目錄的編纂工作。他在任浙江巡撫時，曾鼓勵寧波天一閣范氏子弟編《天一閣書目》。

寧波范氏天一閣在明清兩代私人藏書中，居重要地位。乾隆年間開四庫館時，共進呈 638 部書，爲藏書家之冠。乾隆帝派專人往浙江繪天一閣圖，仿其式樣建造七閣以庋藏四庫全書。與其他私人藏書相比，天一閣由於管理規例嚴格，而維持較久。在謝啓昆任官浙東時，曾勸范氏裔孫仿晁氏讀書志，另編書目，〔註 103〕惟未見實行。迨阮元視學浙東時，督促范氏後人編成《天一閣書目》10 卷，嘉慶十三年任巡撫時，又到寧波，屬寧紹台道陳廷杰刻之。〔註 104〕此一繼范欽、黃宗羲、王杰諸人天一閣編目之後的目錄，完全是在阮元積極督導下才完成。繆荃孫批評此書僅是「以類編次，類中毫無次序，且有重複，秘本亦未標出，與阮意不相應。」〔註 105〕此書雖有缺點，總是對天一閣藏書情形，作一次清理，是流傳較廣，具有較大學術參考價值的書目，有助後人了解與重新編目的依據，仍是對歷史文物的一項貢獻。

4、《宛委別藏》的收錄

四庫全書是部大規模的叢書，阮元以未能親身參與此項編修盛業爲憾。但古今書籍至富，四庫全書不可能全予網羅，仍有不少遺珠。阮元自稱「古書之亡多矣，四庫不能盡輯」，受會稽章逢源的啓發，致力搜輯古書。〔註 106〕遂於浙江學政及巡撫任內，爲保存前人心血結晶，並表現個人倡導文教之意，特別搜集東南一帶甚至遠及日本的秘笈遺書，派遣鮑廷博、何元錫、嚴杰等人襄助，多方購求四庫全書未予著錄的清代以前重要著作，或四庫全書雖有著錄，但有異本者，以及足補四庫全書著錄的部分殘闕書籍。阮元有詩以紀從事此項工作的困難與心得云：

> 訪之苟不力，彎沒隨雲煙。吾讀古藝略，中心每拳拳。……我昔校天祿，直閣兼文淵。稽古中秘書，猶恐有佚焉。四庫所未收，民間尚流傳。問俟曹倉開，索待海舶旋。……再訪再寫進，屢得翰墨緣。副墨亦可誦，我或儲琅嬛。何君繪此圖，志學何精擘。……萬卷能

〔註 103〕謝啓昆，《樹經堂詩初集》，卷 13，頁 19，〈題范氏天一閣〉：「藏書更比讀書難，那及君家長韞櫝。焦氏經籍志空傳，採訪碑目恐未全。勸君校勘撮大要，仿作晁家志一編。」

〔註 104〕《揅經室二集》，卷 7，頁 515，〈寧波范氏天一閣書目序〉。

〔註 105〕繆荃孫，《藝風堂文漫存》，卷 3，頁 4。

〔註 106〕《揅經室再續集》，卷 3，頁 15～16，〈高郵茆氏輯十種古書序〉。

長存，即是古偓佺。〔註107〕

自嘉慶十二年起，阮元將搜羅的四庫未收之書分三次進呈內府，〔註108〕計175種，嘉慶帝敕令將其貯藏於養心殿，並賜名爲《宛委別藏》。此一百餘種珍貴秘笈，以時代分，最多者爲學術文化發達的宋代著作計88種，其次爲元代著作33種，以及多徵引失傳古籍的唐代著述24種。其他時代或因年代久遠如秦漢，遺書數量本來就少，或如時代雖近如明，由於未獲尙古主義盛行時代學者的肯定以及顧慮政治禁忌的影響，所收之書均在五種以下。

《宛委別藏》的收錄，其缺失如下：有四庫全書已收錄而重複者，如俞玉（一作俞琰）的《書齋夜話》；也有當收未收者，如元版《詩集傳附錄纂疏》、《釣磯詩集》、《丹崖集》等；有當補未補者，如《唐權文公集》，四庫全書著錄的是殘本十卷本，阮元由朱錫庚處發現有五十卷足本，朱珪有序記其事，〔註109〕阮元並未據以補入。

阮元搜集《宛委別藏》有補四庫全書闕遺，爲將來續修四庫全書準備工作之意，因此所進呈的每部書，均仿紀昀撰提要之例，作《四庫未收書目提要》，以繼踵前人之業。此提要共173篇，載於《揅經室外集》。內容包括介紹各書的作者生平、卷數、闕佚情形、版本考證、全書要點等項。其收錄範圍遍及四部，所論往往比四庫提要爲詳博，而其基本精神仍是紀昀在提要中表現的漢學家立場——著重於有裨經史考證，崇尙實事求是的著作，批判宋明學術空疏陋習及浮薄弊端等方面。《四庫未收書目提要》多非阮元自作，編次淩亂，有些考證不詳，甚至分類錯誤，而頗受批評，但仍有可參考者。錢泰吉稱宋刻胡墀增廣箋注簡齋詩集云:「儀徵相國經進書且有之，亦未詳竹坡生平事蹟也。」〔註110〕李慈銘即評以:「書目無次序，多非文達自作，故編爲外集，然頗有異聞，足資考索。」〔註111〕近人亦指出其中幾種分類有誤者。〔註112〕其中《元秘史》、《建炎筆錄》、《辨誣筆錄》未進呈；《皇元征緬錄》、《招捕總錄》乃《元文類》中之兩篇，故阮元實際進呈四庫未收書168種。又，《外

〔註107〕《揅經室四集》，卷8，頁848，〈題何夢華上舍訪書圖〉。

〔註108〕《揅經室四集》，卷8，頁848，〈題何夢華上舍訪書圖〉，自注:「丁卯冬，元進四庫未收書六十種」,「後又進四十種」。

〔註109〕曼萬，《唐集敍錄》，頁163～165。

〔註110〕李慈銘，《越縵堂讀書記》，頁1121。。

〔註111〕錢泰吉，《甘泉鄉人稿》，卷9，頁38。

〔註112〕吳哲夫，〈宛委別藏簡介〉,《中國圖書文獻學論集》，頁532～533。

集》有提要而無書者 17 種，有書而無提要者 4 種。〔註 113〕

雖然《宛委別藏》在分類及收錄方面皆有疏忽，提要的編排無序，由於所收錄泰半是孤本秘笈，因此在版本校勘方面，仍極具參考價値，些微缺失，不足掩瑜。整體而言，這部叢書是我國一項重要的文化資產；再者，阮元續編四庫全書的計畫直到清末民初仍有學者提出。光緒年間，王懿榮、章梫等議續收四庫全書，民國以來，邵瑞彭、倫明等人亦持相同看法，〔註 114〕儘管當時政府無暇亦無力顧及續修之事，更顯示阮元搜羅此部叢書對文化薪傳的意義與價值。

乾嘉學術以經學研究爲核心，阮元爲其最後重鎮，其史學成就及影響均不及經學之大，但仍有足以稱述者。首先是在他的史學與經學之間有密切的交集——實事求是精神、經世思想，以及保存文獻，宏揚學術的使命感。他的經學宗旨在於由訓詁尋得義理，以破除宋明理學的空疏，因而刊刻許多乾嘉學者的經學著作，彙集經籍中的古訓、名物等資料性工具書，極力發揚經學的經世作用。他的史學同樣表現這種特質，他開創《國史儒林傳》的體例和規模，不沿襲宋史的道學傳，而融合道學於儒林之中，宋學家的傳主居少數等現象，顯然可見他站在漢學家立場排斥宋明理學學術地位的動機。《疇人傳》也由實事求是的精神出發，倡導曆算學實學研究，雖是貶抑明人曆算學成就，而對吾國古典的曆算學則深具信心，並相信有超越西法的可能。這種實事求是的態度與經世致用的精神也貫注在所編纂的《廣東通志》和《雲南通志稿》中，二書內容詳贍，考證闕疑，重視輿圖，均遠超過舊志。他編纂地方的金石志及古代的鐘鼎彝器款識，開創金石學的研究風氣。重視圖書之搜集刊刻，與目錄之編纂，肯定當代的學術成就，闡揚當代的學人著述，皆有可稱者。

綜觀阮元在史學方面的表現，雖未曾提出系統的史學理論，亦未多留意西學，但在傳記、金石等方面，因學養深厚，根柢經史，尙有個人見解外，大多只是編輯、考訂而已。然而經由他的纂輯之業，才使許多文獻資料得以保存，對傳統文化的累積，自有不可磨滅之功。魏源認爲乾嘉學術名人爭治訓詁音聲，「視國初崑山、常熟二顧及四明黃南雷、萬季野、全謝山諸公，即皆擯爲史學非經學，或謂宋學非漢學，錮天下聰明知慧，使盡出于無用之一途」，〔註 115〕這一論點，從阮元對經學史學互爲表裏來看，是站不住腳的。

〔註 113〕詳見王章濤，《阮元傳》，頁 100。

〔註 114〕葉仲經，〈清四庫全書平議〉，《金陵學報》，第 3 卷第 2 號，1934 年，頁 630。

〔註 115〕魏源，《古微堂外集》，卷 4，頁 20～21，〈武進李申耆先生傳〉。

第六章　阮元在考據學以外的工作（二）文學

文章是敘述事實、寄託感情與表達思想的工具。由於不同時代有不同風尚，流行文體也不同，例如漢賦、六朝駢文、唐詩、宋詞、元曲等，皆爲一代文學主流。清代文派亦多，最著名者當數桐城派，以其標明義法，建立文統，遠溯唐宋八大家，近承明季歸有光，一脈相傳，聲勢浩大，幾成當代不祧之文宗。〔註 1〕桐城派所主文章形式，與當時科舉考試所用之八股、制藝或稱時文有別，特稱爲古文，是一種反對六朝駢儷文體的散文。當桐城派古文聲勢極盛之時，揚州文人汪中、江藩、凌廷堪、阮元等起而與之抗衡，他們都是漢學家，重駢輕散，主張詩文須根柢經史，這種文體形式與文章內容皆異於宗主宋學的古文家之新興文論，也成爲清代中葉漢宋之爭的另一戰場。本章先探討阮元的文論，再說明其文學造詣及所編詩集。

第一節　阮元的文學理論——揚州學派論「文」的形式與內容

阮元是揚州學派論的重要代表，提出文韻說、文筆說、文言說，強調詩文須根柢經史，倡導駢文及文選學等論點，闡述揚州學派的文論。

〔註 1〕郭紹虞，《中國文學批評新論》，頁 545：「清代文論以古文家爲中堅，而古文家之文論又以桐城派爲中堅。有清一代的古文，前前後後殆無不與桐城生關係。在桐城派未立以前的古文家，大都可視爲桐城派的前驅；在桐城派方立或即立的時候，一般不入宗派或別立宗派的古文，又都是桐城派之羽翼與支流。」

一、「文韻說」與「文筆說」——揚州學派論「文」的形式

有清中葉古文與駢文之爭，阮元站在揚州學派漢學家立場，倡導「重駢輕散」之論。他於道光五年提出「文韻說」，此外收錄在《揅經室集》中的文論尚有〈文言說〉、〈數說〉、〈名說〉、〈與友人論古文書〉、〈學海堂文筆策問〉等篇。阮元的主要觀念是：由於古代文字未興，口耳之傳，恐久則遺忘失傳，又因無筆墨紙硯之便，只得鑄金刻石，以傳久遠，非如後人下筆千言之易，故作文章者，必務協音以成韻，修辭以達遠，俾易誦記，始爲言之有文。〔註2〕經典中如庸言庸行、進德修業、上位下位、同聲同氣、水濕火燥、雲龍風虎、先天後天、餘慶餘殃等比偶之詞，皆是爲「文」之例。孔子言易，即以用韻比偶之法，錯綜其言，故名曰「文」。阮元以聲爲喻，稱情發於聲，聲成文謂之音，亦謂之韻，古人銘辭，皆屬有韻有文；〔註3〕又以色喻文，凡物兩色相偶而交錯之，即名曰「文」，徵引〈考工記〉云：「青與白謂之文，赤與白謂之章」，故惟有用韻比偶，錯綜其言，屬辭成篇，乃得名爲文章。然而後人以單行之語，縱橫恣肆，動輒千言萬字，無韻無偶，僅是古人所謂直言之「言」或論難之「語」，卻以言爲文，且尊之曰古，實爲誤解，蓋古人所指「古文」，本義是籀史奇字。〔註4〕因此，唐宋以降所稱「古文」，不是眞古文。

至於無韻之文，阮元認爲僅可稱爲「筆」。文與筆屬不同範疇，文指合乎聲律排偶的篇章，涵蘊沉思翰藻的作品；筆从聿，聿述也，指說經講學、傳志記事、立意論理的經史子部之作，直言無文采，故不得稱之爲文。〔註5〕文筆之分，起於韻文發達的南朝，宋文帝問顏延之諸子才能，延之曰：「竣得臣筆，測得臣文。」〔註6〕梁元帝曾云：「不便爲詩如閻纂，善爲章奏如伯松。

〔註2〕《揅經室三集》，卷2，頁567，〈文言說〉：「古人以簡策傳事者少，以口舌傳事者多；以目治事者少，以口耳治事者多。故同爲一言，轉相告語，必有愆誤。是必寡其詞，協其音，以文其言，使人易於記誦，無能增改。且無方言俗語雜於其間，始能達意，始能行遠。」又，頁568，〈數說〉亦申斯旨：「古人簡策繁重，以口耳相傳者多，以目相傳者少。是以有韻有文之言，行之始遠。」

〔註3〕《揅經室續集》，卷3，頁128，〈文韻說〉。

〔註4〕《揅經室三集》，卷2，頁570，〈與友人論古文書〉。

〔註5〕《揅經室三集》，卷5，頁657～663，〈學海堂文筆策問〉，阮福即承阮元之文筆說，由史實及文字訓詁證明並發揮文筆有別之意。《學海堂初集》卷7，收入阮元門下學海堂諸人對文筆策問之論，發揮阮元之文筆說、文韻說、文言說。

〔註6〕郭紹虞，《中國文學批評新論》，頁59。

若此之流，泛謂之筆；吟詠風謠，流連哀思者，謂之文。」〔註 7〕顯然是對文學已有清晰的概念。後人也有以筆談、隨筆、劄記等詞以稱敘述掌故之作，但多未經深思，隨俗逕稱文集，阮元認爲須強調文與筆的分別，對自己的文章即予嚴格區分，僅將有韻的詩賦列入《揅經室集》的集部，其餘則按性質分入經史子三部，或是《小滄浪筆談》、《定香亭筆談》等著作中。

劉勰的《文心雕龍》與蕭統的《昭明文選》，對文韻之說與文筆之別，僅有原則性的區分，阮元則進一步分析韻文，並斷言「四書排偶之文，眞乃上接唐宋四六爲一脈，爲文之正統也。」〔註 8〕即奉駢文爲文之正統。由於他身居顯宦，且以孔子說易之「文」爲不容置疑與辯論的最後權威，在當時頗具說服力。儘管他認爲：「四書文之體，皆以比偶成文，不比不行，是明人終日在偶中而不自覺也」，〔註 9〕四書文即時文，古文與時文在方法上有相通之處，然而古文家卑視駢偶，全用奇語，因此阮元的立論對於盛極一時的桐城派構成威脅，曾引發激烈的爭辯。

道光初年，代表宋學立場的古文家方東樹即於《漢學商兌》中，攻擊漢學家以駢儷有韻之文爲正宗，而斥韓歐爲僞體的文論：

> 漢學家論文，每曰土苴韓歐，俯視韓歐，又曰骫矣韓歐。夫以韓歐之文，而謂之骫，眞無目而唾天矣。及觀其自爲，及所推崇諸家，類如屠酤計帳。揚州汪氏謂文之衰自昌黎始，其後揚州學派皆主此論，力詆八家之文爲僞體。阮氏著文筆考，以有韻者爲文，其恉亦如此。江藩嘗謂余曰：吾文無過他人，只是不帶一毫八家氣息。又凌廷堪集中，亦詆退之文非正宗。〔註 10〕

方氏的攻擊漢學家論文，正說明揚州文派一貫的重駢偶輕八家的文論，足以動搖古文的正宗地位，尤其是擊中桐城派古文的要害，而極力辨駁。駢散之爭的結果，一如經學上的漢宋爭議後來變成調和論，文學之爭也走向折衷論，如李兆洛、曾國藩等人對駢散之間均有不同程度的調適。〔註 11〕

〔註 7〕蕭繹，《金樓子》，〈立言篇〉。
〔註 8〕《揅經室三集》，卷 2，頁 570，〈書昭明太子文選序後〉。
〔註 9〕《揅經室三集》，卷 2，頁 570，〈書昭明太子文選序後〉。
〔註 10〕方東樹，《漢學商兑》，卷下，頁 146。
〔註 11〕如李兆洛以爲奇偶不能相離，可以互用（〈駢體文鈔序〉）；曾國藩亦主奇偶互用，奇中有偶，偶中有奇（〈送周荇農南歸序〉）；劉開力主文無所謂古今，亦無分於駢散（〈與王子卿太守論駢體書〉）等皆是。

二、根柢經史——揚州學派論「文」的內容

清代的古文家講究義法，其內容有許多缺失，朱珪、袁枚、章學誠等人均予指出，共同之點為摹古、剿襲時文及語錄陳調等。〔註 12〕阮元也認為清代所謂古文的內容與方法，受時文之害，誤以時文為古文，有失古文原義：

> 近代古文名家，徒為科舉時藝之累，於古人之文有益時藝者，始競趨之。〔註 13〕

連視方苞為古文宗主的桐城派大家劉開（1781～1821）也於〈與阮芸台宮保論文書〉承認此點，並仍肯定桐城派的價值云：

> 本朝論文多宗望溪，數十年來未有異議，先生獨不取其宗派，非故為立異也，亦非有意薄望溪也，必有信其未然，而奮其獨見也。……夫震川熟於史漢矣，學歐曾而有得，卓乎可傳，然不能進於古者，時藝太精之過也，且又其不能不囿於八家也。望溪之弊，與震川同，先生所不取者，其以此與？然其大體雅正，可以楷模後學，要不得不推為一代正宗也。〔註 14〕

劉開之言，說明阮元洞悉古文家的嚴重缺失在於「時藝太精」。阮元批評唐宋以後所稱「古文」，唐宋八家，宋居其六，只可說是「宋文」，卻因其聲勢太大，以至此一「千年墜緒，無人敢言，偶一論之，聞者掩耳，非聰穎特達深思好問如足下者，元未嘗稍為指晝也。」〔註 15〕阮氏批評言詞猶稱含蓄，其他不滿古文與時文糾葛難分的漢學家則不然。如錢大昕於〈與友人書〉中，直指古文家的義法說乃剽竊時文：

〔註 12〕袁枚《小倉山房尺牘》載朱珪所舉古文十弊：談心論性，頗似宋人語錄；俳詞偶語，習六朝靡曼；記序不知體裁，傳志如寫帳簿；優孟衣冠，摩秦仿漢；謹守八家空套，不自出心裁；餖飣成語，死氣滿紙；措詞率意，頗類應酬尺牘；窮於篇幅，有文無章，如枯木寒鴉，淡而可厭，且受不住一個大題目；平弱敷衍，襲時文調；鉤章棘句，以艱深文其淺陋。袁枚又增三弊云：徵書數典，瑣碎零星，誤以注疏為古文；馳騁雜亂，自誇氣力，甘作粗才；寫說文篆隸，教人難識，字古而文不古。章學誠指斥「古文十弊」為：剜肉為瘡、八面求圓、削趾適履、私署頭銜、不達時勢、同里銘旌、畫蛇添足、優伶演劇、井底天文、誤學邯鄲。（《文史通義》，卷 5，〈古文十弊〉）

〔註 13〕《揅經室三集》，卷 2，頁 571，〈與友人論古文書〉。

〔註 14〕劉開，〈與阮芸台宮保論文書〉，《劉孟塗文集》，卷 4；又見，《清代名人書札》，頁 12。

〔註 15〕《揅經室三集》，卷 2，頁 571，〈與友人論古文書〉。

蓋方（苞）所謂古文義法者，特世俗選本之古文，未嘗博觀而求其法也。法且不知，而義於何有？……若方氏乃眞不讀書之甚者。吾兄特以其文之波瀾意度近于古而喜之，予以爲方所得者，古文之糟粕，非古文之神理也。王若霖言靈皐以古文爲時文，卻以時文爲古文，方終身病之，若霖可謂洞中垣一方癥結者矣。〔註16〕

程廷祚也不滿此種名實不符的古文云：

夫三代以來，聖賢經傳皆文也，其別稱古文，自近日始。一則對科場應試之文而言，一則由唐宋諸子自謂能復秦漢以前之文而言。後代言古文者，率以唐宋爲依歸，而日趨於時。以日趨於時之文而命爲古文，明者之所哂也。〔註17〕

由於清代的古文或時文，皆奉唐宋思想或文章爲規範，例如方苞即表明自己是「學行繼程朱之後，文章介韓歐之間」，而當考據學蓬勃發展之時，必然反對徒究義法，內容空疏的文體。考據學者攻擊之道，是將其擅長的經史知識及宗主的求是精神引入所作詩文之中，反對盛行的古文，而重駢文。由於寫作駢文必須取資博學，方能言之有物，故清代工駢文者多屬積學的漢學家，如汪中、洪亮吉、孔廣森、阮元等皆是。他們主張作詩論文須根柢經史，清初朱彝尊即主張：「詩文須本經史，否則淺陋剿襲而已。」又說：「天下豈有舍學言詩之理。」〔註18〕阮元亦將樸學精神延伸到詩文的領域裡，曾說：

故元嘗謂若學相如子雲之爲文，必先學許鄭景純之所以爲學。非有根柢，不能文也。〔註19〕

其弟子陳文述記載阮元論詩文之言：

作文之道，不盡自文出；作詩之道，亦不盡自詩出。自古未有不求根柢於六經諸史，而可以自立者。〔註20〕

阮元品評嘉興吳文溥爲兩浙詩人之冠，源於「蓋其自好甚篤，學古甚深。」〔註21〕又評齊召南《寶綸堂詩鈔》云：

作詩之道，不可不本諸學問。……其詩皆沉博絕麗，宏偉秀彥，非

〔註16〕錢大昕，《潛研堂文集》，卷33，頁528～529，〈與友人書〉。
〔註17〕程廷祚，《青溪文集》，卷10，頁5，〈與家魚門論古文書〉。
〔註18〕朱彝尊，《曝書亭集》，卷39，頁329，〈棟亭詩序〉。
〔註19〕文廷式，《純常子枝語》，頁3157，〈阮元跋朱文正公遺墨〉。
〔註20〕陳文述，《頤道堂詩集》，自敘。
〔註21〕陳文述，《頤道堂詩集》，卷1，〈王秋海冰壑寒林館詩序〉。

山澤之臞可比。蓋所積者厚，故流者光也。〔註 22〕

皆說明阮元主張惟有以經史古學爲根柢，詩文才能達於一定水準。

承襲阮元文論思想餘緒者有李兆洛、鄭獻甫、蔣湘南、劉師培等人，皆反對一味模古與自立文統的古文派，主張建立眞古文的文統。李氏雖主駢散合一論，但追溯駢文之本出於古，有駁古文家以文統自居之意。〔註 23〕鄭氏以爲：「古文家之弊在過於模古，流於雜、拘、僞」，〔註 24〕尤其反對古文派的門戶之見：「謂東漢文敝，南宋後無古文，以昌黎直接史公，以震川直接歐公，而架漏中間數代作者。」〔註 25〕蔣氏謂古文家以八家之法爲功令文，如此之文最不古，宣稱：「古文之失傳，業五百年矣」，提出由文入筆的方法，強調清代的眞古文家在於戴震、錢大昕、汪中、張惠言、武億、陳壽祺、李兆洛、龔自珍、魏源等人，由於：

諸君子韞櫝六經，時時與聖人相見，闚意眇指，皆足爲後之讀經者示之門徑。世之人欲起衰振弊，必自通經始，通經必自訓詁始。欲通古人之訓詁，自不能不熟習周秦兩漢之文章。所謂由文入筆者，眞古文之根柢，即在於此。〔註 26〕

這種將文學附麗於經學的途轍，由文入筆及駢文爲文之正統的主張，顯然是阮元的同調。劉師培於〈廣阮氏文言說〉、〈文說〉、〈論文雜記〉、〈文章原始〉、〈駢文讀本序〉、〈論近世文學之變遷〉等論著中，力主文章以駢爲正，亦係發皇阮元的文論。〔註 27〕

三、重視文選學——揚州文派的選本

清代古文正宗桐城派健將方苞、劉大櫆、姚鼐、梅曾亮等，均編有古文選本。方苞的《古文約選》、劉大櫆的《唐宋八家古文約選》、姚鼐的《古文辭類纂》、梅曾亮的《古文詞略》等，全以唐宋八家文爲主。其選文標準爲

〔註 22〕轉引自潘兆賢，〈清代乾嘉詩人謔評〉，《中國詩季刊》，第 7 卷第 3 號，1976，頁 100。

〔註 23〕李兆洛於《駢體文鈔》一書，以司馬遷報任少卿書、諸葛亮出師表爲駢文，甚至欲以老子、管子、韓非子等爲駢文，以明駢文起源之古。

〔註 24〕鄭獻甫，《補學軒文集》，卷 3，頁 41～42，〈答友人論文書〉。

〔註 25〕鄭獻甫，《補學軒文集》，卷 2，頁 26，〈書茅鹿門八家文鈔後〉。

〔註 26〕蔣湘南，《七經樓文鈔》，卷 4，頁 47，〈與田叔子論古文第三書〉

〔註 27〕劉立人，〈論劉師培的文學史觀〉，揚州師院學報編輯部編，《揚州學派研究》，1987，頁 130～137。

「所取必至約，以見義法之精」的清眞雅正之文，與阮元界定之「文」的標準不同。

阮元曾從胡廷森、孫梅學習詞章之津梁——《文選》，〔註 28〕頗有心得。他特別重視《文選》，係因「文選一書，總周秦漢魏晉宋齊八代之文而存之，世間除諸經、史記、漢書之外，即以此書爲重。」〔註 29〕「昭明所選，名之曰文。蓋必文而後選，非文則不選也。經也、子也、史也，皆不可專名之爲文也。故昭明文選序後三段，特明其不選之故。必沈思翰藻，始以入選也」，〔註 30〕凡說經講學、傳志記事、立意爲宗，乃經、史、子，惟沈思翰藻才符合他主張有韻有偶方爲文的標準。另一方面，也因揚州是文選學發達的起源地。隋代學者曹憲曾在揚州講授文選，其大弟子李善及諸文選學功臣皆爲揚州人，揚州舊城的文選樓、文選巷等古蹟，即因曹憲等人傳授文選而得名。阮元於嘉慶九年建隋文選樓五楹，奉祀曹憲等人，以表其存古蹟，祀鄉賢之意，並用爲江南名士詩文聚會場所。〔註 31〕他收藏文選諸善本於文選樓中，擬作校勘記，因見胡刻尤本及文選旁證，考證精博，而未重複此一工作。〔註 32〕但他以《文選》爲範本，開啓此後許多以駢文選爲名的選本，例如李兆洛的《駢體文鈔》、吳鼒的《八家四六文鈔》、姚燮的《駢文類苑》、王先謙的《駢文類纂》、《十家四六文鈔》、屠寄的《國朝常州駢體文鈔》、王文濡的《清代駢文評注》、曾燠的《清朝駢體正宗》、張鳴珂的《清朝駢體正宗續編》等，都是繼承阮元重駢理論所輯的駢文資料參考書籍，對復興駢文，均有所貢獻。

文章之價値在於意境高遠、情感眞摯、修辭簡潔，而非文體之駢散。文與言，或文與筆，皆僅爲表達知識、思想與感情的形式。阮元由特重「文」而提高駢文的地位，也曾帶動一時風氣。但是從文學發展史來看，駢文的生命力因曲高和寡，而終將不如散文。

〔註 28〕《揅經室三集》，卷 5，頁 635，〈舊言堂集後序〉。

〔註 29〕《揅經室續集》，卷 3，頁 140，〈梁中丞文選旁證序〉。

〔註 30〕《揅經室三集》，卷 2，頁 569，〈書梁昭明太子文選序後〉。

〔註 31〕《揅經室再續集》，卷 3，頁 8，〈羅兩峰畫方氏兄弟孝廉春風竝轡圖跋〉：「諸名士同登梁昭明文選樓，拜昭明太子曰：笠塘雖好，爭好天天打擾，明日初三打點饑腸吃斂潭，昭明太子保佑我們休餓死。太子開言，爾與家君大有緣，此宜載入笑林，可想見彼時風流文采矣。」

〔註 32〕《揅經室續集》，卷 3，頁 141，〈梁中丞文選旁證序〉。

第二節　阮元的文章與詩賦

清代學人的著作以考據經史爲主，也多兼擅詩詞文章者。陳澧稱阮元兼擅考據、駢體文、詩及古文數種文體，惟短於作詞。〔註 33〕阮元很少寫詞，自稱生平不作長短句，僅〈和竹垞百字令韻二闋〉詞爲例外。〔註 34〕他任浙江學政按臨嘉興時，修復浙西詞派領袖朱彝尊的曝書亭，搜集竹垞詩詞雜文，附以時人題詠，編錄爲《竹垞小志》5 卷，特地填詞二闋，可見阮元至情至性的一面。因此，《揅經室集》的集部有詩賦，而無詞體。茲將其作品分爲文章與詩賦兩部門，以見其造詣。

一、阮元的文章

阮元強調文的特質是沉思翰藻，有韻有偶，謙稱自己的文章是「言之無文，子派雜家而已」。〔註 35〕本節所指之「文」，係一般習用已久，通稱形諸文字，表達思想之文，至於阮元所謂「有韻之文」，當於論其詩賦部門說明。

古人深感人生在世，如白駒過隙，僅數十寒暑，惟有立德立功立言，乃能不朽。然而縱使功業彪炳當代，懿德澤惠後世，若無文獻表彰記載，亦易風流雲散，湮沒無聞。又，立功須有其位與機緣，且有作爲，立德須爲聖賢，品行高潔，均非易事；而學者得藉文筆，立有關世道人心，記人事發展之言，較立功立德爲易，故立言傳世，每爲學人皓首研究的動力。傳世之文可不受時空隔閡，誠如陸機《文賦》所云：「恢萬里而無閡，通億載而生津」。阮元歷任封疆，易於發展事功，又因生性好學，汲汲於著述，故能多所著作與編

〔註 33〕陳澧，《東塾集》，卷 3，頁 29，〈李恢垣文集序〉。

〔註 34〕《揅經室續集》，卷 10，頁 286，〈題重修暴書亭冊後跋〉，詞曰：「南垞荒矣，問書船潞水，何人停泊？經卷詩篇零落後，魂夢向誰棲託？把酒能招，披圖相慰，畢竟歸來樂。結成亭子，我今重爲君落。　才見五馬行春，雙鳧漾水，攜畫同斟酌。尚有孫枝桐葉在，護爾秋風簾幙。疊石栽花，引牆圍竹，依舊分林壑。者番題柱，夕陽休礪牛角。」跋云：「計嘉慶丙辰予修亭之後，今三十餘年矣。昔見亭廢而址猶存，村民云：若有一鋤犯址者即病。余修亭乃用四石柱，柱各刻有詩詞。予生平不作長短句，唯有此亭和竹垞百字令韻二圖，刻于柱。丙戌重修拓來，仍舊柱也。」《定香亭筆談》，卷 2，頁 35，〈修暴書亭落成重題一闋〉，詞曰：「先生歸矣，記江南春雨，扁舟初泊。自種垞南千箇竹，老護嬾雲閒託。繭線牽魚，弓枝射鴨，足伴填詞樂。畫圖長在，肯教蹤跡零落。　今日水淺荷荒，巖低桂蠹，殘址難斟酌。何處牆邊樓影小，曾展秋牕風幙。儒老乾坤，書懸日月，莫漫悲亭壑。重摩橫卷，遠山還染三角。」

〔註 35〕《揅經室三集》，卷 2，頁 570，〈書昭明太子文選序後〉。

輯，表現於立言者，較所立之功，尤爲突出。

阮元所作有關經、史、子之文，即他所謂「筆」的部分，皆簡明質樸而精純，具「學人之文」的特質。由前面三章所論，可見其文章偏重考據論理及敘事，以明白暢達爲主旨。經學論證，考據字詞，闡釋義理，平正通達，條理井然；史事敘述，只就原委本末，翔實記載，留意考證，所作學人之傳，尤爲得心應手，有其觀點；子部理論，分析入微，頗有創發，常以最精鍊的筆法，表達所論究事物的旨意。其古文也時見韻文筆法，張弛有度，溫雅可誦，蘊蓄宏富，根柢深厚，博學與才華，兼而有之，實文壇之健者。總之，他的經史子之「筆」，重點均在於闡明學術，發表心得，表現實事求是，徵實合理的精神，可說是典型的「學人之文」。

二、阮元的詩賦

1、源於學問與性情的詩作

阮元在母親教導下，自幼習詩，八、九歲即能詩。其詩文皆受外祖父與諸舅影響，也以詩歌著稱。19 歲以詩與凌廷堪訂交，〔註 36〕28 歲以賦〈眼鏡〉詩受知於乾隆帝。他在《揅經室集》中，集的部分以詩爲主，收錄阮元自乾隆五十四年至道光廿四年之間的近體詩及古體詩，共約一千首，此外還有《揅經室集》未錄而散見於《定香亭筆談》、《小滄浪筆談》或他人文集中者。他的詩有個人興緻所之的紀事抒懷之作，也有與同僚、幕友、門生的應酬會友之作，其體裁以七言律詩爲最多。

阮元論詩，亦主張須根柢經史，反對摹擬古人，強調要發乎自然。他說：

> 王右丞云：非子天機清妙者，不能以此不急之務相邀，然是中有深趣矣。……愚於詩不能專工，不過遇何境何事，寫之而已。不肯摹古人，涉客氣。客氣二字，摹古者之通病也。〔註 37〕

此亦其詩特色，孫婿汪瑩稱阮元之詩：

> 不拘一格，不事摹擬，抒其性情，惟意所適。嘗聞論詩曰：惟期明其情與事而已，毋客氣也。〔註 38〕

〔註 36〕乾隆 49 年春，阮元與凌廷堪復會於揚州，凌頌李白〈大鵬見希有鳥賦〉有感，自比爲大鵬，喻阮元爲希有鳥，旋作〈後大鵬見希有鳥賦〉贈阮元。

〔註 37〕張宗泰，《魯巖所學集》，卷首，頁 1，〈阮雲台先生書〉。

〔註 38〕《揅經室詩錄》，頁 81，〈汪瑩跋〉。

阮元作詩，「不肯摹古人」，「不事摹擬」，不僅要求創新，還強調警煉，「意必新警，語必遒峭」，〔註39〕並以此標準要求其妻孔璐華之老年詩作，認爲紀事有餘，而警煉不足，詩多率意，「不必再刻矣。」〔註40〕阮元之詩的風格，因受生日與唐代詩人白居易相同的影響，也是平易近人，於〈四十歲生日避客〉一詩中，充分流露他對白公的仰慕：

生日同白公，恐比白公羸。百事役我心，所勞非四肢。學荒政亦拙，時時懼支離。宦較白公早，樂天較公遲。我復不能禪，塵俗日追隨。何以卻老病，與公商所治。〔註41〕

阮元的詩根柢學問，源於性情，寫實而自然，富有學人之詩的氣質。即使在其詩集中，亦見論學之作。〔註42〕詩言志也，吾人由其詩可見他的性情與愛好。他強調生活應有正當嗜好以爲調劑：「人生豈能無嗜好，要問好者爲何如」，〔註43〕讀書與刻書是他的嗜好，自稱：「役志在書史，刻書三千卷」。〔註44〕他到晚年，猶孜孜於撰述，認爲「滇池雖控夷，內政頗清暇。正宜理陳編，青鐙坐清夜」。〔註45〕從事考據學問是項嚴謹沉悶的工作，由「野性消磨天趣少，吟懷荒落夕陽知。晚來倚馬茶亭外，一段高情讀斷碑」之詩，〔註46〕可見他頗能從在傍晚讀殘碑的過程中，自得其樂。另一方面，他是性情中人，關心民瘼，常以詩表達對一切苦難者的同情心。如任漕運總督時，在山東德州見船夫辛苦萬狀，至爲不忍，作〈縴代賑〉詩云：

〔註39〕《揅經室三集》，卷5，頁637，〈孫蓮水春雨樓詩序〉。

〔註40〕《雷塘庵主弟子記》，卷7，〈行狀〉，阮孔厚稱其母「幼習詩禮，能詩文，所著有《唐宋舊經樓詩》六卷已付刻。……居粵以後，又有詩數卷。家大人曰：『汝母詩紀事有餘，而警煉不足。老年詩多率意，不必再刻矣。』」

〔註41〕《揅經室四集》，卷6，頁811，〈癸亥正月廿日生日避客往海塘用白香山四十白髮詩韻〉

〔註42〕略舉兩例：《揅經室四集》卷7，頁828～829，〈論鐘鼎文絕句十六首〉，其中二首：「鑄器能銘古大夫，一篇款識十行餘，尚書二十九篇外，絕勝訛殘汲冢書。」「左史眞能讀典墳，靈均曾以善書聞。若非篆體鼎彝在，舉世無人見古文。」卷11，頁911，〈過淝水〉：「禹貢東陵爾雅收，清流關直到揚州。請看淝水淮南路，此是東陵西起頭。」與該詩前面所附之考據文字，都和〈禹貢東陵考〉的論述相呼應。

〔註43〕《揅經室四集》，卷5，頁805，〈題汪蛟門先生少壯三好圖〉。

〔註44〕《揅經室續集》，卷10，頁286，〈和香山知非篇〉。

〔註45〕《揅經室續集》，卷7，頁211，〈檢書〉。

〔註46〕《揅經室四集》，卷1，頁740，〈初秋同孫淵如星衍、言皋雲朝標二同年游萬泉寺涼水河後數日，招同沈雲椒少宰那東甫同年再游〉。

……粟米四百萬，轉運達帝都。南漕五千船，船與廿夫俱。牽夫十萬輩，歲歲相挽輸。南牽來瓜州，北牽過長蘆。負縴面撲地，蹴踏齊聲呼。前船呼邪許，後船唱喁喁。當暑無笠蓋，逢寒無袴襦。陰雨淋毛髮，烈日炙肌膚。岸宿犯霜露，川涉陷泥塗。或爲頒白首，或爲鬑鬑鬚。兵吏促行程，執朴相逐驅。戀船如戀家，孰肯爲逃逋？問伊何所樂，問伊何所圖。一飯何所樂，一身何所圖。所累惟此口，藉船相爲糊。有時力衰盡，溝壑在路隅。年豐尚謀食，歲荒食更無。……〔註 47〕

動人之處，不下於汪中的〈哀鹽船文〉。〔註 48〕當時山東境內因旱災及教亂，饑民更多，漕船縴夫雖然辛苦，尚可稍抒饑民問題，此詩也顯示民生艱苦，由此更了解阮元明白海運的好處，而在朝廷議論改行海運時，採審愼態度，主要原因在於顧慮人民生計。阮元也常爲天災寫詩，顯露他關心民生。如〈正定喜雨〉、〈雪窗圖〉、〈江淮水災〉、〈庚申（嘉慶五年）浙東賑災紀事〉、嘉慶九年〈大雨〉、〈山東乾旱〉等，皆屬紀實詩。關心民生也表現在他稱贊桑農的貢獻，嘉慶二年八月出試湖州，有感桑葉風格而成七律四首，由「但教天下輕綿暖，何惜林間墜葉涼」，指出桑蠶副業的經濟效益是：「若使秋胡今駐馬，黃金原向絹機看」。〔註 49〕

阮元司衡文之責時，〈發落卷〉詩表露他對寒窗苦讀卻落第的士子一份憐惜心情：

積案盈箱又幾千，此中容易損華年。明珠有淚拋何處？黃葉無聲落可憐。冷傍青氈猶剩墨，照殘紅燭已銷煙。那堪多少飄零意，爲爾臨風一惘然。〔註 50〕

他常年仕宦在外，自然有思鄉之情，例如思念家鄉北湖祠樓的景色：

我念祠樓上，西窗對墓田。小橋橫白水，老樹帶蒼煙。歸夢曾三宿，鄉心在百年。杜公有圓石，敢與郭香鐫。〔註 51〕

〔註 47〕《揅經室四集》，卷 10，頁 880～881，〈縴代賑〉。

〔註 48〕〈哀鹽船文〉是汪中哀悼乾隆 35 年冬儀徵鹽船失火焚溺而死 1400 多人之文，汪中目睹這場災難，觀察細微，哀其苦而憫其死。

〔註 49〕《揅經室四集》，詩，卷 3，頁 778，〈秋桑〉。

〔註 50〕《揅經室四集》，卷 1，頁 742，〈發落卷〉。

〔註 51〕《揅經室四集》，卷 11，頁 901～902，〈八念〉，己巳年撰，思念家鄉的雷塘庵、隋文選樓、珠湖草堂、北湖祠樓、平山、康山、曲江亭、木蘭院。

阮元晚年所作之詩以敘景為主，尤其在赴雲貴總督之任後，心境與大自然契合，歌詠邊陲地區的秀麗景觀，欣賞怡情悅性的瑰奇石畫，靈感泉湧。他一向愛好流連自然景觀，曾說：「隨時愛光景，幾處可留題」，〔註 52〕「古詩人每得江山之助」，〔註 53〕又說：「余行半天下，所過之地，佳山佳水，或行或宿，輒為移情」，〔註 54〕遂受感動，發而為詩篇，即成清新自然的佳作，兼寓憂時憂民之念，論者以為其氣象、風度、胸襟，均遠過時人。〔註 55〕至於與友人交往應酬之詩，也不乏多樣主題，或者寫眞性情，或者敘事與論學，都顯示他的多才多藝。

阮元仕宦多省，在所到之地，對景仰的歷史人物，除修葺祠廟，並賦詩抒懷，情景交融。登臨溫州甌江中的孤島江心嶼時，拜文天祥祠，謳歌道：「獨向江心挽倒流，忠臣投死入東甌。側生天地成孤注，滿目河山寄一舟。朱鳥西台人盡哭，紅羊南海劫初收。可憐此嶼無多土，曾抵杭州與汴州。」〔註 56〕他曾修葺杭州岳廟，為馮培《岳廟志略》撰序，還於嘉慶十三年再度率領杭州士子祭祀岳廟並賦詩曰：「不戰即當死，君亡臣敢存。猶憐驢背者，未逐馬蹄魂。獨洗兩宮辱，莫言三字冤。投戈相殉耳，餘事總休論。」〔註 57〕在會稽山謁大禹陵時，以詩歌頌大禹的賢能與節儉：「典謨有字遷有紀，豈假弱筆陳豐功。惟思禹德在於儉，無間再嘆世折衷。……」。〔註 58〕他在江西巡撫任內，重修明代大戲曲家湯顯祖在臨川書齋的玉茗堂，推想亦會有寫下稱頌或紀念詩篇的雅興。

清代文學批評發達，詩話甚多，通常將詩分為興會發於性情的「才人之詩」和根柢源於學問的「學人之詩」兩大類。〔註 59〕「學人之詩」的特質是博文彊

〔註 52〕《揅經室再續集》，卷 6，頁 14，〈自題近稿〉。

〔註 53〕阮元，《廣陵詩事》，卷 3，頁 12。

〔註 54〕《揅經室再續集》，卷 6，頁 6，〈二禮洲草廬煙江疊嶂圖跋〉。

〔註 55〕陳文述，《頤道堂文鈔》，卷 10，〈書阮雲台夫子文選樓詩後〉，稱阮元「兼擅台閣、山林、江湖之詩，其詩胎息唐賢，兼取裁於蘇黃諸大家，富貴氣象，神仙風度，愛民胸襟，非尋常摘句者可及。」

〔註 56〕《揅經室四集》，詩，卷 4，頁 785，〈溫州江中孤嶼謁文丞相祠〉。

〔註 57〕《揅經室四集》，詩，卷 8，頁 846，〈拜岳鄂王廟〉。

〔註 58〕《揅經室四集》，詩，卷 2，頁 760，〈會稽山謁大禹陵〉。

〔註 59〕田同之，《西圃詩說》：「詩之道，有根柢焉，有興會焉。鏡中之花，水中之月，羚羊掛角，無迹可尋，此興會焉。本之風雅，以導其源，泝之楚騷，漢魏樂府，以達其流，博之九經三史諸子，以窮其變，此根柢也。」（《清詩話續編》，頁 749）。梁章鉅於《退庵隨筆》引惠棟〈研山堂序〉亦稱：「詩之道，有根柢，

識，好學深思，功力雖深，卻因受學問限制，缺乏感動，在詩的領域難有登峰造極的成就。阮元之詩受考據學風影響，多論學之作，但也富有發於性情的「才人之詩」。在經學鼎盛，詩文非所長的乾嘉詩壇中，他的詩尚有一席之地與特殊風格。舒位在《乾嘉詩壇點將錄》中，將阮元之詩排名於沈德潛、袁枚、畢沅、錢載及法式善等人之下，比喻其詩如同水滸傳一百零八條好漢中的小旋風柴進，「宗廟之事願爲小，其旋元吉，其風肆好。」〔註60〕柴進在梁山泊山寨中的表現雖屬平平，但以能廣收亡命之徒，濟人緩急，而爲人推許，實則阮元全方位倡導學術，不僅在詩壇爲「小旋風」而已。其詩因能表現乾嘉承平時期芳華典贍的風格而獲當代頗高評價。洪亮吉稱其詩宛如「金莖殘露，色晃朝陽」；〔註61〕《湖海詩傳》、《頤道堂文鈔》、《不敢居詩話》均載有摘錄《揅經室詩錄》、《文選樓詩存》中的傑作與佳句，王昶也於《蒲褐山房詩話》稱阮元詩出入東坡、放翁，晚涉誠齋，近體風格近中唐，題詠金石之作兼翁方綱之長而無其弊，又引吳嵩梁言，稱阮元之詩「從經術性情中流出，金和玉節，卓然正聲。」〔註62〕朱庭珍認爲「本朝漢學最盛，考據淹博，宗康成而不滿程朱，詩文則非所長也。兼能詩者，顧寧人、毛西河、朱竹垞、阮芸臺諸公而已」，他評論阮元之詩：「長於古體，近體殊弱，五古似韋柳，七古似蘇陸，佳作頗有可傳，亦清才也」。〔註63〕實則阮元的近體詩也不乏可誦者，只是不如古體詩尤多佳構。總之，詩的領域本來即非阮元用力最深之處，自然無法兼擅各體，但他能以經史爲根柢，發揮眞摯的性情，敏捷的詩才，〔註64〕雖非奇才，尚能奠定在乾嘉詩壇的前茅地位。

2、駢文及對聯

詩賦均屬韻文。賦是講究文采聲韻的文體，有近乎駢文的「駢賦」及近

有興會。根柢源於學問，興會發於性情，二者兼之，始足稱大家。」（梁章鉅，《退庵隨筆》，《清詩話續編》，頁1983）又，方南堂則將詩三分爲詩人之詩、學人之詩與才人之詩，最欣賞詩人之詩。（《方南堂先生輟鍛錄》，《清詩話續編》，頁1936）

〔註60〕舒位，《乾嘉詩壇點將錄》，頁2。（《清詩話續編》，附錄一）

〔註61〕洪亮吉，《北江詩話》，卷1，頁5。

〔註62〕王昶，《蒲褐山房詩話》，頁271。

〔註63〕朱庭珍，〈筱園詩話〉，卷2，《清詩話續編》，頁2351。

〔註64〕朱爲弼，《茮聲館詩集》，卷14，頁19，〈題阮中丞詩自書詩冊〉：「吾師椽筆飛鸞皇，詩篇入妙音鏗鏘。鎔鑄韓杜李蘇集，揮毫急就兼凡將。」顯示阮元的詩才敏捷。

乎散文的「文賦」兩種。阮元擅長賦體，但僅留傳數十篇。阮氏力倡「重駢」之論，又爲駢文大家，寫作數量卻不多，主要原因在於駢儷文體的用途不及一般文章廣，多用於翰院考課、廟堂詔誥奏疏、箴銘哀誄、詩文集序等場合。在他所撰駢體文中，謝表、墓誌銘等應酬文字較無特色，但敘事說理、表彰學術、發抒感情者，皆溫文蘊藉，博雅可觀。其駢文亦如其詩，大多平實自然。如〈蘭亭秋禊詩序〉，記文人集會的情景，清暢雅緻，躍然紙上：

> 是時清風未戒，白雲午晴，幽谷屢轉，重山爭峻。發崇岩之桂氣，起秀麓之松嵐。迴谿接步，緬陳迹於古人；爽籟入懷，屬高情於天表。……吾輩遊歷，皆在壯年。白駒未縶，動空谷之雕輪；旅雁群飛，集江湖之素羽。振翰無采，雖愧元長之才；侍宴承恩，曾效廣微之對。良會已洽，清吟紛來。〔註65〕

阮元所作獨立的短篇銘辭，多屬說理之作，如〈頌硯銘〉云：「古人之硯古之式，用以揅經發守墨。凡事求是必以實，如石堅重效於國。」〔註 66〕即藉稱頌硯台而引申漢學揅經、實事求是與報效國家的道理。

有關論學的駢文，不勝枚舉。例如推崇鄭玄的學術成就云：

> 元嘗博綜遺經，仰述往哲，行藏契乎孔顏，微言紹乎游夏，則漢大司農高密鄭公其人矣。公當炎祚陵夷，清流沈錮，泊然抱道，邃情墳典，卻謝車服，隱德彌修。所學易書詩禮春秋論語孝經，箋注百餘萬言。石渠會議，無以逮其詳貫；扶風教授，不足擬其旨趣。又嘗比核算數，甄極瑟緯。兩京學術，用集大成；天下師法，久而彌篤，固不以齊魯域焉。〔註67〕

他論謝啓昆《詠史詩》可資經世之用云：

> 觀其錯綜紀傳，點竄贊評，鎔儷事於鑪鎚，飾高情以斧藻。聞見殫洽，故所用者宏；衡量均平，故其論可定。古今成敗，燦然畢覩。君子於此，得經世之大端焉。〔註68〕

俱頗允當。又評論其房師孫梅《四六叢話》云：

> 凡此評文之語，勒成講藝之書。四駢六儷，觀其會通；七曜五雲，

〔註65〕《揅經室四集》，卷2，頁684，〈蘭亭秋禊詩序〉。
〔註66〕《揅經室四集》，卷2，頁693，〈宋硯銘〉。
〔註67〕《揅經室四集》，卷2，頁681，〈重修高密鄭公祠碑〉。
〔註68〕《揅經室四集》，卷2，頁685，〈謝蘇潭詠史詩序〉。

考其沉博。而且體分十八，已括蕭劉；序首二篇，特標騷選。比青麗白，卿雲增繡黼之輝；刻羽流商，天籟過笙簧之響。使非胸羅萬卷，安能具此襟期；即令下筆千言，未許臻茲醞釀也。元才圉陋質，心好麗文。幸得師承，側聞緒論。妄執丹管而西行，願附驥尾而千里。固知盧王出於今時，流江河而不廢；子雲生於後世，懸日月而不刊者矣。〔註69〕

近人認爲「殆非虛譽」。〔註70〕《四六叢話》旨在推廣和倡導駢體文，阮元之序對孫氏之理論有肯定與提倡之功。

阮元的駢文，除了談論學問，也有發乎至情之作，如〈葉繼雯廬墓詩文卷序〉云：

墟墓之間，情境非一。禮記所謂哀者，風聲月色，雪地霜天，實爲砭骨刺心，直發天性也。夕陽欲暝，樵牧歸散，麻衣不溫，孑然獨立。松柏翳其寒色，桑榆收其晚景。少焉風入林表，聲如遠濤，悲從中來，未有不潸焉出涕者矣。〔註71〕

卓犖清新，誠爲文章巨子。其後李慈銘、王闓運等人的駢文風格，皆曾受其影響。〔註72〕因此江淮選學大師李詳推崇阮元的駢文「簡淡高古」，「遂使東京一派，墜緒復振」，〔註73〕並非諛詞。

對聯屬駢文的支流，阮元所撰對聯，頗具氣象，《揅經室集》略而未錄，茲引陸以湉所集數例，以見一斑：

1、題浙江貢院聯：

下筆千言，正桂子香時，槐花黃後；
出門一笑，看西湖月上，東浙潮生。

2、賀王昶母八秩壽辰聯：

多子兩魁天下士，大年三歷太平朝。

3、贈魏成憲知揚州聯：

兩袖清風賢太守，二分明月古揚州。

4、題吳山呂祖殿澄心閣：

〔註69〕《揅經室四集》，卷2，頁687，〈四六叢話序〉。
〔註70〕劉麟生，《中國駢文史》，頁141。
〔註71〕《揅經室四集》，卷2，頁688，〈葉繼雯廬墓詩文卷序〉。
〔註72〕陳耀南，《清代駢文通義》，頁110。
〔註73〕李詳、陳含光，〈答孫益庵書〉，轉引自陳耀南，《清代駢文通義》，頁109。

仙佛緣中，湖山勝處；樓台影裡，雲水閒時。

眞能吐棄凡豔，天然入妙。〔註 74〕他的對聯也不乏表彰功業之作，例如：道光十六年他在江都西山陳家集南街建天后宮，以感念撫浙時征安南海寇，神庇獲捷，所撰之聯：

靈感著閩天，宋代從姑傳子姓；

神威宣浙海，申年蕩寇覆安南。〔註 75〕

此外，也有爭議之作，最著名的是雲南省城昆明第一名勝的大觀樓上乾隆年間（約 1765 年）名士孫翁所撰之楹聯，特別以長達 180 字著名，也以感嘆朝代興亡而傳世，阮元以其內容有犯上之嫌而修改一些字，反而遭到譏諷多事而自行撤除，留下趣談。〔註 76〕如此多事，也彰顯阮元爲維護所屬政權而發言，忠於職守的一面。

總之，阮元的文章頗能實踐其文學理論：注重駢文、分清文筆、根柢經史。無論駢散，源於學問者，具有學人詩文的風格，發於性情者，也能文情並茂，皆有可觀。他不僅是長於翰墨的文人，也是建立理論，付諸實踐的學者。

〔註 74〕陸以湉，《冷廬雜識》，卷 7，頁 369～370。

〔註 75〕林濤，《揚州西山小志》（揚州地方文獻叢書），頁 12。

〔註 76〕詳見 http://www.zwbk.org/zh-tw/Lemma_Show/173326.aspx（昆明大觀樓），2011 年 12 月 13 日徵引。

上聯：五百里滇池，奔來眼底，披襟岸幘，喜茫茫空闊無邊。看東驤神駿，西翥靈儀，北走蜿蜒，南翔縞素。高人韻士，何妨選勝登臨，趁蟹嶼螺洲，梳裹就風鬟霧鬢；更苹天葦地，點綴些翠羽丹霞，莫孤負：四圍香稻，萬頃晴沙，九夏芙蓉，三春楊柳。

下聯：數千年往事，注到心頭，把酒凌虛，歎滾滾英雄誰在？想漢習樓船，唐標鐵柱，宋揮玉斧，元跨革囊。偉烈豐功，費盡移山心力，盡珠簾畫棟，卷不及暮雨朝雲；便斷碣殘碑，都付與蒼煙落照。只贏得：幾杵疏鐘，半江漁火，兩行秋雁，一枕清霜。

阮元修改後的楹聯：

上聯：五百里滇池，奔來眼底，憑欄回憶，喜茫茫波浪無邊。看東驤金馬，西翥碧雞，北倚盤龍，南馴寶象。高人韻士，惜抛流水光陰，趁蟹嶼螺洲，襯將起蒼崖翠壁；更苹天葦地，早收回薄霧殘霞，莫孤負：四圍香稻，萬頃鷗沙，九夏芙蓉，三春楊柳。

下聯：數千年往事，注到心頭，把酒凌虛，歎滾滾英雄誰在？想漢習樓船，唐標鐵柱，宋揮玉斧，元跨革囊。爨長蒙酋，費盡移山氣力。盡珠簾畫棟，卷不及暮雨朝雲；便蘚碣苔碑，都付與荒煙落照。只贏得：幾杵疏鐘，半江漁火，兩行鴻雁，一片滄桑。

第三節　文學資料的彙輯

文人構思成篇，歷程甚是艱辛，縱有神會之筆，究係特例，大多數傳世之作須經千錘百鍊的工夫，即所謂文窮而後工。阮元深知其中甘苦，並認識文學作品的功能，對發抒個人性靈或才學的作品，無論字數多少，體裁古今，凡吟詠對象為有關史事、社會經濟或道德倫理者，皆視為寶貴的文學資料，及時搜羅刊行，以免吉光片羽，散佚失傳。《淮海英靈集》、《兩浙輶軒錄》等書的編輯，即出於珍視文獻，愛惜文士心血，進而宏揚詩教的使命感。

一、《淮海英靈集》

乾隆時代，揚州是全國最繁華的都市之一，文風興盛，杜召棠形容其盛況云:「揚州滿地是詩人，貧家都有五車書」。〔註 77〕留下豐富的資料，因而阮元得以收錄清初揚州府人士的詩篇，編為《淮海英靈集》。揚州府位於江淮之間，瀕臨海岸，故又名淮海，宋高郵人秦觀即名其文集為《淮海集》。《淮海英靈集》為收錄已故者的詩，係仿唐人殷蟠選中原地區作者詩為《河嶽英靈集》之例。

阮元早有輯錄淮揚諸家詩以成一集的構想，只是力有未逮，及出任山東學政及浙江學政，因皆離揚州頗近，便於徵訪，乃博求遺集，加以整理，乘校士衡文餘暇，刪繁紀要，錄為甲乙丙丁戊五集，各四卷，又以壬集專收閨秀、癸集專收方外之作各一卷，虛己庚辛三集以待日後採訪補錄。在序文中詳述編錄此集的動機：

> 我國家恩教流被百餘年，名公卿為國樹績，其餘事每托之歌詠。節臣孝子，名儒才士，畸人列女，輩出其間。雖不皆藉詩以傳，而鍾毓淳秀，發于篇章者，實不可泯。……余之錄此集，非敢取鄉先生之詩，衡以格律而選定之也；亦非藉已故詩人，為延譽計也。廣陵耆舊，零落百餘年矣。康熙雍正及乾隆初年，已刊專集，漸就散失；近年詩人刻集者鮮，其高情孤調，卓然成家者固多，即殘篇斷句，僅留于敝簏中者，亦指不勝數。亟求之，猶懼其遺佚而不彰，遲之又久，不更替乎？且事之散者難聚，聚者易傳，後之君子，懷耆舊之逸轍，采淮海之淳風，文獻略備，庶有取焉。〔註 78〕

〔註 77〕杜召棠，《蝸蜒集》，頁 179～180。
〔註 78〕阮元，《淮海英靈集》，序。

《淮海英靈集》的選錄標準，是僅錄清初揚州府諸縣及由揚州分出的通州（南通）、如皐、泰興等地人士所作之詩，不錄外地流寓詩人之詩，共 22 卷。在所錄 886 人中，以揚州府兩首縣江都及儀徵者爲最多，共約居半數。爲達到以詩傳人或以人傳詩的目的，仿朱彝尊編《明詩綜》之例，〔註 79〕在每位作者所選詩篇之前，均附小傳，內容包括籍貫、字號、出身、官銜、個性、詩文風格、著作目錄等項，其詳略則因阮元對該作者的熟識程度與詩人在學術上成就高低而有不同。例如所撰王安國、汪中、陳厚耀、喬萊、李道南、喬椿齡、及阮元祖父阮玉堂等人之傳，頗爲詳盡，甚至載於《揅經室集》中；其餘諸人小傳，多取材於家志族乘，因人數眾多，阮元未必能將志乘所列著作一一過目，其中實有虛標名目，尙未成書者，但他爲便利日後著錄藝文志者得據以採訪，遂採「與其刪之，毋寧存之」的態度。

詩的排列順序係依得詩先後，無固定次序，也不分別義例，因此各詩之間沒有關聯。本書經程焯、陳文述、端木國瑚、焦循、阮鴻等人助理編輯，而人物與詩篇的取捨，皆由阮元決定。他自稱對各家詩擇其專長，「不敢存選家唐宋流派門戶之見」，實則由選錄多爲詠史吟物等有具體事實之作，可見相當表現漢學家崇尚徵實的精神與自然的風格。集中保留不少甲申事變之後，民眾顛沛流離的詩篇，例如汪懋麟〈劉莊感舊〉云：

> 揚州昔苦戰，貔虎臨江滸。陣雲壓城黑，金甲明重闉。余時方七齡，歷歷記猶眞。吾翁守空城，遣家避海瀕。提攜杖老母，跋涉嘗艱辛。四兄年十餘，相依走踆踆。託迹到劉莊，主人情舊親。謂余父有造，報恩在茲辰。移堂讓我居，汲水濯我塵。老婢來執爨，送米兼宰牲。室有二嬌女，鶯燕往來頻。兒戲無嫌猜，慰母時諄諄。中兄死兵革，季兄陷營屯。老母日夜泣，枯口復焦唇。小時不曉事，索食遭母嗔。亂後始還家，一一向父陳。古人重交道，寄託原有因。骨肉散復聚，何莫非鬼神。升沉閒炎涼，如隔楚與秦。豈意重來過，忽將三十春。訪舊已爲鬼，門巷摧爲薪。不復見耆舊，滿眼皆流民。我欲報舊德，此意何由申。日莫發船去，回首淚盈巾。〔註 80〕

又如李必恆記一婦人於揚州城將被攻破時，積薪自焚死，家人歸，覓其遺骨，

〔註 79〕法式善，《梧門詩話》，頁 274：「雲台侍郎纂輯揚郡耆舊詩刊之，名《淮海英靈集》，品詩表人，如《明詩綜》之例。」

〔註 80〕《淮海英靈集》甲集，卷 2，頁 59。

發現赤心尚存，以五言古詩一首，表揚其氣節凜然：

春秋宣聖筆，大書魯伯姬。伯姬待保母，冥冥行弗虧。至竟逮乎火，就死甘如飴。史母居圍城，夫出子又隨。倉皇懼辱身，積薪自燔煨。同約有鄰嫗，際變忽長辭。從來失節人，什九轉念移。嫗也何足道，母死良可悲。耿耿一寸心，祝融不敢灰。守禮與植節，義各商所宜。今古同一揆，不朽名字垂。何人繼獲麟，傳信考此辭。〔註81〕

均是忠實地收錄地方文獻。

清初揚州一如廣州，也接受不少來自西方的新事物，讓詩人自然流露驚羨之情。阮元收錄這些詠物詩，表現他對這些新事物的重視。例如江昱的〈西洋顯微鏡小景歌〉：

石脂琢桃如指頂，中虛生白天地寬。玻璃小牖瞪魚眼，幻境恃此生波瀾。諦睎競學溯東眇，不禁叫絕驚曠觀。樓亭樹石靡不具，尤奇天水迷茫閒。我聞西洋人最巧，碧眼精瑩窮杳渺。鏤粟作佛琱核船，茲獨別天藏細小。外不加大裏不縮，有若鵝籠難測曉。引人入勝不忍釋，翻恨傳觀客紛擾。洋人心巧眞不同，棘猴楮葉徒爲功。盍取名勝替閒景，五嶽岱華衡恆嵩。極諸海上三神島，無不可納之壺中。臥遊頃刻周寓內，舟車底事勞西東。〔註82〕

又錄江昱稱頌墨鏡妙用的〈墨晶眼鏡歌〉：

嗚呼水晶是水目是火，內景外景非能渾。幽光緻緻出黑漆，以闇生明理所存。世儒愼勿歎吾惛，黰雲兩朵無纖痕。展卷朗如珠燭夜，眞僞到眼吾能論。〔註83〕

頗與《揅經室四集》中歌詠眼鏡與望遠鏡之詩相契合。〔註84〕

《淮海英靈集》所錄清代揚州閨秀作品，多爲有關婦女的題材，尤其偏重闡揚烈女節婦的傳統美德，可見阮元雖樂於表揚婦女文才，而對傳統的男尊女卑及婦德的看法，仍是守舊的。雖然如此，經他的提倡，《淮海英靈集》收錄揚州地區才女之詩，有力地推進乾嘉時期的婦女文學。〔註85〕至於方外

〔註81〕《淮海英靈集》戊集，卷1，頁552。
〔註82〕《淮海英靈集》丙集，卷4，頁404～405。
〔註83〕《淮海英靈集》丙集，卷4，頁402。
〔註84〕《揅經室四集》中有〈御試賦得眼鏡〉（卷1，頁739）、〈初用眼鏡臨清舟中作〉（卷9，頁873）、〈望遠鏡中望月歌〉（卷11，頁914～915）等。
〔註85〕梁乙眞，《清代婦女文學史》，頁146。

作品，錄取數量並不多。阮元論學排斥釋道，但對有德行學問的僧人很是敬重，且與之往來唱和，也愛惜僧人的著作。如對揚州惠昭寺已故詩僧誦荅所作《蔗查集》未收入《淮海英靈集》，自認是「疏漏之咎」，乃序其詩集並刊刻之，以廣其流傳。〔註 86〕

由上所述，可見《淮海英靈集》中包羅清代揚州各界詩人，頗具地方特色，反映社會現象，因而當時學者對其評價甚高，多認爲是有功文獻，合乎聲韻。如謝啓昆云：「淮海英靈集，青齊雅頌聲。」〔註 87〕李懿曾以詩稱贊阮元闡幽表微之心，代言詩人的感激之情：「苦吟人往俱含笑，老屋編殘併入春。最是寸衷尤感激，風騷四世荷陶甄。」〔註 88〕惟阮元於是書戊集之末，附以家集爲〈北湖阮氏詩〉，將母家林氏、祖母家江氏也列入其中，爲之塡諱，此舉因不合常例，而受學者批評。〔註 89〕儘管阮元編《淮海英靈集》之戊集有乘機頌揚其本宗及母家、祖母家之意，雖如徐時棟所言，事屬首見，然而其本宗及母家之詩亦有可觀者，古人既云內舉不避親，故亦無可厚非，況且絕大多數作者的詩篇是因此書而得保留至今，可謂已達「因人傳詩」的目的。

《廣陵詩事》爲阮元編撰《淮海英靈集》的副產品，他將清初至嘉道時期揚州地區的忠孝節義事蹟、文士宴會佳話、地方掌故、園亭興廢、彝言名句、書畫古器等，加以記錄，因詩以見事，或因事以紀詩，並補充《淮海英靈集》失載事項。

《詩經．小雅．小弁》云：「維桑與梓，必恭敬止」，即表示對故鄉的情懷。阮元發揮愛護鄉梓之情，爲重視地方文獻，亟盼有人從事搜羅江蘇的詩集，王豫即在他的資助下，費時十二載，於道光元年完成《江蘇詩徵》，〔註 90〕得 5,430 餘家之詩，共 183 卷，其體例全仿《淮海英靈集》，故可說是《淮海英靈集》的擴大版。

〔註 86〕《揅經室三集》，卷 4，頁 630，〈蔗查集序〉。

〔註 87〕謝啓昆，《樹經堂詩續集》，卷 1，頁 13，〈題阮雲台學使修書圖四則〉。

〔註 88〕法式善，《梧門詩話》，頁 193。

〔註 89〕徐時棟，《煙嶼樓讀書志》，卷 16，頁 20，指出「此例非特古所罕見，即今日亦刱聞也。」

〔註 90〕《江蘇詩徵》卷首，王豫序：「阮公表揚先哲詩人，用心拳拳如是，而況當世之才，足以備國家之用，而沉淪不顯者乎？以人事君，惟恐野有遺賢，古大臣心也。」王豫於嘉慶 21 年冬輯成《江蘇詩徵》，交付阮元校訂，23 年阮元攜赴兩廣總督任所，囑江藩、許珩、凌曙刪訂校正，於道光元年七月刻成。

二、《兩浙輶軒錄》

兩浙人文淵藪，名人輩出。阮元任浙江學政時，乘輶軒採風，衡文課士之暇，即訪求清初至當代百餘年間浙人之詩篇，共選 3,133 人，9,241 首詩，計 40 卷，名曰《兩浙輶軒錄》。於〈凡例〉中，說明是選因人存詩，因詩存人，編排大致以作者時代爲次，小有參錯，在所不免；選錄數量依作者之性情學力，自一二篇至數十篇，多寡不一；搜採未及、遺漏尚多，有待後人續補；聲明不錄鄉會試館閣體裁及無關教化之作；強調「諸大家宏編鉅集，行世已久者，略採數篇，以備一家。其有未刻遺漏者，轉多錄之，以防散佚。」嘉慶三年書成，因阮元浙江學政之職任滿入京而未刊。他入京後，仍關心此書的進展，邀請長於史學及掌故的法式善（1753～1813）校勘，而更爲完備。六年撫浙，學幕朱文藻、陳文述等人請刊之，乃重加編定而發行。其體例悉同《淮海英靈集》。惟因作者眾多，不僅列姓名於各卷之首，並分韻編次，作〈兩浙輶軒錄姓氏韻編〉，總列全編之首，以便檢閱。此書刊印後，陸續發現有應錄而未收者，阮元因公務繁忙，無暇補遺，即由浙人楊秉初、俞寶華、潘學敏等輯補，彙齊寄由袁鈞、徐熊飛、朱爲弼、陳鴻壽、張鑑等人選出 1,981 首，共 10 卷，於嘉慶八年竣工。阮元翻閱補編，認爲鉅卿名士，本不以入錄爲重，而錄詩者不可遺之，至如一介之士，或恃聲律以自表現者，因此仍持「與其刪之，毋寧存之」的態度，未淘汰一人，〔註 91〕由時人的應和的詩中，可見《兩浙輶軒錄》最重要的作用在於提供浙省士子詩作的發表平台。〔註 92〕

此書對瑣聞軼事，備著於錄，可爲一方徵文考獻之資，不但有裨吟詠而已。雖因卷帙浩繁，不免有失檢之處，如採輯之人未察覺某些抄襲之作；爲期速成，訛字不少；對徵引詩話、說部諸書未附撰者姓名，考索不便等。〔註 93〕雖非盡善盡美，仍是獎勵詩教，有功文獻之作。錢泳《履園譚詩》云：「詩人之出，總要名公卿提倡，不提倡則不出也」，稱阮元是當時之提倡者，刻《兩浙輶軒錄》，「東南之士，亦群然嚮風，惟恐不及。」〔註 94〕光緒十七年，浙江學政潘衍桐

〔註 91〕《揅經室二集》，卷 8，頁 527，〈兩浙輶軒錄補遺序〉。

〔註 92〕郭麐〈送芸台少宗伯入都〉云：「兩浙輶軒錄，千秋文選台。清貧能養士，早達獨憐才。只眼看前古，虛心待後來。文星芒角正，遙指近中台。」（《靈芬館詩二集》，卷 3，頁 17。）

〔註 93〕張宗泰，《魯巖所學集》，卷 15，頁 17～21，〈跋兩浙輶軒錄〉。

〔註 94〕錢泳，《履園譚詩》，王夫之等撰，《清詩話》，頁 873。

（1844～1899）繼續阮元的工作，〔註 95〕編成《兩浙輶軒續錄》，共 54 卷，4,709 人，13,543 首詩，數量均超過前書。潘氏受阮元致力保存文獻的啓發，又受身處危機時代憂患意識的刺激，尤慮詩教廢缺，因而專主闡揚忠節，表彰潛德，期於揚葩振采之中，寓匡扶名教之旨，因此其所錄詩篇更富時代精神，之後又編有《兩浙輶軒續錄補遺》6 卷。此一地方性詩歌總集共收浙江達官名流士子閨秀方外詩作 9,637 人，26,171 首，對保存一方文學與史料，功不可沒。〔註 96〕

阮元一生爲學重心在於經學考據，無志於成爲大文學家或批評家，但認爲經學家也須有文采，故在文學方面亦有可觀成就。他特別強調文與筆的形式區分，否定當時的古文爲眞古文，與桐城派形成對立的壁壘；他主張詩文皆須根柢經史，無論源於學問的詩文，或是源自性情的篇章，其作品多植基樸學，風格趨向典雅平實，清新自然。他也重視文學的功用，致力保存當代詩文掌故，兼寓發幽闡微及宏揚詩教的經世之意。其在文學方面的表現，實亦超越一般的漢學家。

〔註 95〕潘衍桐，於光緒 19 年撰〈靈隱書藏後記〉一文，稱光緒 15、16 年之際：「吾視學兩浙，興廢舉敗，務以述文達舊業爲事。既合浙之人士，搜錄其詩，以續文達《輶軒錄》之作，凡得詩若干首。節厂編修（梁鼎芬）翩然來遊，贊吾修復靈隱之藏。丁君松生婘雅好事，能成吾議，積書於故藏若干卷，以輶軒緝詩之餘稿郡人未領歸者，咸附藏焉。」（《靈隱書藏記事》，頁 13）

〔註 96〕王章濤，《阮元傳》，頁 282。

第七章　結　論

阮元幼習經書，博學能文，英年早達，歙歷中外，治績卓著，盛獲清譽；他不僅終身好學嗜古，又復孜孜撰著，並留意學術，主持風會五十餘年，成果豐碩，爲揚州學派的中堅人物，也是有清中葉最著名的學者型顯宦。他身當清學發展的全盛時期，既得清初顧炎武、黃宗羲、閻若璩、胡渭等人治學方法的啓發，又受吳皖諸派名師的薰陶，故能擅用考據方法，解決傳統學術範疇內的重要問題。另一方面，步武北方儒臣紀昀、朱筠等人倡導文教的風範，所到之處，振興教育，獎掖人才，編纂書籍，闡揚學術，其成就不僅超越其前輩紀、朱諸氏之上，亦非後來欲效鑾者張之洞、王先謙等人所能企及。

乾嘉學者擅長的考據方法建基於博學之上，他們以實事求是的精神研治古學，徹底整理古代經籍，並深入於小學、聲韻、金石、書法、法令、制度、歷史、地理、天算等部門。阮元心目中的理想人物正是精通多樣學問的通儒，他對「通儒之學」的定義是：「篤信好古，實事求是，匯通前聖微言大義，而涉其藩籬」，〔註 1〕懸之爲標的，終生全力以赴。他曾說：「經學、史才、詞科三者，得一足以傳」，〔註 2〕但強調在三者中，應學難度較高的經學，因而又說：「爲才人易，爲學人難」，「求士者，惟在乎求有學之文。」〔註 3〕他個人在經學、史學、文學等部門俱有可稱可傳者，是位博雅的通儒。

阮元的學術成績，無論由自己著作者或由幕客門生協助編纂者，皆表現了漢學家實事求是的精神。考據是其學術的核心部分，他視實際又具體的考

〔註 1〕 阮元，〈傳經圖記〉，載《劉申叔先生遺書》，左盦題跋，頁 11。
〔註 2〕 《揅經室二集》，卷 7，頁 502，〈全謝山先生經史問答序〉。
〔註 3〕 《揅經室二集》，卷 8，頁 527，〈嘉慶四年己未科會試錄後序〉。

據訓詁之學，可以袪除空談性命的玄虛無用之弊，乃運用皖學家法，經由文字訓詁以求古典原義，直接追溯未受道釋二家影響以前的儒家思想本義，由儒家經典或商周金文證實宋儒常談的心、性、理、仁、道、敬、太極等字詞的原義，皆是具體平實，注重實踐的，遂破除了宋儒神秘的外衣。他以古代金石資料爲考經證史的工具，由之提出「北碑南帖論」、「南北書派論」，倡導具有反宋學意味的北碑派理論，建立了清代書學史上的里程碑，並提出「商周銅器說」，一反重道輕器的傳統；也經由出土實物或實地目測，參考許多文獻及學者研究成果，探討古代的典章制度與器物形制，輔以圖解，加以裁斷，以求其眞；又基於文學流變的史實，提出「文韻說」、「文筆說」、「文言說」等，強調出於沉思翰藻，有韻有偶之文才是文章的正統，以此爲標準，衡量古文家的古文並非眞古文，據以反對宋學家大本營的桐城古文派。此外，他編撰《疇人傳》，注重疇人所傳的實學，並彰顯疇人根據實測而得的進步成就；創立《國史儒林傳》的規模和體例，一本清初以來學者大多反對儒林、道學分而立傳的主流意見，融道學於儒林之中，使大批漢學家得以進入儒林傳。以上這些學術見解，均係漢學家實事求是精神的表現。

學術關係世道人心，學術工作本具經世意義。誠如張之洞所云：「以經學、史學兼經濟者，其經濟成就遠大。」〔註4〕阮元治學範圍廣博，又能學與仕合，學術事功皆有所成，得以實踐學術經世的主張。他以學術經世的意識甚強，可分兩方面言之：

一、他視漢學爲可資實用的實學，從事考據工作及史學撰述，都是經世思想的發揚。編纂事業亦復如此，他所編纂的《皇清經解》、《經籍纂詁》、《十三經注疏校勘記》、《廣東通志》、《雲南通志稿》、《山左金石志》、《兩浙金石志》、《淮海英靈集》、《兩浙輶軒錄》等，主要目的是宏揚學術，保存文獻，留意掌故，發幽闡微，在阮元看來，皆寓有經世致用的實效。事實上，這些著述及文獻皆有足資參考，或備徵詢的實用價值。

二、他將學術工作上實事求是的精神推廣及於行政業務方面，使得學問研究有助於行政革新，如振興古學以取代制藝，改革漕運、鹽務、賑災工作的弊端等。他的許多治績和開明的行政觀念實植基於古學的根柢。這種學與仕合的效用與經驗，可爲漢學家能於訓詁考據之中，實踐學術經世的證明。

由前面各章論述，可見阮氏同時學者及後人對阮元的學術並無一致的評

〔註4〕張之洞編，范希曾補正，《書目答問補正》，卷5，頁1。

價。大體而言，漢學家多持肯定的意見，且奉其學說爲矩矱，加以發揚光大，即有批評之處，多爲內容的修正與補充，例如何紹基之於《積古齋鐘鼎彝器款識》、陳澧之於〈明堂說〉等即是；而宋學家、今文學家或民國以來的學者，多採批判態度，由方法論或影響力來評估其學術，如夏炯、方東樹、章炳麟、唐君毅等人即反對阮元所持由訓詁以明義理的方法論，〔註 5〕傅斯年以訓詁金文的方法證明阮元的性命古訓爲無中生有，捨近求遠的附會。〔註 6〕朱次琦、孫葆田等人責備阮元倡導訓詁考據，錮蔽人才，爲害國家，〔註 7〕徐復觀認爲阮元在清代漢學家中，因官位最高，影響最大，立說也最迂穉。〔註 8〕漢學家誠有瑣碎之弊，但阮元關心的方面很多，見識有不同於一般漢學者，其學術有一貫脈絡可尋，故劉師培以爲「阮氏之學，主於表微，偶得一義，初若創獲，然

〔註 5〕夏炯，《夏仲子集》，卷 3；方東樹，《漢學商兌》，頁 98、133；唐君毅，《中國哲學原論》，原教篇，頁 701。

〔註 6〕傅斯年，認爲「阮氏之結論固多不能成立，然其方法則足爲後人治思想史所儀型。其方法惟何？即以語言學的視點解決思想史中之問題是也。」(《性命古訓辨證》,《傅斯年全集》第二集，台北：聯經，1980，頁 166)；桑兵，〈求其是與求其古：傅斯年《性命古訓辨證》的方法啓示〉、戚學民，〈阮元《儒林傳稿》與清代漢宋學術之爭〉，皆見於桑兵、趙立彬主編，《轉型中的近代中國》上卷第三篇，北京：社會科學文獻出版社，2010。

〔註 7〕朱次琦，《朱九江先生集》，頁 27，先生（朱九江）曰：「紀文達，漢學之前茅也；阮文達，漢學之後勁也。百年以來，聰明魁異之士，多錮於斯矣。烏虖！此天下所以罕人才也。」朱氏年十三時即以所作〈黃木灣觀海詩〉受阮元賞識，選入學海堂者十人之首，以疾辭不赴，後出仕知縣，52 歲即歸里講學，力陳時弊，反對漢學宋學之分，主張「孔子之學，無漢學宋學也，修身讀書，此其實也」。(《朱九江先生集》，頁 25)

〔註 8〕徐復觀，認爲「僅靠著訓詁來講思想，順著訓詁的要求，遂以爲只有找出一個字的原形、原音、原義，才是可靠的訓詁；並即以這種訓詁來滿足思想史的要求。這種以語源爲治思想史的方法，其實完全是由缺乏文化演進觀念而來的錯覺。從阮元到現在，凡由此種錯覺以治思想史的，其結論幾無不乖謬。」(〈研究中國思想史的方法與態度問題〉,《中國思想史論集》，頁 1～11，台灣學生書局，1993 初版九刷)，並稱：「乾嘉時代的學者們，在精神、面貌、氣象、規模上，與漢儒天壤懸隔。卻大張『漢學』之幟，以與宋儒相抗，於是兩漢的學術思想，因乾嘉以來所謂的『漢學』而反爲之隱晦。」(《兩漢思想史卷二，自序》，1967，臺灣學生書局初版)；徐氏於〈「清代漢學」衡論〉,《大陸雜誌》第 54 卷第 4 期（1977），謂其對漢學未有所得，僅利用政治資源大張漢學門戶，「以一字本義爲最精確」而求思想之法，影響到傅斯年先生。又於〈釋論語的「仁」〉稱：「清人如阮元之流，僅由文字語言上拾漢儒之餘唾，欲以此而上迫宋儒之壘，張漢學之幟，亦徒見清人在思想上之淺薄而已。」(《中國思想史論集續篇》，頁 378，台北：時報文化出版公司，1982)

持之有故，言之成理，貫纂群言，昭若發蒙，異於飽飣猥瑣之學。」〔註 9〕阮元創立詁經精舍、學海堂，所造就人才，雖如陳寶箴所云不合時代需要，〔註 10〕然其考課內容，遠較徒習制藝具有實用，甚至與新教育的觀念有相通之處。若謂漢學誤國，實則導致中國數千年來未有之變局的因素很多，恐非漢學家或阮元所能獨任其咎。至於時人及後人對阮元編纂諸書內容頗有批評，主要在於成書太速，而他因公務忙碌，編纂工作必須假手幕友，自不及躬與其事之能盡其詳核，難免有所疏漏。若能略其舛駁，取其宏贍，當可如汪喜孫所云：「撰著萬卷，卓犖一時」。〔註 11〕汪氏特別推崇阮元在訓詁義理、天文算術、禮儀車制、曾子注釋等方面的創見，以及編纂《皇清經解》、《十三經注疏校勘記》的功績。〔註 12〕龔自珍稱贊阮元「毓性儒風，勵精樸學，兼萬人之資，宣六藝之奧」，將其學術分爲訓詁、校勘、目錄、典章制度、史學、金石、九數、文章、性道、掌故十項述之。〔註 13〕汪、龔二氏皆能於阮元之學鉤玄提要，充分肯定其成就者，相當能反映時人對這位領袖群倫的阮元之看法，而阮元亦可當之無愧。

清代學術發達，學者輩出，後人有依其類型，予以分類者，吾人由之可見阮元之學術地位與評價。徐世昌編《清儒學案》，以清代重要學者 179 人爲傳主，按出生年順序排列，阮元即其中之一；譚獻於《復堂日記》將清代學者大別爲 11 類，阮元屬於金石學者和提倡學者二類；支偉成撰《清代樸學大師列傳》，細分爲 25 類，阮元見於皖派經學家、金石學家及提倡樸學諸顯宦三類；張之洞於《書目答問》〈姓名略〉列阮元於漢學專門之經學家、小學家，並見於中西法之算學家、校勘學家、金石學家、駢體文家六類，可見阮元於經學、金石學、曆算學、駢文及提倡樸學等方面，均在清代學術界有其地位。

時人及昔人對阮元學術每一部門雖皆有批評，但他所編纂之業大多有續集之作，例如《續皇清經解》、《疇人傳續編、三編、四編》、《續雲南通志稿》、《兩浙輶軒續錄》等，皆遵循阮元所訂體例，其著述甚至傳及於朝鮮和日本，均表現阮元學術的受人重視及影響力的深遠。總之，純由學術角度觀之，阮

〔註 9〕劉師培，〈南北考證學不同論〉，《劉申叔先生遺書》，頁 666。

〔註 10〕陳寶箴爲晚清維新派名臣，任河北道時，重視人才培養，創辦河北精舍，其方針有別於詁經精舍與學海堂；1895～1898 年間任湖南巡撫，推行新政，成立時務學堂，重視新學，使湖南成爲當時全國最先進的行省。

〔註 11〕汪喜孫，〈問經圖跋〉，《劉申叔先生遺書》，頁 22。

〔註 12〕汪喜孫，〈問經圖跋〉，《劉申叔先生遺書》，頁 22。

〔註 13〕龔自珍，《龔自珍全集》，第三輯，〈阮尚書年譜第一敘〉，頁 225～227。

元沉浸於學問之中，致力撰述，又能獎掖後進，倡導文教，使其學術主張得以廣爲傳播。他受固守漢學家立場的侷限，留意古學，採取合乎漢學家方法與觀念的著作爲標準，又受傳統經義、政治禁忌、上國天朝等觀念的束縛，雖在已接觸西學與西洋事物的廣東一地有任職九年的機緣，卻未深究西方所以出現新事物的進步因素，帶領開創學術新領域，以至於在中國學術史上僅是乾嘉學術的護法神、最後重鎮，而不能如同時代的魏源諸人能夠成爲探求西學的先鋒。但就其已有成績而言，他在清代學術史上居承先啓後的地位，不失爲清代學術文化史上的一位巨人。

徵引書目

一、文獻資料

1. 《中國文史資料書舉要》，吳小如、莊銘權編著，台北：明倫書局，1978年。
2. 《中國古代藏書與近代圖書館史料》，李希泌，張椒華編，台北：中華書局，1982年。
3. 《皇朝經世文編》，賀長齡輯，魏源編，台北：文海出版社，近代中國史料叢刊，1972年。
4. 《書目答問補正》，張之洞編，范希曾補正，台北：新興書局，1956年。
5. 《清史列傳》，台北：中華書局輯，1962年。
6. 《清史館傳稿》，7294號，〈阮元傳〉，台北：故宮博物院。
7. 《清代名人書札》，張式苓編，台北：文海出版社，近代中國史料叢刊，1978年。
8. 《清朝續文獻通考》，劉錦藻撰，台北：新興書局，1963年。
9. 《清詩話》，王夫之等撰，上海：上海古籍出版社，1999年。
10. 《清詩話續編》，郭紹虞編選，上海：上海古籍出版社，1983年。
11. 《清儒學案》，徐世昌，台北：世界書局，1962年。
12. 《國粹學報》，上海國粹學報館印，光緒31年至宣統3年。
13. 《雲南通志稿》，阮元等修，王崧等纂，道光15年刊本。
14. 《揚州阮氏族譜》，阮元補修，道光25年，國學文獻館微卷，78063號。
15. 《廣東通志》，阮元等修，台北：中華叢書編審委員會，1959年。
16. 《續修四庫全書提要》，台北：商務印書館，1971年。
17. 《述庵先生（王昶）年譜》，嚴榮編，台北：商務印書館，1978年。

18. 《段玉裁先生年譜》，劉盼遂編，台北：文海出版社，近代中國史料叢刊，1972 年。
19. 《孫仲容先生詒讓年譜》，朱芳圃編，台北：商務印書館，1980 年。
20. 《雷塘庵主弟子記》，張鑑等編，道光年間刊本。
21. 《臧在東先生年譜》，吉川幸次郎編，《東方學報》，第六冊，京都，1936 年。
22. 《儀徵劉孟瞻先生年譜》，小澤文四郎編，台北：文海出版社，1971 年。
23. 《叢書子目類編》，台北：中國學典館復館籌備處，1967 年。

二、清人文集

1. 丁晏，《禹貢集釋》，《頤志齋叢書》，台北：藝文印書館，1971 年。
2. 文廷式，《純常子枝語》，清代稿本百種彙刊，台北：文海出版社，1974 年。
3. 方東樹，《漢學商兌》，台北：商務印書館，國學基本叢書，1968 年。
4. 方東樹，《儀衛軒文集》，同治戊戌刻本。
5. 王先謙，《虛受堂文集》，台北：文海出版社，近代中國史料叢刊，1966 年。
6. 王昶，《蒲褐山房詩話》，台北：廣文書局，1973 年。
7. 王衍梅，《綠雪堂遺集》，道光 29 年刊本。
8. 王崧，《樂山集》，民國間雲南圖書館刊本。
9. 平步青，《霞外攟屑》，上海：古籍出版社，1982 年。
10. 石韞玉，《石竹堂全集》，獨學廬三稿，上海：古籍出版社，2010 年。
11. 江藩，《國朝漢學師承記》，台北：商務印書館，人人文庫，1968 年。
12. 江藩，《皇清經解入門》，台北：廣文書局，1977 年。
13. 朱次琦，《朱九江先生集》，簡朝亮編，台北：文海出版社，近代中國史料叢刊，1967 年。
14. 朱爲弼，《茮聲館詩文集》，咸豐 2 年刻本。
15. 朱彝尊，《曝書亭集》，四部叢刊初編，台北：商務印書館，1979 年。
16. 全祖望，《鮚埼亭集》，台北：華世書局，1977 年。
17. 汪家禧，《東里生燼餘集》，光緒 2 年刻本。
18. 汪喜孫，《尚友記》，台北：藝文印書館，1971 年。
19. 沈豫，《皇清經解提要》，台北：廣文書局，1977 年。
20. 辛從益，《寄思齋存稿》，咸豐元年家刊本。

21. 李元度，《天岳山館文鈔》，台北：文海出版社，近代中國史料叢刊，1969年。
22. 李詳，《媿生叢錄》，大華文史叢書，台北：華文書局，1968年。
23. 李慈銘，《越縵堂讀書記》，台北：世界書局，1961年。
24. 李黼平，《繡子先生集》，上海：中華書局排印本，1934年。
25. 阮元，《小滄浪筆談》，台北：商務印書館，叢書集成簡編，1965年。
26. 阮元，《文選樓藏書記》，台北：廣文書局，1969年。
27. 阮元，《定香亭筆談》，台北：河洛圖書公司，1975年。
28. 阮元，《皇清經解》，台北：復興書局，1972年。
29. 阮元，《淮海英靈集》，台北：商務印書館，叢書集成簡編，1965年。
30. 阮元，《國史儒林傳稿》，鈔本。
31. 阮元，《詁經精舍文集》，台北：商務印書館，叢書集成簡編，1965年。
32. 阮元，《詩書古訓》，台北：新文豐書局，1984年。
33. 阮元，《經籍籑詁》，台北：宏業書局，1971年。
34. 阮元，《漢延熹西嶽華山碑考》，文選樓叢書，清嘉慶道光年間儀徵阮氏刊本。
35. 阮元，《廣陵詩事》，文選樓叢書，清嘉慶道光年間儀徵阮氏刊本。
36. 阮元，《揅經室集》、《揅經室續集》，台北：世界書局，1982年。
37. 阮元，《揅經室再續集》，文選樓叢書，清嘉慶道光年間儀徵阮氏刊本。
38. 阮元，《積古齋鐘鼎彝器款識》，後知不足齋叢書，清光緒間常熟鮑氏刊本。
39. 阮元，《儒林傳稿》，上海：上海古籍出版社，2002年。
40. 阮元，《疇人傳》，台北：世界書局，1962年。
41. 阮亨，《瀛舟筆談》，嘉慶25年刊本。
42. 吳汝綸，《桐城吳先生文集、尺牘》，台北：文海出版社，近代中國史料叢刊，1969年。
43. 吳承志，《遜齋文集》，求恕齋叢書，台北：藝文印書館，1970年。
44. 何紹基，《東洲草堂文鈔》，台北：文海出版社，近代中國史料叢刊，1973年。
45. 法式善，《梧門詩話》，台北：廣文書局，1973年。
46. 周寅清，《典三賸稿》，咸豐7年刻本。
47. 洪亮吉，《北江詩話》，《洪北江先生遺書》，台北：華文出版社，1969年。
48. 洪頤煊，《筠軒文鈔》，邃雅齋叢書。

49. 俞樾，《春在堂隨筆》，台北：文海出版社，近代中國史料叢刊，1969 年。
50. 康有爲，《廣藝舟雙楫》，台北：世界書局，1971 年。
51. 袁鈞，《瞻衮堂集》，四明叢書，張氏約園刊本，1932 年。
52. 秦瀛，《小峴山人詩集》，侯氏環溪草堂鉛印本，1933 年。
53. 郝懿行，《曬書堂文集》，光緒 10 年刻本。
54. 桂文燦，《經學博採錄》，台北：文海出版社，近代中國史料叢刊，1971 年。
55. 桂馥，《晚學集》，道光 21 年刊本。
56. 夏炘，《景紫堂文集》，台北：藝文印書館，1969 年。
57. 夏炯，《夏仲子集》，鉛印本，1925 年。
58. 孫葆田，《校經室文集》，台北：台聯國風出版社，1970 年。
59. 孫詒讓，《周禮正義》，國學基本叢書，台北：商務印書館，1968 年。
60. 徐時棟，《煙嶼樓文集・讀書記》，光緒元年松竹居葛氏刊本。
61. 徐琪，《粵軺集》，台北：文海出版社，近代中國史料叢刊，1971 年。
62. 徐榮，《懷古田舍詩鈔》，道光 27 年刊本。
63. 翁方綱，《復初齋文集》，台北：文海出版社，近代中國史料叢刊，1969 年。
64. 梁廷枏，《夷氛紀聞》，台北：文海出版社，近代中國史料叢刊，1969 年。
65. 梁章鉅，《退庵隨筆》，台北：文海出版社，近代中國史料叢刊，1969 年。
66. 凌廷堪，《校禮堂文集》，安徽叢書，嘉慶 18 年刻本。
67. 章學誠，《文史通義》，台北：廣文書局，1967 年。
68. 曹元弼，《復禮堂文集》，1917 年刻本。
69. 張廷濟，《桂馨堂集》，上海：古籍出版社，2002 年。
70. 張宗泰，《魯巖所學集》，樸憲堂重刊，台北：華文書局，大華文史叢書，1968 年。
71. 張澍，《養素堂文集》，《張介侯所著書》，明清未刊稿彙編，台北：聯經出版社，1976 年。
72. 張穆，《㐆齋詩集》，壽陽祁氏刻本，咸豐 8 年。
73. 張聰咸，《經史質疑錄》，續修四庫叢書子部。
74. 張鑑，《冬青館甲乙集》，吳興劉氏嘉業堂刊本。
75. 陸心源，《儀顧堂集》，台北：台聯國風出版社，1970 年。
76. 陸以湉，《冷廬雜識》，北京：中華書局，1984 年。
77. 陸繼輅，《崇百藥齋詩文集》，嘉慶 25 年至道光 8 年刻本。

78. 陳文述，《頤道堂文鈔》，道光 13 年刊本。
79. 陳壽祺，《左海文集》，嘉慶道光間刊本。
80. 陳慶鏞，《籀經堂類稿》，光緒 9 年刻本。
81. 陳澧，《東塾集》，台北：文海出版社，近代中國史料叢刊，1970 年。
82. 陳澧，《東塾讀書記》，台北：世界書局，讀書箚記叢刊，1963 年。
83. 陳鱣，《簡莊綴文》，杭州抱經堂補刻本，1926 年。
84. 曾國藩，《曾文正公家書》，台北：世界書局，1957 年。
85. 惠棟，《明堂大道錄》，叢書集成簡編，台北：商務印書館，1965 年。
86. 黃以周，《禮書通故》，台北：華世書局，1976 年。
87. 黃式三，《儆居集》，儆居遺書，光緒 14 年刊本。
88. 黃宗羲，《南雷文定》，台北：商務印書館，人人文庫，1970 年。
89. 黃彭年，《陶樓文鈔》，《續修四庫全書》集部・別集類，上海：古籍出版社，2002 年。
90. 程廷祚，《青溪文集》，道光丁酉戊戌東山草堂刻本。
91. 焦循，《雕菰樓集》，台北：鼎文書局，1977 年。
92. 臧庸，《拜經堂文集》，上元宗氏影印本。
93. 鄭獻甫，《補學軒文集》，台北：文海出版社，近代中國史料叢刊，1983 年。
94. 蔣湘南，《七經樓文鈔》，同治 8 年重刻本。
95. 劉逢祿，《劉禮部集》，道光 10 年劉氏思誤齋刊本。
96. 龍啓瑞，《經德堂文集》，光緒 4 年龍繼棟刊本。
97. 戴震，《戴震集》，台北：里仁書局，1980 年。
98. 盧文弨，《抱經樓文集》，台北：商務印書館，四部叢刊初編，1979 年。
99. 錢大昕，《潛研堂文集》，台北：商務印書館，國學基本叢書，1968 年。
100. 錢大昕，《十駕齋養新錄》，台北：世界書局，1977 年。
101. 錢泳，《履園叢話》，清代史料筆記叢刊，北京：中華書局，1979 年。
102. 錢泰吉，《甘泉鄉人稿》，台北：文海出版社，近代中國史料叢刊，1973 年。
103. 錢泰吉，《曝書雜記》，台北：商務印書館，叢書集成簡編，1965 年。
104. 錢儀吉，《衎石齋記事稾》，光緒 6 年重刊本。
105. 錢謙益，《初學集》，台北：商務印書館，四部叢刊初編，1979 年。
106. 謝啓昆，《樹經堂詩集》，嘉慶 7 年刻本。
107. 繆荃孫，《藝風堂文稿》，台北：文海出版社，近代中國史料叢刊，1973

年。
108. 魏源，《古微堂外集》，台北：文海出版社，近代中國史料叢刊，1969年。
109. 譚瑩，《樂志堂全集》，光緒元年南海譚氏家刊本。
110. 羅汝懷，《綠漪草堂文集》，光緒9年湘潭羅氏刊本。
111. 顧炎武，《亭林文集》，續修四庫全書，集部，別集類，上海：古籍出版社，2002年。
112. 顧廣譽，《悔過齋文集》，光緒3至4年朱氏刊本。
113. 龔自珍，《龔自珍全集》，台北：河洛圖書公司，1975年。

三、著　述

1. 王國維，《觀堂集林》，台北：文華出版公司，1968年。
2. 支偉成，《清代樸學大師列傳》，台北：藝文印書館，1970年。
3. 內藤湖南，《內藤湖南全集》，東京：竺摩書房，1976年。
4. 古國順，《清代尚書學》，台北：文史哲出版社，1981年。
5. 皮錫瑞，《經學通論》，台北：商務印書館，人人文庫，1989年。
6. 朱劍心，《金石學》，台北：商務印書館，1968年。
7. 杜召棠，《負翁聯話》，嘉義：建國書店，1952年。
8. 杜召棠，《蝸蜒集》，台北：德志出版社，1969年。
9. 李貴生，《傳統的終結——清代揚州學派文論研究》，上海：復旦大學出版社，2009年。
10. 貝塚茂樹，《貝塚茂樹著作集》，東京：中央公論社，1977年。
11. 佐伯富，《中國史研究》，京都大學東洋史研究會，1971年。
12. 祁龍威、林慶彰主編，《清代揚州學術研究》，台北：學生書局，2001年。
13. 武內義雄，《武內義雄全集》，東京：角川書店，1975年。
14. 尚小明編著，《清代士人游幕表》，北京：中華書局，2005年。
15. 近藤光男，《阮元》，《中國の思想家》，東京大學中國哲學研究室編，1963年。
16. 周緯，《中國兵器史稿》，台北：明文書局，1981年。
17. 胡適，《戴東原的哲學》，台北：商務印書館，1967年。
18. 侯外廬，《近代中國思想學說史》，重慶：生活書店，1944年。
19. 唐君毅，《中國哲學原論》，台北：學生書局，1981年。
20. 徐復觀，《兩漢思想史》，台北：學生書局，1967年。
21. 徐復觀，《中國思想史論集》，台北：學生書局，1993年。

22. 徐復觀，《中國思想史論集續篇》，台北：時報文化出版社，1982 年。
23. 梁乙眞，《清代婦女文學史》，台北：中華書局，1958 年。
24. 梁啓超，《中國近三百年學術史》，台北：中華書局，1963 年。
25. 梁啓超，《清代學術概論》，台北：水牛出版社，1971 年。
26. 章炳麟，《國故論衡》，台北：廣文書局，1973 年。
27. 章炳麟，《檢論》，台北：廣文書局，1970 年。
28. 章炳麟，《太炎文錄初編》，林慶彰主編，民國文集叢刊，第一編，79 冊，台中：文听閣圖書有限公司，2008 年。
29. 郭紹虞，《中國文學批評新論》，台北：元山書局，1985 年。
30. 張舜徽，《中國古代史籍校讀法》，北京：中華書局，1958 年。
31. 張舜徽，《史學三書平議》，台北：宏文書局，1985 年。
32. 張舜徽，《清人文集別錄》，台北：明文書局，1982 年。
33. 張舜徽，《清代揚州學記》，上海：人民出版社，1962 年。
34. 陸和九，《中國金石學》，台北：明文書局，1981 年。
35. 陳耀南，《清代駢文通義》，台北：學生書局，1977 年。
36. 曾永義，《儀禮車馬考》，台北：中華書局，1971 年。
37. 楊向奎，《中國古代社會與古代思想研究》，上海：人民出版社，1962 年。
38. 楊晉龍主編，《清代揚州學術》（上下二冊），台北：中央研究院中國文哲研究所，2005 年。
39. 葉德輝，《書林清話・餘話》，台北：世界書局，1974 年。
40. 萬曼，《唐集敘錄》，台北：明文書局，1988 年。
41. 趙航，《揚州學派新論》，南京：江蘇文藝出版社，1991 年。
42. 鄭德坤，《中國歷史地理論文集》，台北：聯經出版社，1981 年。
43. 劉成禺，《世載堂雜憶》，台北：文海出版社，近代中國史料叢刊，1971 年。
44. 劉師培，《劉申叔先生遺書》，台北：大新書局，1965 年。
45. 劉德美，《清代地方學官制度》，新北市：花木蘭文化出版社，2011 年。
46. 劉麟生，《中國駢文史》，中國文化史叢書，台北：商務印書館，1965 年。
47. 錢穆，《中國近三百年學術史》，台北：商務印書館，1972 年。
48. 蕭一山，《清代通史》，台北：商務印書館，1962 年。
49. 麓保孝，《宋元明清近世儒學變遷史論》，東京：國書刊行會，1976 年。
50. 羅振玉，《羅雪堂先生全集》，台北：大通書局，1970 年。
51. Chang Chung-li，*The Chinese Gentry*，University of Washington Press，

1967。

52. Folsom，K., Friends, Guests, and Colleagues: The Mu-fu System in the Late Ch'ing Period，Berkeley：University of California Press, 1968。
53. Ho Ping-ti，The Ladder of Success in Imperial China: Aspects of Social Mobility, 1368～1911, New Yark: Columbia University Press, 1962.

四、專　書

1. 王章濤，《阮元傳》，合肥：黃山書社，1994 年。
2. 王章濤，《阮元年譜》，合肥：黃山書社，2003 年。
3. 王章濤，《阮元評傳》，揚州：廣陵書社，2004 年。
4. 吳德玲，《阮元之經世思想與經世措施》，台北：東吳大學博士論文，2008 年。
5. 李成良，《阮元思想研究》，成都：四川人民出版社，1997 年。
6. 余新華，《阮元》，《中國歷代思想家》，台北：台灣商務印書館，1999 年。
7. 周斌，《阮元書學思想研究》，上海：華東師大出版社，2011 年。
8. 孫廣海，《阮元學術思想研究》，香港大學中文系博士論文，2002 年。
9. 郭明道，《阮元評傳》，北京：社會科學文獻出版社，2005 年。
10. 陳居淵，《焦循・阮元評傳》，南京大學出版社，中國思想家評傳叢書第 174 號，2006 年。
11. 陳東輝，《阮元與小學》，北京：中國文聯出版公司，1999 年。
12. 張立，《從傳統走向近代—中國科學文化史上的阮元》，合肥：安徽教育出版社，2005 年。
13. 黃慶雄，《阮元輯書刻書考》，新北市：花木蘭文化出版社，2007 年。
14. 戚學民，《阮元儒林傳稿研究》，北京：三聯書店，2011 年。
15. 葉鵬飛，《中國書法家全集・阮元・包世臣》，石家莊：河北教育出版社，2003 年 8 月。
16. 楊錦富，《阮元經學之研究》，新北市：花木蘭文化出版社，2010 年。
17. Leung Man-kam, Juan Yuan（1764～1849）: The Life, Works, and Career of a Chinese Scholar-Bureaucrat, PhD dissertation, Hawaii University, 1977.
18. Wei Pei-Ti，Juan Yuan: A Biographical Study with Special Reference to Mid-Ch'ing Security and Control in Southern China，1799～1835（香港大學博士論文，1981）

五、論　文

1. 三上義夫，〈支那數學の特色〉，《東洋學報》，第 15 卷第 4 號，1926 年。
2. 三上義夫，〈清明時代の割圜術の發達に關する考察〉，《東洋學報》，18 卷 3、4 號，1930 年。
3. 三上義夫，〈疇人傳論——併せて Van Hee 氏の所説を評す〉，《東洋學報》第 16 卷，頁 185～233、287～333，1927 年。
4. 方國瑜，〈清修雲南省志諸書概説〉，《雲南大學學報》，1981 年第 6 期。
5. 王力，〈同源字論〉，《中國語文》復刊號第 1 期，1978 年。
6. 王家儉，〈清代漢宋之爭的再檢討——試論漢學派的目的與極限〉，《中央研究院國際漢學會議論文集》，1981 年。
7. 王萍，〈阮元與疇人傳〉，《中央研究院近代史研究所集刊》第 4 期下冊，1974 年。
8. 尹協理，〈略論阮元的實事求是之學〉，《江淮論壇》，1987 年第 5 期。
9. 田漢雲、古明，〈論阮元的詩〉，《揚州師院學報》（社會科學版），1991 年第 3 期，1991 年 9 月。
10. 包遵信，〈阮元和清代的漢學〉（上、下），《文化中國》第 3、4 期，1994 年 12 月、1995 年 3 月。
11. 朱士嘉，〈中國地方志淺説〉，《文獻》，第 1 期，1979 年。
12. 朱戟，〈清代揚州學者阮元〉，《揚州師院學報》，1981 年第 4 期。
13. 汪紹楹，〈阮氏重刻宋本十三經注疏考〉，《文史》第 3 輯，1963 年。
14. 沈垚，〈阮元倡讀孝經之背景與影響〉，《孔孟月刊》，第 18 卷第 3 期，1979 年。
15. 李國祁、周天生，〈清代基層地方官人事嬗遞現象之量化分析〉，《臺灣師範大學歷史學報》，第 2 期，1974 年。
16. 李亞，〈論阮元「沉思翰藻」説對〈文選序〉的某些誤讀——以阮元、蕭統對「文」的不同理解爲著眼點〉，《鄭州大學學報（哲學社會科學版）》，第 39 卷，第 6 期，2006 年。
17. 李貴生，〈阮元文論的經學義蘊〉，《漢學研究》，第 24 卷第 1 期，2006 年。
18. 李慶，〈關於阮元的兩條資料——阮元晚年的思想傾向及其局限性〉，《歷史文獻》，2010 年 6 月。
19. 吳哲夫，〈阮元與宛委別藏叢書〉，《故宮文物月刊》，第 2 卷第 3 期，1984 年。
20. 吳哲夫，〈宛委別藏簡介〉，《中國圖書文獻學論集》，台北：明文書局，1983 年。
21. 岑溢成，〈阮元「性命古訓」論析〉，載於《清代經學國際研討會論文集》，

1994 年。

22. 何佑森，〈阮元的經學及其治學方法〉，《故宮文獻》，第 2 卷第 1 期，1970 年。
23. 余新華，〈阮元的學術淵源和宗旨〉，《中國人民大學學報》，1998 年第 3 期。
24. 林巳奈夫，〈周禮考工記の車制〉，《東方學報》，京都，第 30 冊，1959 年。
25. 松井如流，〈書の刻石とその展開〉，《東洋研究》（大東大學），第 33 號，1973 年。
26. 胡凡、李鳳飛，〈論阮元對嶺南文化發展的貢獻〉，《中西文化交流與嶺南社會變遷》，北京：中國社會科學出版社，2004 年 3 月。
27. 秋山元秀，〈中國方志論序説——吳の方志を通じて——〉，《東方學報》，京都，52 冊，1980 年。
28. 侯鏡昶，〈論南碑書風——北碑南帖論駁議〉，載於《南京大學學報》1982 年第 4 期。
29. 眞田但馬，〈阮元の南北書派論について〉，載於《東洋學報》第 8 期，1964 年。
30. 孫海波，〈莊方耕學記〉，周康燮編，《中國近三百年學術思想論集》，香港：崇文書店，1971 年。
31. 孫廣海，〈阮元研究回顧〉，《漢學研究通訊》，第 25 卷第 3 期，台北：國家圖書館漢學研究中心，2006 年。
32. 徐炯遙，〈清儒阮元の樸學精神〉，載於《東洋哲學研究》第二期，1981 年。
33. 倉修良，〈阮元與雲南通志稿〉，《歷史文獻研究》，2008 年 9 月。
34. 望盧溪主人，〈復初齋集の佚文を讀みて〉，《支那學》，第 4 卷第 2 號，1927 年。
35. 郭明道，〈清代教育改革家阮元〉，《揚州師院學報》，1990 年第 4 期。
36. 郭明道，〈傑出的經學家：阮元研究之八〉，《揚州師院學報》，1992 年第 4 期，1992 年 12 月。
37. 張純明，〈清代的幕制〉，《嶺南學報》，第 9 卷第 2 期，1949 年。
38. 張壽安，〈清代揚州學派研究展望〉，《漢學研究通訊》第 76 號，2000 年。
39. 張灝，〈宋明以來儒家經世思想試釋〉，《近代中國經世思想討論會論文集》，1984 年。
40. 陳文和，〈阮元的校勘學〉，《揚州文化論叢》第一輯，揚州：廣陵書社，2008 年 9 月。

41. 陳正祥，〈方志的地理學價值〉，《中國文化地理》，台北：木鐸出版社，1982 年。
42. 陳東輝，〈阮元與詁經精舍〉，《浙江學刊》，1991 年第 4 期。
43. 陳東輝，〈阮元與學海堂〉，《文史》第 41 輯，北京：中華書局，1996 年。
44. 陳居淵，〈焦、阮、凌禮學思想合論〉，任繼愈編《國際漢學》，第 16 卷第 2 期，1998 年 12 月。
45. 陳振風，〈阮元的交遊與哲學〉，《台南家專學報》第 3 期，1981 年。
46. 陳鴻森，〈阮元揅經室集遺文輯存〉（一～六），《大陸雜誌》，第 103 卷，1～6 期，2001 年 7～12 月（增訂本收於楊晉龍編，《清代揚州學術》，中央研究院中國文哲研究所，2005 年 4 月）。
47. 陳鐵凡，〈王引之經籍纂詁序箋釋〉，《慶祝蔣慰堂先生七十榮慶論文集》，台北：學生書局，1968 年。
48. 常紹溫，〈阮元創辦學海堂與廣東學術風氣的轉變〉，《歷史文獻與傳統文化》，第 1 輯，廣州：廣東人民出版社，1990 年 9 月。
49. 戚學民，〈阮元《儒林傳稿》與清代漢宋學術之爭〉，桑兵、趙立彬主編，《轉型中的近代中國》上卷第三篇，北京：社會科學文獻出版社，2010 年。
50. 黃克武，〈詁經精舍與十九世紀中國教育、學術的變遷〉，《食貨月刊》第 13 卷第 5、6 期，1983 年。
51. 黃愛平，〈從《疇人傳》看阮元的西學思想〉，《清史研究通訊》，1989 年第 3 期。
52. 黃愛平，〈阮元學術述論〉，《史學集刊》，1992 年第 1 期。
53. 黃愛平，〈乾嘉漢學治學宗旨及其學術實踐探析——以戴震、阮元爲中心〉，《清史研究》，2002 年第 3 期，2002 年 8 月。
54. 馮爾康，〈清代名臣阮元〉，《故宮博物院院刊》，1989 年第 1 期。
55. 彭林，〈阮元實學思想叢論〉，《清史研究》，1999 年第 3 期，頁 38～44。
56. 傅斯年，〈性命古訓辨正〉，《傅斯年全集》，台北：聯經出版社，1980 年。
57. 葉仲經，〈清四庫全書評議〉，《金陵學報》，第 3 卷第 2 號，1934 年。
58. 趙一航，〈名位著述冠群才〉，載於《揚州師院學報》，1984 年第 2 期。
59. 潘兆賢，〈清代乾嘉詩人摭評〉，《中國詩季刊》，第 7 卷第 365 號，1976 年。
60. 鄭天挺，〈清代的幕府〉，《明清史國際學術討論會論文集》，1982 年。
61. 蔣秋華，〈大陸學者對清乾嘉揚州學派的研究〉，《漢學研究通訊》，第 19 卷第 4 期，台北：國家圖書館漢學研究中心，2000 年。
62. 劉立人，〈論劉師培的文學史觀〉，揚州師院學報編輯部編，《揚州學派研究》，1987年。

63. 劉德美，〈疇人傳研究〉，載於《台灣師大歷史學報》第13期，1985年。
64. 穆克宏，〈阮元與《文選》學研究〉，《福建師範大學學報（哲學社會科學版）》，2007年第2期。
65. 濱口富士雄，〈方東樹の漢學について〉，《日本中國學會報》，第30集，1978年。
66. 鍾玉發，〈阮元調和漢宋學思想析論〉，《清史研究》，2004年第4期，2004年11月。
67. 藤塚明直，〈皇清經解の編纂とその影響〉，《東洋文化》復刊第46～48號，1979～1981年。
68. 瞿林東，〈阮元和歷史文獻學〉，白壽彝編，《清史國際學術討論會論文集》，瀋陽：遼寧人民出版社，1990年8月。
69. 魏秀梅，〈從量的觀察探討清季布政使之人事遞嬗現象〉，《中央研究院近代史研究所集刊》，第3期下冊，1972年。
70. 魏秀梅，〈從量的觀察探討清季督撫的人事遞嬗〉，《中央研究院近代史研究所集刊》，第4期上冊，1973年。
71. Elman，B.，"The Hsueh-hai Tang and the Rise of New Text Sholarship in Canton", *Ching-shih Wen-ti*, Vol.4, No.2, 1979。
72. Ho Ping-ti，"The Salt Merchants of Yang-chou: A Study of Commercial Capital in Eighteenth-Century China"，*Harvard Journal of Asiatic Studies*, Vol. 17, 1954.
73. Porter, J., "The Scientific Community in Early Modern China", *ISIS*, Vol. 73, no. 269, 1977.
74. Wei Pei-ti，"Internal Security and Control: Juan Yuan and Pirate Supression in Chekiang, 1799-1809", *Ching-shih Wen-ti*，Vol. 4, No. 2, 1979。

附錄：阮元學術活動年表

乾隆 29 年（1764　甲申）　1 歲

正月廿日，出生於揚州府西門白瓦巷舊第南宅，生日與唐代詩人白居易同。

祖父玉堂武進士，官至參將；祖母江氏。父承信，無科名，因元獲封光祿大夫左侍郎；母林氏，通書史，善治家，課元讀書。

乾隆 33 年（1768　戊子）　5 歲

母教識字。

乾隆 34 年（1769　己丑）　6 歲

母以元外曾祖所選王維、孟浩然、高適、岑參四家詩教元誦讀，並教四聲對仗。

乾隆 37 年（1772　壬辰）　9 歲

是年起，從喬椿齡、胡廷森習制藝、經史、文選等。

訂婚江氏，其祖妣江夫人姪孫。

乾隆 43 年（1778　戊戌）　15 歲

始應童子試。

乾隆 45 年（1780　庚子）　17 歲

受業李道南（乾隆辛卯進士，選官不赴任，設教鄉里）。

乾隆 46 年（1781　辛丑）　18 歲

丁母憂。

乾隆 47 年（1782　壬寅）　19 歲

在家持服，摒去舊作詩詞時藝，始究心經學，得凌廷堪爲益友。

乾隆 48 年（1783　癸卯）　20 歲

娶江氏。

乾隆 49 年（1784　甲辰）　21 歲

江蘇學政謝墉歲試，錄取阮元爲儀徵縣學第四名，補附生。

乾隆 50 年（1785　乙巳）　22 歲

科試一等第一名，補廩生。

乾隆 51 年（1786　丙午）　23 歲

中鄉試第八名，主考官爲朱珪，房考官孫梅。同謝墉入京，謁見邵晉涵、王念孫、任大椿等前輩，時有請益。

乾隆 52 年（1787　丁未）　24 歲

會試下第，父命留館京師，著〈考工記車制圖解〉。

凌廷堪，〈與阮伯元孝廉書〉，論撰禮應釋名事。（《校禮堂文集》，卷 22）

女荃生。

乾隆 54 年（1789　己酉）　26 歲

中會試第廿八名，主考官王杰，殿試二甲第三名，朝考第九名，改翰林院庶吉士。任萬壽盛典纂修官、國史館武英殿纂修官。散館一等第一名，授編修，入庶常館讀書。

乾隆 55 年（1790　庚戌）　27 歲

桂馥始謁阮元於京師，是歲成進士，選雲南永平知縣。

父挈江氏至京師。

乾隆 56 年（1791　辛亥）　28 歲

大考翰詹，初置一等二名，考題擬張衡天象賦、擬劉向封陳湯甘延壽疏，以得旨被擢一等第一名，授詹事府少詹事，充文淵閣直閣事，任石經校勘官，分校儀禮。

撰《石渠隨筆》。

乾隆 57 年（1792　壬子）　29 歲

妻江氏病卒於京邸，女荃殤。

乾隆 58 年（1793　癸丑）　30 歲

任山東學政，祭曲阜孔廟門。

桂馥復謁阮元於歷下，阮元扣其所學，爲撰〈晚學集序〉。

以族子常生爲嗣子。納妾劉氏。

乾隆 59 年（1794　甲寅）　31 歲

搜訪山東各地古碑，始編《山左金石志》。

撰〈秦琅邪臺石刻十三行拓本跋〉。

乾隆 60 年（1795　乙卯）　32 歲

升內閣學士兼禮部侍郎，調浙江學政。

撰〈重修高密鄭公祠碑〉、〈重修表忠觀記〉。

畢沅爲媒，娶衍聖公孔憲增長女璐華爲繼室。

嘉慶元年（1796　丙辰）　33 歲

典試浙江各府，得錢林、端木國瑚諸士。推舉張燕昌等十二人爲孝廉方正。

撰《小滄浪筆談》、徵刻《淮海英靈集》。

撰胡渭〈易圖明辨序〉、段玉裁〈漢讀考周禮序〉。

袁枚，〈與阮雲臺宗伯書〉，評胡天游的文藝。（袁枚評傳，頁 138）

嘉慶 2 年（1797　丁巳）　34 歲

修《經籍纂詁》，纂《疇人傳》。

命范氏子弟編錄天一閣書目，摹刻天一閣拓北宋石鼓文，置杭州府學。

與謝啓昆、凌廷堪、端木國瑚、陸耀遹等有秋桑唱和篇。

撰〈蘭亭秋禊詩序〉、謝啓昆〈詠史詩序〉。

刻薛尚功歷代鐘鼎款識法帖廿卷。

納妾謝氏。

嘉慶3年（1798 戊午） 35歲

補授兵部右侍郎，旋轉禮部右侍郎，任滿入都。

撰〈曾子十篇注釋〉、〈惠半農先生禮說序〉、〈陸耀遹崇百藥齋文集序〉、〈泰山志序〉。

修《兩浙輶軒錄》成。

嘉慶4年（1799 己未） 36歲

調戶部左侍郎，充經筵講官、會試副總裁，總裁為朱珪，是科得士 209 人，多積學之士。十月署浙江巡撫（五年正月實授）。

撰《衡文瑣言》、《定香亭筆談》、〈己未科會試錄後序〉、《廣陵詩事》。

嘉慶5年（1800 庚申） 37歲

撰〈重修大禹陵廟碑〉、〈水師正威大銅砲銘〉、〈太府君行狀〉。

重雕七經孟子考文並補遺。

嘉慶6年（1801 辛酉） 38歲

建詁經精舍於西湖，延王昶、孫星衍主講席，選文行兼優者讀書其中。

復延臧庸補訂《經籍纂詁》，延顧廣圻、臧庸、何元錫等輯《十三經注疏校勘記》。

撰《兩浙防護（陵寢祠墓）錄》（即保護古墓的公牘）、〈孫頤谷侍御史（志祖）傳〉。

刊《三統衍術》。

段玉裁，〈與阮雲臺書〉，論詁經精舍置許慎主，題曰漢蛟長太尉南閣祭酒許公，當作太尉南閣祭酒前蛟長為是。（經韻樓集，卷5）

謝氏生子福。

嘉慶7年（1802 壬戌） 39歲

撰〈浙江圖考〉、《皇清碑版錄》、〈焦山定陶鼎考〉、〈孫韶春雨樓詩序〉、〈題于忠肅公畫像〉。

刻《詁經精舍文集》、《王復齋鐘鼎款識》、《兩浙鹽法志》。

納妾唐氏，孔夫人生女安。

嘉慶 8 年（1803　癸亥）　40 歲

生日避客於海塘，用白居易四十歲白髮韻賦詩。

撰〈革解〉、〈金沙港三祠記〉、〈寶龢鐘銘〉、〈古龢鐘銘〉。

凌廷堪，〈與阮侍郎書〉，評浙江圖考。（校禮堂文集，卷 24）

創建玉環廳學宮，立安瀾書院於海寧。

建家廟於揚州府舊城文選樓北興仁街。

嘉慶 9 年（1804　甲子）　41 歲

刻《積古齋鐘鼎彝器款識》、

撰〈海運考〉、〈海塘志〉、〈錢大昕十駕齋養新錄序〉、〈邵晉涵南江邵氏遺書序〉、〈郭麐靈芬館詩二集序〉、〈嘉興嘉禾圖跋〉。

妾劉氏生子祜。

嘉慶 10 年（1805　乙丑）　42 歲

選刻朱珪詩廿卷進呈，題知足齋詩集。

撰〈硤川煮賑圖後跋〉、〈嘉慶九年重濬杭城水利記〉、〈劉端臨（臺拱）先生墓表〉、〈熙朝雅頌集序〉。

丁父憂，撰〈府君先妣行狀〉、〈雷塘阡表〉、〈隋文選樓文〉。

段玉裁，〈與阮雲臺論阮氏湘圃君行狀〉，論阮元誤用世父二字，舅但能稱氏，不能稱舅祖及舅父，其文用行狀二字，於著述體例不合。（經韻樓集，卷 3）

江藩，〈與阮侍郎書〉，論古人居喪不文，阮元爲人倫表率，不當於此時撰墓表及自爲狀述。（炳燭室雜文，卷 8）

孔夫人生子名孔厚。

嘉慶 11 年（1806　丙寅）　43 歲

居憂廬墓雷塘，重建雷塘隋煬帝陵，在甘泉山獲西漢厲王胥冢上之石。

撰〈鍾裒菽厓考古錄序〉、〈江都凌君士驚傳〉、〈默齋張君（張鑑父）誄〉。

纂刻《十三經注疏校勘記》243 卷成，阮元曰：「此我大清朝之經典釋文也」。

嘉慶 12 年（1807　丁卯）　44 歲

服闋入都，授戶部右侍郎。再撫浙。

撰焦循〈揚州北湖小志序〉、〈誥授光祿大夫刑部右侍郎述庵王公（昶）神道碑〉、〈循吏汪輝祖傳〉。

進呈四庫未收書六十餘種，御題額曰宛委別藏。

摹刻北宋拓之石鼓十石，置揚州府學。

子常生娶劉臺拱之女。

嘉慶 13 年（1808　戊辰）　45 歲

撰〈寧波范氏天一閣書目序〉、張肇煐〈愚溪詩稿序〉。

段玉裁，〈與阮雲臺書〉，論讀唐詩校得三事，如許丁卯溪雲初起月沉閣，山雨欲來風滿樓，閣爲谷之誤等。（經韻樓集，卷 8）

凌廷堪，〈與阮中丞論克己書〉。（校禮堂文集，卷 25）

嘉慶 14 年（1809　己巳）　46 歲

因劉鳳誥案部議革職，賞給編修。

摹刻四明本華山碑拓本及秦泰山殘字拓本，置北湖祠塾。

在杭州立靈隱書藏，撰〈杭州靈隱書藏記〉。

撰〈海塘擥要序〉、張惠言〈茗柯文序〉、孫星衍〈鄭司農年譜序〉、〈漢延熹華嶽廟碑跋〉。

郝懿行，〈再奉雲臺先生論爾雅書〉。（曬書堂文集，卷 2）

嘉慶 15 年（1810　庚午）　47 歲

補翰林院侍講，充日講起居注官，兼國史館總輯，編《國史儒林傳稿》。

撰〈儀禮喪服大功章傳注舛誤考〉，編錄《十三經經郛》。

〈致杭嘉湖道李坦書〉，告以注意塘工事。

嘉慶 16 年（1811　辛未）　48 歲

任詹事府少詹事，授內閣學士兼禮部侍郎銜。

編成《華山碑考》、《四庫未收百種書提要》。

撰〈南北書派論〉、〈臧拜經別傳〉、〈葉氏廬墓詩文卷序〉。

臧庸，〈上阮雲臺侍講書〉，論國史儒林傳事。（拜經堂文集，卷 2）

嘉慶 17 年（1812　壬申）　49 歲

任漕運總督。

撰〈擬國史儒林傳稿凡例〉、〈吉蘭泰鹽池客難〉、〈安徽巡撫裴山錢公（楷）傳〉、〈淮安大河阮氏世系記〉。

嘉慶 18 年（1813　癸酉）　50 歲

設焦山書藏，撰〈焦山書藏記〉、〈蝶夢園記〉。

郝懿行，〈奉答阮雲臺先生書〉，告以撰述爾雅之業。（曬書堂外集，卷 2）

嘉慶 19 年（1814　甲戌）　51 歲

任江西巡撫。

撰〈諸城劉氏族譜序〉、〈知不足齋鮑君（廷博）傳〉。

嘉慶 20 年（1815　乙亥）　52 歲

撰王引之〈經義疏聞序〉、〈江鄉籌運圖跋〉、〈雙岐秀麥圖跋〉、〈岱頂重獲秦刻石殘字跋〉。

嘉慶 21 年（1816　丙子）　53 歲

補河南巡撫，授湖廣總督。

刻成宋本十三經注疏，上〈恭進十三經注疏校勘記摺子〉。

嘉慶 22 年（1817　丁丑）　54 歲

補兩廣總督。

撰〈荊州窖金洲考〉、〈置湖南九谿衛祠田記〉、〈廣州大虎山新建砲臺碑銘〉。

阮福娶許宗彥女。

嘉慶 23 年（1818　戊寅）　55 歲

奏纂《廣東通志》。

撰江藩〈國朝漢學師承記序〉、〈李尚之（銳）傳〉、〈浙儒許君積卿（宗彥）傳〉、〈山東糧道淵如孫君（星衍）傳〉、錢楷〈綠天書舍存草序〉。

嘉慶 24 年（1819　己卯）　56 歲

撰〈桂林隱山銘並序〉。

端木國瑚，〈上阮相國書〉，論易。（太鶴山人年譜）

嘉慶 25 年（1820　庚辰）　57 歲

興建學海堂，以古學課士。

郝懿行，〈又呈阮雲臺先生〉，告以考訂爾雅義疏及復蒙貺金修書事。（曬書堂外集，卷上）

道光元年（1821　辛巳）　58 歲

刻成《江蘇詩徵》。

撰〈新建南海縣桑園圍石工碑記〉。

道光 2 年（1822　壬午）　59 歲

《廣東通志》修成。

撰〈重修廣東省通志序〉、〈改建廣東鄉試闈舍碑記〉、〈南昌府同知璧堂徐君（聯奎）傳〉。

命四子孔厚娶刑部侍郎彭希濂女。

道光 3 年（1823　癸未）　60 歲

《揅經室集》刻成，撰〈重修阮氏族譜序〉。

道光 4 年（1824　甲申）　61 歲

刻《兩浙金石志》、焦循《雕菰樓集》。

撰〈學海堂集序〉、〈學海堂諸生纂四書文話序〉、〈兩浙金石志序〉。

方東樹，〈上阮雲臺宮保書〉，論漢學太過之弊。（儀衛軒文集，卷 7）

道光 5 年（1825　乙酉）　62 歲

輯刻《皇清經解》。

撰〈文韻說〉、〈堯典四時東作南僞西成朔易解〉、〈重建肇慶總督行臺并續題名碑記〉。

道光 6 年（1826　丙戌）　63 歲

調雲貴總督，是年行一萬數千里，得詩一卷，題曰萬里集。

設局纂修《雲南通志》，以王崧總其事。

撰〈英清峽鑿路造橋記〉、〈平樂府重建至聖廟碑記〉。

道光7年（1827　丁亥）　64歲

撰〈塔性說〉、〈黃河海口日遠運口日高圖說〉。

道光8年（1828　戊子）　65歲

撰《傳經圖記》、〈陳建學蔀通辨序〉。

道光9年（1829　己丑）　66歲

《皇清經解》刊成。

道光10年（1830　庚寅）　67歲

〈與學海堂吳學博蘭修書〉，勉學海堂諸學長以群經楚詞爲根柢，用王念孫廿一部之韻，刊印古音之書，嘉惠學古之士。

道光11年（1831　辛卯）　68歲

建碧雞臺，作記。

道光12年（1832　壬辰）　69歲

撰〈石畫記序〉、江藩〈經解入門序〉、〈節性齋主人小像跋〉。

夫人孔氏卒於滇。

拜協辦大學士，奉命入京陛見。

道光13年（1833　癸巳）　70歲

任會試副考官，受制於主考官曹振鏞，跋朱文正公遺墨卷云：「癸巳新榜門生來謁，人材固盛，然求其如己未之王文簡、張皋文之學，竟未可得，而字體之工楷，繕摺之整齊，則多勝於文正及元者。」（純常子枝語，頁3157）

撰〈王石臞（念孫）先生墓志銘〉。

長子常生病故道署。回雲貴總督任。

道光14年（1834　甲午）　71歲

著《石畫記》四卷。撰〈隱屏山人陳編修（壽祺）傳〉、〈揚州畫舫錄一跋〉。

道光15年（1835　乙未）　72歲

離滇抵京，拜體仁閣大學士，兼署都察院左都御史事。

《雲南通志稿》刊印。

道光 16 年（1836　丙申）　73 歲

任經筵講官、殿試讀卷官，教習庶吉士。

撰《詩書古訓》及序、梁章鉅〈退庵隨筆序〉。

刊《兩廣鹽法志》。

妾謝氏病故。

道光 17 年（1837　丁酉）　74 歲

與何紹基等集龍泉寺，檢校程恩擇遺書。

撰劉文淇〈揚州水道記序〉、〈雲南井鹽記〉、〈詩有馥其馨馥誤椒記〉、〈汪容甫先生手跋〉、〈太子少保贈太子太師兩廣總督敏肅盧公（坤）神道碑〉。

道光 18 年（1838　戊戌）　75 歲

致仕歸揚州，回東大門福壽庭宅。謹守「清慎持躬，怡志林泉」之論，命名福壽庭之井曰怡泉。

撰〈齊陳氏韶樂罍銘釋〉、〈戶部侍郎春海程公（恩澤）神道碑銘〉。

道光 19 年（1839　己亥）　76 歲

刻《揅經室續集》。

道光 20 年（1840　庚子）　77 歲

自訂《揅經室再續集》，以〈鎮江柳孝廉春秋穀梁傳學序〉冠其首。

撰羅士琳〈續疇人傳序〉、明安圖〈割圜密率捷法序〉、曹載奎〈懷米山房吉金圖跋〉。

道光 21 年（1841　辛丑）　78 歲

自訂壽壙記。

道光 22 年（1842　壬寅）　79 歲

撰〈校刻宋元鎮江府志序〉、〈高郵茆泮林輯十種古書序〉、朱珔〈小萬卷齋文稿序〉。

道光 23 年（1843　癸卯）　80 歲

福壽庭宅第毀於火，文選樓藏書化爲灰燼。遷居徐寧門康山之右。

張文虎自京師道經維揚，謁阮元，元深契之，書函往復無間。（舒藝室全集）

道光 24 年（1844　甲辰）　81 歲

撰〈釋謂〉、〈京師慈善寺新立顧亭林先生祠堂記〉。

張穆，〈復謝阮雲臺相國書〉，謝撰魏廷昌地形志序，並請作說文屬弁言。（㐆齋文集，卷 3）

張文虎，〈復阮相國〉、〈上阮相國〉，謝爲序錢熙祚守山閣叢書，並以詩文就教。（清儒尺牘）

重遊泮水。

道光 25 年（1845　乙巳）　82 歲

撰〈揚州阮氏族譜序〉。

道光 26 年（1846　丙午）　83 歲

重赴鹿鳴。晉太傅銜。

道光 27 年（1847　丁未）　84 歲

晉封夫人劉氏卒，劉氏著有《四史疑年錄》。

道光 29 年（1849　甲辰）　86 歲

十月十三日卒，賜謚文達。

咸豐二年（1852），入祀鄉賢祠及浙江名宦祠，廣東士紳亦呈請入祀名宦祠。

資料來源：根據雷塘庵主弟子記、揅經室集、有關學者文集，並參考麥仲貴著，明清儒學家著述生卒年表，下冊（台北：學生書局，1977）編成。

後　記

本書是我在民國 67 年至 75 年間就讀台灣師範大學歷史研究所，由陸寶千教授指導的博士論文《阮元學術之研究》修改而成。畢業之後，忙於教學，無暇全心修改。退休獲閒，因新北市花木蘭文化出版社邀約，乃再次耕耘，補充近年來學者所作的相關研究成果，期對蓬勃展開的阮元學術研究，有添磚加瓦的作用。

學習興趣是學業成功的充要條件。從事阮元學術之研究，必須有深厚的國學根基，本應擔心自不量力。好在大學時代純因興趣，常到國文系旁聽，全程上過魯實先老師、吳璵老師的甲骨文、李國英老師的鐘鼎文、張建葆老師的文字學等課程，提供我研究阮元學術之勇氣，並由歷史系史學方法、中國近代史研究等課程的訓練中，選定阮元學術爲題目。儘管全力以赴，仍是屢遇瓶頸，幸得陸老師誨人不倦，終於熬過八年抗戰。撰稿時，政府尚未開放大陸探親，除了利用本地各大圖書館藏書，只能赴東瀛找些資料，請教過東京御茶の水女子大學近藤光男教授。82 年初，在陸老師帶隊下，與魏秀梅、張秋雯系友，專程赴揚州考察阮元故蹟，經由北京師範大學桑新民教授（現爲南京大學網路化學習與管理研究所所長）介紹，得與揚州教育局鄭萬鐘局長、揚州大學歷史系（現爲社會發展學院）郭明道教授，以及阮元後人阮榮老師等專家學者會談交流，獲益良多。

撰文期間，有些大陸資料是當時任教香港中文大學的王爾敏老師幫忙收集；七位口試委員提出的寶貴意見，已儘量遵循訂正。徵引書目中所列的許多資料，當年必須常赴收藏線裝書與善本書最多的中央研究院傅斯年圖書館以及中央圖書館閱讀，獲得許多幫忙；近年來，文哲所、史語所、近史所各圖書館開放閱覽的豐富藏書以及網路的普及，提供資料利用與搜尋莫大的便利，皆須感謝。

大陸自 1978 年底實行改革開放以來，史學界對於乾嘉學派與揚州學派的研究成果，頗爲豐碩，論文專書，不勝枚舉，內容豐富，見解精湛，自忖拙作應該藏拙，已無出版之必要。但是思及那個時代知識份子的精神面貌，典範值得景仰，本書強調阮元學術的特色是漢學家實事求是精神的體現，他著述閎富，編輯叢書，嘉惠士子，能結合學術與事功，發揮經世致用的積極效益。傳承精華文化，闡明前賢大業，是我輩後學的責任，遂不揣譾陋，整理舊作問世。承蒙陸老師的審閱並寫序，序中特別彰顯阮元的「訓迪」之功，有益「世道」的重要，發人深省；魏秀梅教授幫忙校對，至爲感動。自知學殖淺薄，不足之處，尙祈專家指正。

劉德美謹誌　民國 101 年 3 月